桥梁声发射监测波导杆引波技术

李胜利　著

科 学 出 版 社

北 京

内 容 简 介

　　缆索桥梁的拉吊索和混凝土桥梁的钢绞线均由预应力钢束组成，而且是关键受力构件，研发其断丝的低成本轻量化监测技术至关重要。声发射是被动接收声波信号的实时健康监测技术，研究桥梁预应力钢束断丝声发射监测波导杆引波技术具有重要意义。本书较系统地阐述了桥梁声发射监测波导杆引波技术的理论、方法和应用，第 1 章和第 2 章重点介绍平行钢丝拉索损伤断丝波导杆连接技术、声波传播特性及损伤空间定位方法；第 3 章和第 4 章主要论述空心板桥预应力钢绞线的声发射监测传感器布置和轮胎-路面声发射噪声滤除方法；第 5 章和第 6 章重点阐述后张法预应力钢绞线握裹材料对声发射信号衰减的影响以及声发射波导杆引波空间定位方法。

　　本书可供桥梁健康监测领域相关学者、桥梁管理养护和智慧运维专业技术人员参考，也可作为高等院校相关专业高年级本科生和土木工程专业研究生的参考用书。

图书在版编目（CIP）数据

桥梁声发射监测波导杆引波技术 / 李胜利著. -- 北京：科学出版社，2025. 1. -- ISBN 978-7-03-079031-6

Ⅰ. U445.7

中国国家版本馆 CIP 数据核字第 2024AW5346 号

责任编辑：牛宇锋　乔丽维 / 责任校对：任苗苗
责任印制：肖　兴 / 封面设计：蓝正设计

科学出版社 出版

北京东黄城根北街 16 号
邮政编码：100717
http://www.sciencep.com

三河市春园印刷有限公司印刷
科学出版社发行　各地新华书店经销

*

2025 年 1 月第　一　版　　开本：720 × 1000 1/16
2025 年 1 月第一次印刷　　印张：15 1/4
字数：305 000

定价：**138.00 元**
（如有印装质量问题，我社负责调换）

前　言

斜拉桥、悬索桥和系杆拱桥等缆索桥梁的斜拉索、吊索和吊杆，以及预应力混凝土桥梁的钢绞线均由预应力钢束组成，它们是关键受力构件，直接影响桥梁安全，而缆索损伤断裂事故普遍存在且时有发生。为了预防断索事故的发生，目前主要采用定期换索或换板的策略，但是无法统一给出更换时间。据统计，一次缆索更换的费用约为成桥时安索费用的 6～10 倍，有些甚至达到桥梁造价的 1.5 倍。目前常用的对缆索的监测方法一般做不到事前及时预警，因此研发桥梁断丝的低成本轻量化监测技术至关重要。声发射技术可以实现对缆索单根断丝的监测。声发射技术的原理是当材料内部微观结构发生改变时产生的瞬态弹性波引起结构表面振动，经布置在材料表面的声发射传感器、信号放大器将振动信号转化为电信号后，由声发射监测系统采集并实时记录。通过对采集的声发射信号进行分析，可以实现对结构的损伤评价。与常规的无损监测方法相比，声发射监测技术具有被动、灵敏度高、信号类型多和能长期实时监测等优势，非常适用于预应力钢束断丝损伤的在线监测。

作者多年来一直从事预应力缆索结构安全与延寿学科方向研究，为预防和降低预应力混凝土桥梁和缆索桥梁的安全问题，提出了"混凝土桥梁预应力钢束的安全性是保证桥梁安全的本质，用声发射监测预应力钢束的损伤断丝就抓住了这个本质"以及"可以用声发射精准监测桥梁缆索预应力钢束的损伤断丝从而来评价桥梁安全性的方法"。上述研究方向的成果受邀在第三届全国基础设施防灾减灾工程青年学者学术会议上做了"平行钢丝束损伤断丝纵横向精准定位声发射监测方法研究"报告，在第十六届结构工程国际研讨会上做了"预应力缆索桥梁结构损伤状态声发射健康监测方法及应用"报告，在第九届全国结构抗振控制与健康监测学术会议上做了"桥梁预应力钢束断丝损伤声发射健康监测方法及应用研究"报告。

作者对郑州市新密下庄河单跨桥梁 13 块后张法预应力空心板采用波导杆引波技术后，只需要 2 个声发射传感器就能实现对整跨桥梁的实时监测，声发射监测成本只需 5 万元左右，而不采用波导杆引波技术的声发射监测成本约 100 万元，从而大大降低成本，为大规模推广应用打下良好的基础。

本书较系统地阐述了桥梁声发射监测波导杆引波技术理论、方法及应用。绪论较全面地综述了本书相关研究与应用的进展和发展趋势。第 1 章是平行钢丝束损伤断丝纵横向精准定位声发射监测方法研究，提出利用波导杆将平行钢丝束内部钢丝引出，直接采集内部钢丝所产生的声发射信号这一具有创新性的监测方法，该方法可以有效捕捉损伤断丝产生的声发射信号，且可以准确定位平行钢丝束发生损伤断丝的纵横向位置，实现了对平行钢丝束中损伤断丝源的精确定位。第 2 章是平行钢丝拉索的声发射纵横向传播特性及损伤空间定位方法，基于有限元软件平台，建立了声波在平行钢丝束中传播的物理模型，可视化了声波在平行钢丝束中的传播过程，并基于声发射监测建立试验系统，分别对声波在平行钢丝束中的纵横向传播特性进行研究，最后改进传统的时差定位方法，提出一种适用于平行钢丝束损伤断丝的空间定位方法，并进行试验验证。第 3 章是空心板桥预应力钢绞线的声发射监测传感器布置优化及损伤评估，对混凝土空心板的声发射传感器布置进行优化以及不同损伤程度的声发射频率和损伤模式进行识别，建立混凝土空心板预应力钢绞线的损伤程度评估指标，使用声发射最敏感监测参数(能量和峰值频率)对空心板桥安全状态进行分析，并通过声发射信号 b 值和强度分析法对混凝土空心板桥预应力钢绞线的安全状态进行定量评估。第 4 章研究桥梁运营期间的轮胎-路面声发射噪声特征及对应的滤除方法，确定轮胎-路面声发射噪声与预应力空心板梁损伤信号之间的频率界限，针对桥梁现场实时监测中声波形数据传输和存储内容较多的问题，提出多参数融合的噪声实时滤除方法。第 5 章是后张法 T 梁桥预应力钢绞线握裹材料对声发射信号衰减的影响，首先分析压浆料种类、强度大小和压浆缺陷情况下声发射信号衰减的规律，确定特征参数的变化规律，并对传感器的优化布置做初步研究，其次分析波纹管材质变化、管壁厚度和压浆饱满情况下管道横截面上最优监测位置的选择，对混凝土中信号衰减的研究结合后张法中钢绞线布置的特点设计试件，主要突出钢绞线、压浆料、波纹管和混凝土的组合来模拟真实工况，然后针对保护层厚度和混凝土强度的变化展开研究，最后在缩尺 T 梁上将前面研究中的单一因素集中在真实梁体中综合研究，重点验证混凝土开槽的必要性和可用性。第 6 章是后张法预应力梁钢绞线损伤声发射波导杆引波空间定位方法，首先以预应力钢束和后张法孔道内钢绞线的损伤定位为研究对象，提出一种基于波导杆引波技术的双声发射传感器空间定位方法，其次在不考虑混凝土等因素的影响下对所提定位方法进行试验验证，最后对后张法预应力空心板实梁中预应力钢束的损伤和后张法孔道内钢绞线的损伤进行横向定位试验以证明所提定位方法在实际工程应用中的可行性。

　　本书的研究内容得到了国家自然科学基金面上项目(51778587)、国家自然科学基金青年科学基金项目(51208471、51808510)、河南省科技攻关计划项目(212102310975、222102320436)、河南省交通运输科技计划项目(2016Y2-2、2018J3)等的大力资助，作者表示衷心感谢！同时，感谢河南省轨道交通研究院有限公司、郑州市公路事业发展中心、郑州市路通公路建设有限公司、昆山市建设工程质量检测中心等单位为课题研究提供了项目经费和试验条件等方面的大力支持。

本书作者在桥梁健康监测方面多年来的研究一直得到作者的博士生导师中国工程院欧进萍院士的指导，在此特表由衷的感谢！感谢作者的硕士生导师王东炜教授、李广慧教授和博士后导师陈淮教授对作者桥梁健康监测研究工作的指导！感谢郑州大学土木工程学院郭院成院长对作者团队组建和科研方向凝练的大力支持和殷切指导！感谢作者所在的团队姜楠、郭攀、毋光明、李攀杰、王希东、徐斌、郑鹏飞、崔灿、李金珂、代旷宇等以及作者指导的研究生石鸿帅、刘桢雯、孙文聪、石翠萍、张啸宇、亢壮壮等对本书的贡献！作者指导的博士研究生侯杰、王超、解路、王太钢、张龙和硕士研究生冯杰、侯顺腾、车香妮、陈书涵、杨皓翔、王鸿然、任多昌、高兴、孙世纪、曹子豪、缑威、邢晨洋、袁灿辉、常思源、赵怡清、惠智、翁大威、薛运平、张凯、蔡达庆等及李秉轩参与了本书试验、整理、修改和编辑方面的工作，对他们为本书相关内容所做出的贡献表示感谢！

由于作者水平有限，书中难免存在不足之处，恳请读者批评指正。

李胜利

2023 年 9 月

于郑州大学

目　录

前言

第0章　绪论 ·· 1

0.1　桥梁声发射监测发展概况 ··· 1

0.2　桥梁声发射监测波导杆引波技术研究现状 ································· 4

0.2.1　桥梁声发射监测研究 ··· 4

0.2.2　声发射监测波导杆引波技术研究 ······································ 6

0.2.3　桥梁声发射监测噪声滤波研究 ··· 7

0.2.4　桥梁声发射监测声源定位方法研究 ·································· 10

0.2.5　波导杆在声发射损伤源定位中的应用 ······························ 12

第1章　平行钢丝束损伤断丝纵横向精准定位声发射监测方法研究 ······ 13

1.1　引言 ·· 13

1.2　波导杆与传感器过渡方式声发射试验研究 ································ 13

1.2.1　试验方法 ·· 13

1.2.2　结果与分析 ·· 16

1.3　波导杆与锥台连接方式声发射试验研究 ··································· 21

1.3.1　试验方案 ·· 21

1.3.2　结果与分析 ·· 22

1.4　平行钢丝束损伤断丝横向定位声发射监测方法研究 ··················· 27

1.4.1　试验方案 ·· 27

1.4.2　结果与分析 ·· 29

1.5　平行钢丝束损伤断丝纵向定位声发射监测方法研究 ··················· 37

1.5.1　损伤断丝纵向定位原理 ··· 37

1.5.2　试验方法 ·· 41

1.5.3　结果与分析 ·· 41

1.6　本章小结 ·· 43

第2章　平行钢丝拉索的声发射纵横向传播特性及损伤空间定位方法 ····· 44

2.1　引言 ·· 44

2.2　声波在拉索内部传播路径的可视化研究 ··································· 44

2.2.1　声波产生机理 ·· 44

2.2.2　基于有限元软件的声波在平行钢丝束中的传播模型 ············ 45

　　　2.2.3　声波在平行钢丝束中传播的可视化分析 ················ 47
　2.3　声波在平行钢丝拉索上纵向传播特性研究 ···················· 53
　　　2.3.1　试验方案 ·· 53
　　　2.3.2　结果与分析 ·· 55
　　　2.3.3　模拟与试验结果 ···································· 58
　2.4　声波在平行钢丝拉索上横向传播特性研究 ···················· 61
　　　2.4.1　试验方案 ·· 61
　　　2.4.2　结果与分析 ·· 68
　　　2.4.3　试件高度对试验结果的影响分析 ······················ 79
　2.5　基于声发射技术的平行钢丝束损伤空间定位方法研究 ··········· 83
　　　2.5.1　平行钢丝束损伤定位方法 ···························· 83
　　　2.5.2　损伤定位方法的试验验证 ···························· 85
　　　2.5.3　定位结果 ·· 87
　2.6　本章小结 ·· 90
第3章　空心板桥预应力钢绞线的声发射监测传感器布置优化及损伤评估 ···· 91
　3.1　引言 ·· 91
　3.2　单调加载下混凝土空心板声发射信号特征分析 ················· 91
　　　3.2.1　试验方案 ·· 91
　　　3.2.2　混凝土空心板声发射传感器布置优化 ·················· 94
　　　3.2.3　混凝土空心板损伤评估方法 ·························· 96
　3.3　循环荷载下混凝土空心板预应力钢绞线声发射信号特征分析 ····· 101
　　　3.3.1　试验方案 ··· 101
　　　3.3.2　混凝土空心板预应力钢绞线声发射传感器布置优化 ······· 104
　　　3.3.3　混凝土空心板预应力钢绞线损伤评估方法 ··············· 105
　3.4　基于声发射技术的在役混凝土空心板桥损伤评估 ··············· 110
　　　3.4.1　试验方案 ··· 110
　　　3.4.2　在役混凝土空心板桥声发射信号参数特征分析 ··········· 112
　　　3.4.3　在役混凝土空心板桥预应力钢绞线的声发射损伤评估 ······ 113
　3.5　本章小结 ··· 116
第4章　预应力空心板桥声发射健康监测轮胎-路面声发射噪声滤除方法 ····· 118
　4.1　引言 ··· 118
　4.2　轮胎-路面声发射噪声特征分析 ······························ 118
　　　4.2.1　轮胎-路面声发射噪声试验方法 ······················ 118
　　　4.2.2　轮胎-路面声发射噪声特征影响因素研究 ················ 122
　4.3　损伤信号中轮胎-路面声发射噪声滤除方法 ···················· 129

4.3.1　轮胎-路面声发射噪声滤除方法 129
4.3.2　损伤信号中轮胎-路面声发射噪声分离结果与讨论 134
4.4　轮胎-路面声发射噪声多参数特征融合滤除方法 139
4.4.1　轮胎-路面声发射噪声多参数特征融合滤除方法步骤 139
4.4.2　基于参数分析的噪声滤除结果分析 140
4.5　本章小结 145
第5章　后张法T梁桥预应力钢绞线握裹材料对声发射信号衰减的影响 147
5.1　引言 147
5.2　压浆料对预应力钢绞线声发射信号衰减的影响 147
5.2.1　试验方法 147
5.2.2　结果与讨论 149
5.3　波纹管对预应力钢绞线声发射信号衰减的影响 160
5.3.1　试验方法 160
5.3.2　结果与讨论 163
5.4　混凝土保护层对后张法预应力钢绞线损伤产生的声发射信号
衰减的影响 170
5.4.1　试验方法 170
5.4.2　结果与讨论 172
5.5　T梁开槽声发射信号衰减对比分析 175
5.5.1　试验方法 175
5.5.2　结果与讨论 179
5.6　本章小结 182
第6章　后张法预应力梁钢绞线损伤声发射波导杆引波空间定位方法 184
6.1　引言 184
6.2　预应力钢束损伤声发射波导杆引波空间定位方法 185
6.2.1　预应力钢束损伤空间定位方法 185
6.2.2　所提定位方法的试验验证 188
6.2.3　定位结果分析 191
6.3　孔道内钢绞线损伤声发射波导杆引波空间定位方法 199
6.3.1　孔道内钢绞线损伤空间定位方法 199
6.3.2　所提定位方法的试验验证 202
6.3.3　定位结果分析 205
6.4　后张法预应力空心板实梁钢绞线损伤源定位应用 212
6.4.1　所提定位方法的实梁应用 212
6.4.2　实梁钢束损伤定位效果分析 215

6.4.3　实梁后张法孔道内钢绞线损伤定位效果分析·················218

6.5　本章小结··················221

参考文献 ··················222

第0章 绪 论

0.1 桥梁声发射监测发展概况

桥梁作为确保交通安全畅通的重要枢纽，对国计民生和社会经济增长起着至关重要的作用(刘明虎，2022)。根据《2021年交通运输行业发展统计公报》，截至2021年底，全国公路桥梁数量已达96.11万座，其中特大桥梁7417座，大桥13.45万座，中小跨径桥梁82.65万座，中小跨径桥梁占比高达86%(Wang et al.，2022)。后张法预应力混凝土桥梁因其造价及结构优势，是中小跨径桥梁中应用最广泛、数量最多的结构类型(Galvão et al.，2022)。预应力钢绞线是后张法预应力桥梁的重要组成部分，一旦发生损伤，必然会降低桥梁的安全性、适用性和耐久性(Campione and Zizzo，2022)，影响桥梁安全运营(邹国庆等，2021)。因此，对预应力钢绞线进行长期健康监测，诊断其损伤(Wu et al.，2023)，对于避免桥梁的突然垮塌，保证量大面广的中小跨径桥梁正常运行至关重要(覃荷瑛和韦健全，2021)。

2011年7月，长期超载运行的武夷山公馆大桥发生部分吊杆断裂，如图0-1所示，导致50m左右的桥面坍塌，造成1人死亡，22人受伤。

图 0-1 武夷山公馆大桥

2018年8月，意大利北部城市热那亚发生严重塌桥事故，如图0-2所示，一座有50年历史的Polcevera高速公路高架桥在暴风雨中突然倒塌,造成39人死亡。经调查，该事故是一根斜拉索断裂，导致其中一个自立结构系统倒塌(Invernizzi et al.，2019)。

(a) 坍塌前

(b) 坍塌后

图 0-2　Polcevera 斜拉桥坍塌

　　2020 年 11 月，位于加勒比地区波多黎各的阿雷西博射电望远镜遭遇意外事故，如图 0-3 和图 0-4 所示，一条支撑馈源平台的钢缆断裂，把望远镜反射面砸出一个约 30m 的缺陷。11 月 6 日，望远镜上一根能承受 544t 重量的主钢缆断裂，对底部反射面造成更严重的破坏。两根钢缆的断裂，导致这个曾经最大的射电望远镜被迫"退役"。

图 0-3　阿雷西博射电望远镜坍塌前

图 0-4　阿雷西博射电望远镜坍塌后

　　2001 年 11 月，从四川南部宜宾进入云南的咽喉要道宜宾南门大桥发生了悬索及桥面断裂事故，如图 0-5 所示，桥两端同时塌陷，造成交通及市外通信中断。经调查，该事故是连接桥梁拱体和桥面预制板的 8 根钢缆吊杆断裂，导致北端长约 10m、南端长 20 余米的桥面预制板发生坍塌(孔庆凯，2003)。

图 0-5 宜宾南门大桥垮塌

2018 年在缅甸伊洛瓦底省的渺弥亚市，一座跨越 Raway 河的悬索桥发生垮塌，如图 0-6 所示，造成 2 人死亡。经调查，该桥于 1996 年开通，运营 10 多年后，已经存在南锚碇移位、桥塔倾斜(导致主跨下挠 1m 多)、主缆与吊索连接处腐蚀严重等病害(刘海燕，2020)。

图 0-6 Raway 河悬索桥垮塌

从这些拉索结构破坏造成的桥梁安全事故中得到警示，建立一个健全且可靠的拉索结构健康安全评估机制是至关重要的。随着人们对桥梁结构安全要求的逐步提高，桥梁的健康监测工作日益受到人们的重视。自 20 世纪 90 年代起，国内外许多重要大型桥梁都建立了健康监测系统(李爱群等，2012)，依靠安装在桥梁结构上的多种传感器分别对桥梁特定物理量进行长期监测，其监测数据是桥梁结构在实际运营过程中特定状态的真实反映，起到评估结构安全状态、预警和设计验证的作用。

目前，对拉索进行健康监测主要采用无损检测和监测方法，包括索力监测法、漏磁检测法、磁致伸缩导波法、模态测试法和声发射监测法。索力监测法的原理是，服役中的桥梁在自然环境或者长期负载的条件下，拉索受到损伤，受损拉索的索力也发生变化，通过测量索力的大小，实现对拉索的健康监测(刘晓江等，2020)。目前，采用索力监测的方法有很多，如频率法、压力传感器法和磁通量传感器法等。漏磁检测法是指首先采用磁化器对拉索进行磁化至饱和状态，而斜拉索中产生损伤，断丝的部位会产生磁漏，根据拉索不同部位的磁场强度来判断拉索是否受损以及损伤位置缺陷大小。磁致伸缩导波法利用了磁致伸缩效应原理，即铁磁性的材料在磁场的作用下，形状大小发生改变或在形状大小改变的瞬间，铁磁内部磁场也发生了变化(李冰毅和王振强，2020)。使用该方法对拉索进行损伤检测时，传感器不与索体直接接触。模态测试法中的"模态"指的是拉索结构的固有属性，模态参数包括固有频率、阻尼和振型等，与结构的刚度和质量有关(Wu et al.，2021)。当拉索发生损伤时，拉索的模态参数也会发生改变，通过测量斜拉索模态参数的前后变化，即可实现对拉索的损伤识别。

尽管以上方法大多能实现对平行钢丝拉索的损伤识别，但是不能实现对平行钢丝拉索损伤的空间定位。而在拉索服役期间，通过现场监测手段实现对拉索损伤的空间定位，不仅可以为桥梁更换拉索提供理论依据，而且可以通过对多座桥梁的监测结果，总结拉索断丝的常见位置，便于采取合理的加强措施。

声发射传感器具有无需主动激励、对损伤敏感性高、受结构几何构造影响小、探测距离远的优点，能够将结构宏观信息与微观信息相结合，实现对结构整体或关键部位的实时监测，且施工便捷，比较适合用于桥梁监测。部分学者通过对声发射传感器采集的信息进行分析，进行了桥梁损伤识别、移动荷载识别、承载能力评估等性能评估的相关工作。

声发射监测法是指结构在应力作用下，内部缺陷以瞬时弹性波形式释放能量，声发射传感器基于压电效应将振动转变为电信号，对电信号进行分析就可以推断内部缺陷的变化情况(Cheng et al.，2017；Kuznetsov et al.，2017；Schnabel et al.，2017；Vilhelm et al.，2017)。作为一种被动、无损的实时监测方法，声发射技术的应用已经涉及石油化工工业(刘哲军等，2016)、电力工业(Bo et al.，2017)、材料工程(滕全全等，2017)和土木工程(Baran et al.，2018；李冬生等，2012)等众多领域，在桥梁缆索损伤断丝监测领域也展现出独特的优势。

0.2　桥梁声发射监测波导杆引波技术研究现状

0.2.1　桥梁声发射监测研究

声发射技术的原理是在结构表面或内部发生损伤时，缺陷在形成和扩展时都会释放能量，能量以瞬态弹性波的形式在结构中传播至结构表面，引起表面振动产生位移，布置在结构表面的声发射传感器将表面振动位移转化为电信号，电信号被放大后由声发射采集仪采集并记录。通过对采集的声发射信号进行分析，可以实现对结构的损伤评估。

　　结构中任何应力源引起的微观和宏观损伤都可以通过声发射监测系统进行识别和定位(Nair et al., 2019)，因此声发射技术被应用于各种无损监测中，以表征结构中不同类型的损伤。声发射传感器监测到的波形是结构损伤信息的外在综合表现，同时产生的波形也可以用来计算一些参数，如幅值、上升时间、持续时间、信号强度、能量和计数。这几种常用的声发射信号特征参数示意图如图 0-7 所示，其定义、特点与用途如表 0-1 所示。这些参数可直接用于结构完整性评估。

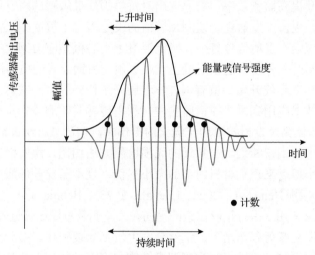

图 0-7　声发射信号特征参数示意图

表 0-1　几种常用声发射信号特征参数的定义、特点与用途

参数	定义	特点与用途
门槛值	能被检测到的最低界限值	主要用于过滤噪声等无用信号
振铃计数	超过门槛信号的振荡次数	反映信号的强度和频度，广泛应用于声发射活动性评价，但受门槛值的影响
能量	事件信号检波包络线下的面积	反映事件的相对能量或强度，主要用于波源类型的鉴别
幅值	事件信号单个波形的最大振幅	常用于波源类型的鉴别、强度及衰减的测量
撞击计数	通过门槛并导致一个系统通道累计数据的任一声发射信号	反映声发射活动的总量和频度，常用于声发射活动性评价
事件计数	由一个或几个撞击鉴别所得到的声发射事件数	反映声发射事件数的总量和频度，常用于波源的活动性和定位集中度评价

参数	定义	特点与用途
峰值频率	最大峰值的正弦信号所对应的频率	常用于分析声发射信号频带分布特性
上升时间	事件信号第一次越过门槛值至 最大振幅所历经的时间间隔	易受传播的影响，有时用于机电噪声鉴别
持续时间	事件信号第一次越过门槛值至 最终降至门槛值所历经的时间间隔	常用于特殊波源类型和噪声的鉴别

声发射信号基本参数有十几个(Bayane and Brühwiler，2020)，对于不同形式的材料及结构，用哪种声发射信号特征参数能够对桥梁的长期监测取得良好效果，目前仍未知，并且混凝土空心板桥的长期声发射监测会产生海量储存数据，为了减少监测成本及提高监测效率，需要选出对桥梁损伤最敏感的声发射信号特征参数。混凝土空心板桥声发射现场监测预警值的设定需要了解混凝土空心板预应力钢绞线损伤过程的声发射信号特征，确定混凝土空心板预应力钢绞线从微观损伤转变为宏观损伤的分界线，建立混凝土空心板预应力钢绞线的损伤评估指标。

从 20 世纪 70 年代开始，就有国外学者展开了桥梁缆索声发射的监测研究，早期将声发射技术应用到桥梁缆索监测中，利用传感器监测缆索张拉过程中产生的声发射信号，认为声发射技术用于缆索的损伤断丝监测(Laura et al.，1970)能够有效捕捉缆索中的钢丝断裂。与常规的无损检测方法相比，声发射技术通过接收物体表面的微小振动来识别材料内部的微小损伤，且不需要外部激励，可以实现对结构的长期监测(Han et al.，2022；Li et al.，2022a；Behnia et al.，2019；Wu and Lee，2019)，非常适用于平行钢丝拉索的损伤在线监测及早期或临近破坏时的预警。

缆索在长期交变荷载作用下，钢丝会发生疲劳断裂破坏。由于实际桥梁的索体受外层护套的保护，很难直接观测到索结构内部钢丝的损伤断丝情况。因此，如何对缆索桥梁索结构内部钢丝的损伤断丝情况进行有效监测成为现阶段亟待解决的关键问题。

0.2.2　声发射监测波导杆引波技术研究

声发射技术是一种被广泛应用的研究材料失效的无损监测技术，当环境条件对传感器的操作有害时，波导杆通常安装在被监测结构和传感器之间，这样就可以实现这些工况下的声发射监测(谢涛，2016；Smith and Dixon，2014)。Hamstad 和 Sikorska 等通过数值模拟和试验对比了不同波导杆材料和几何外形对声发射信号传统参数和频率的影响，同时也研究了波导杆的导热性能(Hamstad，2006；Sikorska and Pan，2004)。Prabakar 和 Rao(2007)通过数值模拟研究了声发射信号经过波导杆传播后的模式识别问题，得出了波导杆尺寸对声发射信号模式识别影响很小的结论。Cui 等(2010)研究了处于无限固体介质中波导杆的导波传播特性，重点讨论了导波的频散特性。Dahmene 等(2012)研究了波导杆对弹性波传播的影响，得出了波导杆影响波形但不影响频率、波导杆长度不影响信号幅值的结论。Murav'eva 等(2014)研究了波导杆横断面的规律变化对监测稳定性的影响，并给出了提高波导杆监测稳定性的建议。

目前，波导杆技术主要应用于材料工程和机械工程等领域，将波导杆技术应用于缆索的损伤断丝监测还未见有相关报道。由于波导杆和传感器直径相差较大，波导杆与传感器的过渡方式以及波导杆与锥台的连接方式成为缆索结构声发射监测中的关键环节，过渡方式与连接方式的优劣直接决定了监测结果的正确性与精确性。

0.2.3　桥梁声发射监测噪声滤波研究

在声发射技术的工程应用中常见的表征裂纹萌生和扩展等损伤的声发射信号为突发过程，会产生一连串的脉冲波形并快速衰减，典型的表示损伤的声发射信号如图 0-8(a)所示。由流体泄漏或摩擦等连续相互作用引起的类噪声信号则表现为连续信号，在测试期间长期存在，典型的表示噪声的连续信号如图 0-8(b)所示。声发射监测系统在进行桥梁健康监测时，通常会记录外界的背景噪声和结构损伤声发射信号，需要对监测过程中的噪声进行滤除，才能识别出微小损伤的声发射信号，以避免将噪声误识别为结构损伤信号。因此，噪声信号与损伤信号的区分是使用声发射技术对桥梁进行监测的主要挑战之一(Yu et al.，2023)。

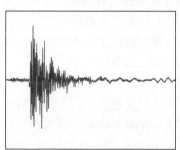 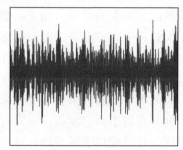

(a) 突发事件(损伤信号)　　　　　　(b) 连续事件(噪声信号)

图 0-8　典型声发射信号

在声发射监测中存在多种类型的噪声，依据产生机理不同可分为物体间摩擦、碰撞、振动等产生的机械噪声和电磁感应、静电感应产生的电磁噪声两种，其中造成主要影响的为机械噪声(尹红宇，2009)。声发射技术通过采集物体的表面振动来获取信息，桥梁的运营环境中存在着众多干扰因素，因此与室内环境相比，桥梁在运营期间会受到较多且较为复杂的噪声影响。表 0-2 展示了运营期桥梁声发射监测中可能存在的噪声来源。

表 0-2　运营期桥梁声发射监测中的噪声来源

噪声类型	信号来源
机械噪声	1. 仪器振动、风雨沙尘等引起的机械碰撞； 2. 周围人们生产生活及动物引起的噪声、桥下流水的流体噪声； 3. 车辆运行产生的发动机及传动系统噪声、轮胎与路面间的摩擦噪声； 4. 车辆荷载作用时结构各部件之间相对滑动产生的摩擦噪声
电磁噪声	1. 前置放大器输入端白噪声； 2. 仪器或结构接地不当引起的地回路噪声； 3. 无线发射器、电源开关等引起的电磁干扰

关于声发射监测过程中的噪声滤除问题，有不少学者进行了相关研究。随着设备工艺的提升和数据处理技术的进步，目前有很多硬件和软件的方法可以实现噪声滤除。其中硬件滤波技术是桥梁损伤信号识别中最常用的方法，但由于高幅值环境噪声的存在，这种方法具有很大的局限性(Yu et al.，2023)。利用软件对所获取的声发射信号进行后处理，可以依据所需处理噪声的特点对滤波中的各种参数进行自定义，开源性强，其噪声滤除精度也更高。数据分析是滤除声发射噪声的有效途径，包括模式识别、聚类分析、相关分析、小波分析、现代谱分析和神经网络分析等(赵振，2022)。

目前，在声发射监测领域，按处理信号数据类型的不同，声发射信号处理技术分为：

(1)声波形分析技术。直接以声发射信号波形为处理对象，根据所记录信号的时域波形及与此相关联的频谱、相关函数等来表征声发射信号所包含的信息。波形中包含了大量关于声发射事件源和传播过程中的信息，声波形分析技术可以了解所获得的声发射信号波形的物理本质(Li et al.，2021a)。

(2)声发射参数分析技术。依据从声发射信号波形中提取出的振铃计数、能量、振幅、上升时间等特征参数来表示仪器采集的声发射数据。大部分参数都是从波形获得的，即先有波形后有参数。声发射噪声去除方法的发展与声发射硬件技术的发展和现代信号处理技术的发展息息相关(耿荣生等，2022)。受硬件限制，早期声发射监测多以参数分析为主，自声发射技术开始使用以来，最常见的方法是将声发射信号波形简化为一组实时计算的参数(Pomponi and Vinogradov，2013)。声发射参数分析技术由于处理速度较快而适用于对数据进行实时处理。

基于波形分析的噪声滤除方法有着较高的准确性。He 等(2017)针对焊接过程中裂纹声发射信号多源共存的特点提出了基于谐波分析的提取方法，实现了多源信号中焊接裂纹声发射信号的分离与提取。Qiu 等(2020)采用小波阈值去噪方法，从沥青混合料梁表面铅笔断裂的声发射信号中提取出了有效信息。小波变换可以保留信号的边缘局部特征，而由于所选择的阈值函数包含一些缺陷，去噪结果方差较大(Yang and Xu，2020)。Wang 等(2020)利用最优小波变换精确地解释连续泄漏声发射信号，为了选取用于分解的最佳母小波，从原始信号中分离出主导信号模式，对比了不同母小波的定位结果，表明了母小波选择的重要性；小波基函数通常是选择与原始信号相似的基函数进行分解，噪声信号与损伤信号有着不同的特征，在分解过程中选择基函数的难度较大。

与小波分析不同，经验模态分解(empirical mode decomposition, EMD)方法处理这类非平稳序列的主要思路是通过某些预处理的方法将其转化为平稳序列后再进行分析。在信号处理中，处理非平稳序列的主要方法有自适应滤波、短时傅里叶变换、短时自回归滑动平均参数谱、参数谱和时频分析等。Xu 等(2020)采集了管道泄漏过程中的声发射信号，并进行了经验模态分解，得到管道泄漏声发射信号的基本模态。Li 等(2021a)对声发射信号进行经验模态分解，将方差贡献率大于90%的本征模态函数合并为修正信号，将时频信息输入卷积神经网络以提高瓦斯喷出信号的识别精度。Li 等(2020)为了处理激光热损伤监测过程中获得的声发射数据，采用集成经验模态分解(ensemble empirical mode decomposition, EEMD)算法实现对原始信号降噪和特征提取。变分模态分解(variational mode decomposition, VMD)算法具有较好的性能，已广泛应用于声发射信号特征提取，其坚实的数学基础使得该算法在频率检测、频率分离和噪声鲁棒性上强于经验模态分解等递归分解算法(孙甜甜，2020)。Yang 和 Li 的结论表明，变分模态分解在模式混合抑制、信号分解和噪声鲁棒性方面优于经验模态分解和集成经验模态分解(Li et al.，2019a；Yang et al.，2017)。

声发射参数分析方法将波形简化为一系列特征参数，在处理声发射信号时有着更高的效率。常用的特征参数有 RMS、峰度、振铃计数、峰值频率、上升时间等，这些参数常用于异常监测和趋势分析(Kim et al.，2022)。Thirumalaiselvi 和 Sasmal(2021)利用声发射信号特征参数区分混凝土中新裂缝的萌生和现有裂缝的扩展，检验了其在识别混凝土结构中裂缝萌生和扩展的有效性。Li 等(2022b)在对斜拉桥的拉索进行声发射监测时提出了一种声发射信号分割算法，可以有效地节省数据存储空间，准确地筛选出目标声发射信号。

桥梁运营期间的声发射噪声幅值高、数据量大，在实验室测试中用设置门槛值的方法滤除噪声的技术不完全适用于声发射桥梁监测。目前已经有部分研究使用声发射技术对公路和铁路桥梁结构进行损伤监测，并采取一定的方法滤除桥梁运营期间的噪声干扰。Anay 等(2020)采用声发射技术对预应力混凝土桥梁状况进行监测的过程中使用声发射信号参数的组合设置前端滤波器进行去噪。

公路桥梁上的噪声相关研究较少，但关于铁路桥梁上的轮轨噪声已经有较为成熟的滤除方法，Zhang 等(2016)的研究表明，列车引起桥梁自身的振动频率小于 200Hz，不会对声发射监测产生影响。轮轨噪声是影响铁路桥梁声发射监测结果的主要因素。Hao 等(2021，2015)采集了车辆轮轨噪声并分析了其与裂纹信号间的差异，提出了一种高速铁路轮轨滚动强噪声下的弱钢轨裂纹微弱信号提取方法。Zhang 等(2018a，2015)研究了实验室条件下高速运营的轮轨噪声频谱特征，提出了基于时间窗口选择的滤波方法，并从真实的铁路噪声环境中提取了声发射信号，采用长短期神经网络的方法去除了噪声。Wang 等(2020)为了利用声发射技术对钢轨裂纹进行监测，提出了一种约束独立分量分析算法，从轮轨噪声中提取出了损伤信号。目前将声发射用于公路桥梁监测的研究均是通过阈值或带通滤波来滤除噪声，没有对噪声的组成成分及其详细特征进行分析，噪声滤除效果不佳，从而影响声发射损伤监测效果。

为了评估桥梁结构的安全状态，许多研究者分析了桥梁运营过程中声发射监测信号的特征参数，如 Anay 等(2016)将声发射技术用于评估一座单跨预应力混凝土桥的损伤状况；刘茂军等(2015)对一座运营中的箱梁桥声发射监测的特征参数进行分析，结果表明，门槛值设为 40dB 可以滤除大部分环境噪声；Carrasco 等(2021)使用声发射技术对新墨西哥州南部一座无设计方案的单跨预应力混凝土桥梁的状况进行了监测，监测过程中使用振幅、持续时间和上升时间的组合设置滤波器达到滤除噪声的目的。

关于声发射健康监测中的噪声滤除问题，一些研究者通过波形分析或者参数联合分析方法来识别信号和去除噪声信号是可行的。但现有的研究大多集中在室内条件下，而桥梁的运营条件复杂，这使得损伤信号在传播过程中受到的干扰更多，导致桥梁结构的声发射监测比室内条件下的损伤识别难度更大。

在桥梁的声发射健康监测中，需要一种可以对数据进行实时分析的噪声滤除方法。现有的研究考虑到实际桥梁中存在噪声，但通过单一参数设置滤波门限来去除噪声，可能会出现将有效监测信号去除或者保留大量噪声信号的情况。如果不清楚噪声的组成成分及其特征而盲目采用复杂的滤波方法，会影响实际桥梁监测中噪声去除的精度。

0.2.4　桥梁声发射监测声源定位方法研究

固体材料内部发生缺陷及缺陷发生扩展时，以弹性波的形式释放能量，并向四周传播，便形成了声发射源(李晓崧等，2020)。在现有的研究中，为了在固体材料表面某一范围测量缺陷的位置，可以将数个压电传感器按照一定的集合关系放置在固定点上组成传感器阵列，然后可以根据传感器采集到的声发射信号特征参数反推声发射源的位置，这种定位声源的方法称为声发射源定位(刘增华等，2020)。当环境条件对布置传感器不利时，通常将波导杆安装在被监测结构上，把结构内部材料损伤的声发射信号引至传感器辅助定位。

对于突发型声发射信号定位，利用声发射技术进行损伤源定位时，最常用的定位技术有两类：区域定位和时差定位(Zhou et al.，2021)。区域定位是按声波到达各个传感器的次序或按照不同传感器检测不同区域的方式，大致确定声发射源所处的区域(杨婧，2014)。时差定位是利用声发射信号到达各个传感器的时差和传感器位置之间的几何关系建立方程组，最终求得结构声发射源位置(刘增华等，2020)。根据具体的结构形式和监测要求，时差定位又可分成一维(线)定位、二维(平面)定位和三维(空间)定位。

一维(线)定位是声发射源定位中最简单的定位方法，是用两个声发射传感器在一维空间中确定声发射源的位置坐标(李晓崧等，2020)，一般用于长距离输送管道缺陷及焊缝缺陷的定位(Han et al.，2019)。建筑、海洋、采矿、水利与交通等领域中会用到大量的二维平面结构(Miao et al.，2022)，由不同性质材料构成的平面结构声发射损伤源定位方法不同，所需传感器的数量及布置位置也不同，二维(平面)定位至少需要三个传感器和两组时差。

三维立体结构的声发射源定位要比二维平面结构更为复杂，三维(空间)定位主要用于物体内部的缺陷检测和压力容器等空心结构的缺陷检测等(樊卓乾，2021)。Tsangouri 等(2016)将 8 个声发射传感器安装在损伤愈合混凝土表面，对混凝土内部的声发射源进行空间和时间定位。Liu 等(2022)提出了一种基于声发射信号传播路径的平行钢丝束损伤三维定位算法，首先利用有限元软件可视化声发射信号在平行钢丝束中的传播路径，然后基于声波的传播路径和频散特性，提出了一种使用 4 个传感器对平行钢丝束损伤进行三维定位的算法，最后进行了试验验证。结果表明，所提定位算法能够准确定位损伤位置。这些研究表明，采用声发射技术对结构损伤进行三维定位是可行的。

目前对拉索的声发射监测中，传感器一般是固定于拉索护套表面或锚具上(Li et al.，2017)，仅实现对拉索疲劳和钢丝断裂类型的识别。传统的采用声发射技术对高强钢丝进行损伤定位需要在钢丝端部固定两只传感器，用来采集钢丝断裂时产生的声发射信号，利用时差定位法实现对高强钢丝的损伤断丝纵向定位(Ma et al.，2012)，这对斜拉桥中的斜拉索、悬索桥中的吊索和主缆及拱桥中的吊杆等工程结构的应用会造成极大的不便。另外，高强钢丝损伤时产生的声发射信号具有宽频带、频散和多模态的特性(Wu and Lee，2019)，不同的模态具有不同程度的频散和不同的传输速度(Autuori et al.，2020)。

声发射源定位的核心是通过采集的声发射信号反推到声发射源位置，故研究声发射信号的传播特性对预测声源位置具有重要的意义。为此，在采用声发射技术对平行钢丝束进行定位算法研究前，考虑到平行钢丝拉索本身的各向异性，应首先对声发射信号在平行钢丝束中的传播路径和纵横向传播特征进行研究。

0.2.5 波导杆在声发射损伤源定位中的应用

目前波导杆主要用于边坡稳定性、管道容器泄漏和桥梁缆索损伤的监测，波导杆的类型主要包括圆杆和片式波导杆(刘玥怡，2022)。蒋仕良(2006)研究了波导杆对声发射特性的影响。李文彪等(2017)利用声发射技术对路堤边坡稳定性进行监测，分析讨论了不同波导杆杆径的声发射特征。吴鑫等(2021)分析了不同加载速率下波导杆三点弯曲声发射参数特性。

此外，有学者将波导杆应用于桥梁缆索的损伤定位中，Li 等(2019b)提出了一种新型的监测方法，利用波导杆在平行钢丝束末端拉出钢丝，来确定由 7 根钢丝组成的平行钢丝束中缺陷的空间位置；他们还进行了拉伸破坏试验，通过模态声发射技术和声发射信号特征分析，实现了平行钢丝束中缺陷的精确定位。石鸿帅(2018)比较研究了波导杆与传感器的过渡方式及波导杆与锥台的连接方式，提出了采用波导杆技术精准识别缆索横向损伤断丝和利用单一传感器精准识别缆索纵向损伤断丝的声发射监测方法，结果表明，所提监测方法可以准确定位平行钢丝束发生损伤断丝的纵横向位置。

第1章 平行钢丝束损伤断丝纵横向精准定位声发射监测方法研究

1.1 引 言

缆索系统是缆索桥梁最主要的受力结构。在车辆荷载和复杂自然环境作用下，缆索一旦出现损伤，将不可避免地降低缆索桥梁的安全性，并且可能造成缆索桥梁发生灾难性的突发破坏事故，造成极为恶劣的社会影响和惨重的经济损失(邢心魁等，2021)。因此，对缆索损伤断丝监测就显得至关重要。

相对于人工检测、超声检测、漏磁检测、射线检测、光纤光栅监测五种方法，声发射监测在桥梁缆索损伤断丝监测领域有独特的优势。而波导杆由于其独特的优势，可以传输波形信息，将信号源安全、可靠、高效地传输到声发射传感器，可以实现复杂恶劣环境下的声发射监测。目前，波导杆技术主要应用于材料工程和机械工程等领域，缆索结构的声发射监测研究主要集中在对腐蚀、疲劳及钢丝断裂等损伤类型的识别和损伤程度的评价方面。因此，针对缆索结构损伤的声发射监测，本章主要通过断铅试验，研究波导杆与传感器的最优过渡方式及波导杆与锥台的最优连接方式，并实现平行钢丝束损伤断丝横向定位和纵向定位(石鸿帅，2018)。

1.2 波导杆与传感器过渡方式声发射试验研究

1.2.1 试验方法

1. 声发射原理

声发射是指结构在应力作用下，内部缺陷以瞬时弹性波形式释放能量的现象(黄练等，2023；李胜利等，2017)。声发射传感器基于压电效应将弹性波转变为电信号，对电信号进行分析就可以推断内部缺陷的变化情况。声发射的基本原理如图 1-1 所示，声发射系统如图 1-2 所示。

2. 声发射信号解释

声发射信号常用特征参数包括振铃计数、幅值、能量、上升时间和持续时间等，它们的含义和用途如表 0-1 所示。

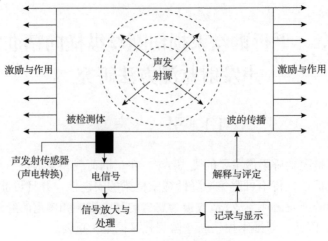

图 1-1 声发射基本原理

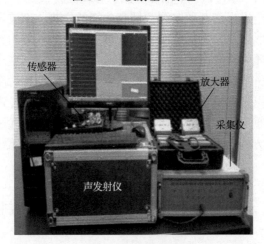

图 1-2 声发射系统

3. 试验方案

本次试验的目的是研究传感器和波导杆不同的过渡方式对声发射信号的影响，找出对声发射信号影响最小的过渡方式，以提高后续试验的可靠度和精确度，试验装置如图 1-3 所示。试验采用三种不同的过渡方式将传感器与波导杆固定在一起。第一种过渡方式为锥台过渡，即在波导杆端部焊接一个锥台，将声发射传感器固定到焊接锥台上，锥台直径与传感器直径相当。第二种过渡方式为线过渡，即将声发射传感器固定到波导杆端部。第三种过渡方式为面过渡，即将波导杆一端部做成扁平状，将声发射传感器固定到波导杆的扁平端部，扁平端部长度与传感器直径相当。传感器与波导杆三种不同过渡方式如图 1-4 所示，三种不同过渡方式的波导杆尺寸和结构参数如表 1-1 所示。传感器与波导杆以及钢板之间采用凡士林作为耦合剂。

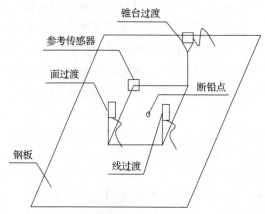

图 1-3　传感器与波导杆不同过渡方式的声发射试验装置

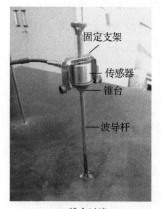
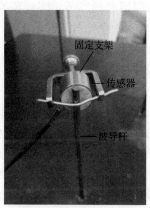
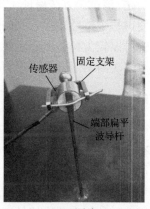

(a) 锥台过渡　　　　　　　　　(b) 线过渡　　　　　　　　　(c) 面过渡

图 1-4　传感器与波导杆三种不同过渡方式

表 1-1　波导杆尺寸和结构参数(不同过渡方式)

序号	材料	直径/mm	长度/mm	组成	过渡方式
1	65 号钢	4	100	波导杆+锥台	锥台过渡
2	65 号钢	4	100	波导杆	线过渡
3	65 号钢	4	100	端部扁平波导杆	面过渡
4	—	—	—		参考传感器

　　由于在实验室条件下裂纹扩展信号很难获取，本试验采用国际上通用的 Nielsen-Hsu 断铅法作为模拟声发射信号源，断铅所用铅芯的硬度、直径和伸长量

分别为 HB、0.5mm 和 3mm，铅笔与钢板的断铅角度为 30°，这是声发射监测技术中最常用的模拟声发射源，具有广泛的代表性。钢板作为一个载体用来安装传感器和不同过渡方式的波导杆，长、宽、高分别为 600mm、600mm 和 3mm，在中心处画一个边长 100mm 的正四边形，然后将三种不同过渡方式的波导杆和一个参考传感器安装在所画正四边形顶点处。由于参考传感器直接安装在钢板上，不受过渡方式的影响，该传感器所采集到的信号可以作为对照组来对比分析不同过渡方式对声发射信号的影响。波导杆与钢板的连接统一采用焊接，参考传感器与钢板的连接采用磁性夹具固定，然后在所画正四边形中心处断铅，来模拟裂纹的产生。

对于波导杆结构参数的研究，传统试验方法是在单个波导杆端部断铅产生模拟声发射信号，将每种工况下波导杆多次断铅信号特征参数求平均来研究波导杆结构参数对声发射信号的影响，但由于每根铅芯质量不同以及同一根铅芯不同位置的均匀化程度不同，每次断铅产生的声发射信号极不稳定，从而会对分析结果造成比较大的误差。本次试验所采用的在钢板上断铅的方法创新性地解决了这个问题，该试验方法保证了声发射信号到参考传感器和波导杆底部的传播距离相同，使得每个传感器接收到的是同一个声发射源产生的信号，从而通过一次断铅信号就可以较为科学地分析传感器和波导杆不同过渡方式对声发射信号的影响，避免了多次断铅信号不稳定而导致的结果分析误差。

1.2.2　结果与分析

声发射信号的处理方法主要有波形分析和参数分析两大类，两种分析方法各有优缺点，在实际应用过程中可以结合使用，本节对所采集的声发射信号分别进行波形分析和参数分析。由于本章所采用的试验方法创新性地解决了多次断铅信号不稳定造成的结果分析误差问题，无需取多次断铅结果进行统计处理，仅对随机选取的一次断铅信号进行数据分析即可。

1. 波形分析

传感器与波导杆不同过渡方式断铅声发射信号时域波形图如图 1-5 所示。可以看出，在上升段速度均比较快，在下降段均显示出振荡衰减的现象，它们的包络线形态整体上都呈现一个三角形，在时域上均呈现分离的波形，这属于典型的断铅产生的突发型声发射信号波形，然而从波形形态的相似程度来看，锥台过渡的传感器和参考传感器基本一致，面过渡和线过渡的传感器基本一致，但是明显区别于锥台过渡的传感器和参考传感器。传感器与波导杆不同过渡方式接收模拟声发射信号的波形幅值分析结果表明，锥台过渡的传感器与参考传感器的幅值最为接近，且略大于参考传感器的幅值。面过渡和线过渡的传感器的幅值较为接近，但都明显低于锥台过渡的传感器和参考传感器的幅值。

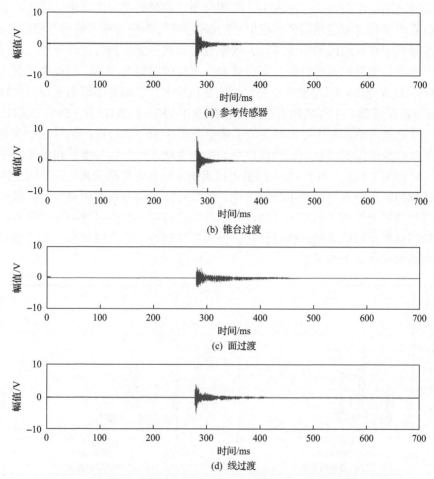

图 1-5　传感器与波导杆不同过渡方式断铅声发射信号时域波形图

从图 1-5 还可以看出，传感器和波导杆不同过渡方式接收模拟声发射信号的时域波形图在时间轴上虽然都呈现振荡衰减特征，但衰减速度明显不同，与参考传感器相比，锥台过渡的传感器与之最为接近，在下降段迅速衰减至门槛值以下，呈现指数衰减特征，而面过渡和线过渡的传感器与之差别较大，在下降段缓慢衰减至门槛值以下，声发射信号振荡衰减时间较长。

上述时域波形对比分析说明，传感器与波导杆采用锥台过渡方式优于面过渡和线过渡方式。

传感器与波导杆不同过渡方式断铅声发射信号频谱图如图 1-6 所示。由图可知，参考传感器的频率范围主要在 0～200kHz，其中存在 0～10kHz、45～70kHz、90～140kHz 和 150～190kHz 等几个比较集中的频率段，同时还存在频率范围在

270~290kHz 的低幅值信号，频率分布和信号能量相对比较分散。锥台过渡传感器的频率范围也主要在 0~200kHz，频率分布范围与参考传感器相比变化不大，但可以看出锥台过渡传感器低频段信号的幅值降低，而中等频段信号的幅值升高，信号能量集中在低频段和中等频段，频率分布和信号能量相对比较分散，较好地保留了参考传感器的幅频特征。面过渡和线过渡传感器的频率范围也主要在 0~200kHz，频率分布范围与参考传感器相比变化不大，但信号频带能量相对比较集中，面过渡传感器在中等频段丢失了频率范围在 120~140kHz 和 150~170kHz 的信号，线过渡传感器在中等频段丢失了频率范围在 50~70kHz 的信号，中等频段信号的整体幅值降低明显，低频段信号的幅值变化不大，信号能量相对集中在低频段。对比图 1-6(a)、(b)、(c) 和 (d) 可以看出，与参考传感器相比，不同过渡方式传感器的频率分布范围基本没有变化，但信号能量的分布有明显差异，锥台过渡传感器较好地保留了信号的低频段和中等频段特征，而面过渡和线过渡传感器虽然较好地保留了信号的低频段特征，但丢失了部分中等频段信号，并且信号整体幅值明显低于参考传感器。

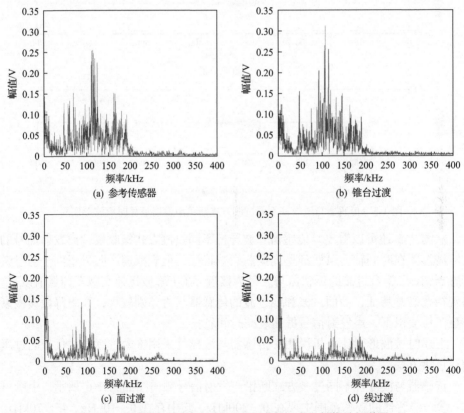

图 1-6　传感器与波导杆不同过渡方式断铅声发射信号频谱图

考虑到低频信号大多为撞击、摩擦、振动等引起的机械噪声和环境噪声信号，而中高频信号为裂纹扩展等结构损伤引起的信号，在实际监测过程中，面过渡和线过渡传感器会丢失大量有用的裂缝扩展等结构损伤引起的中高频信号，从而导致监测结果不准确。上述幅频特征对比分析说明，传感器与波导杆采用锥台过渡方式优于面过渡和线过渡方式。

2. 参数分析

常用的声发射信号特征参数主要有幅值、能量、持续时间、上升时间、振铃计数和有效值电压，通过分析 DS5-16B 型全波形声发射分析仪采集的试验数据，发现幅值、能量、持续时间、上升时间、振铃计数和有效值电压的稳定性均很好，易于找出它们的规律，因此对这几种特征参数进行对比分析。

传感器与波导杆不同过渡方式断铅声发射信号特征参数直方图如图 1-7 所示。从图中可直观地看出，与参考传感器相比，除上升时间变化很小外，同一种过渡方式的传感器特征参数直方图都表现出相同的变化规律，即锥台过渡的传感器与之最为接近，面过渡和线过渡的传感器差别相对较大。不同过渡方式传感器和参考传感器的参数变化率如图 1-8 所示。由图可知，锥台过渡、面过渡和线过渡的传感器和参考传感器相比，幅值变化率分别为 0.5%、7.5% 和 5.7%，能量变化率分别为 7.1%、95.8% 和 73.7%，持续时间变化率分别为 1.9%、150% 和 30.6%，上升时间变化率分别为 7.9%、14.8% 和 4.1%，振铃计数变化率分别为 13.8%、80.1% 和 65.9%，有效值电压变化率分别为 9.7%、35.7% 和 27.4%，除上升时间变化很小外，每一种参数变化率都显示锥台过渡的传感器最小。上述参数对比分析说明，传感器与波导杆采用锥台过渡方式优于面过渡和线过渡方式。

波形分析和参数分析结果都显示传感器与波导杆采用锥台过渡方式优于面过渡和线过渡方式，因此使用波导杆进行声发射监测时，传感器与波导杆宜选用锥台过渡方式。

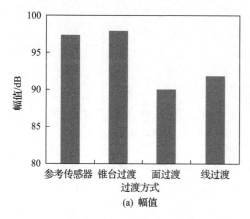

(a) 幅值

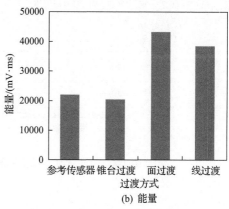

(b) 能量

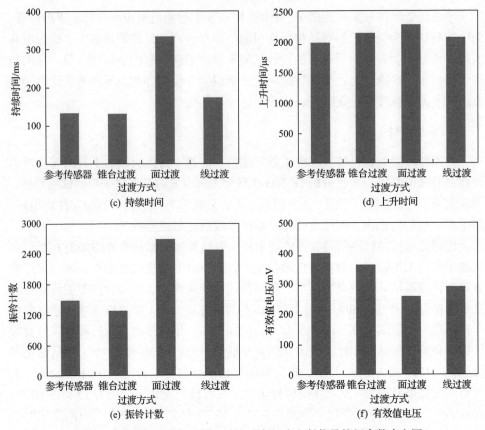

图 1-7　传感器与波导杆不同过渡方式断铅声发射信号特征参数直方图

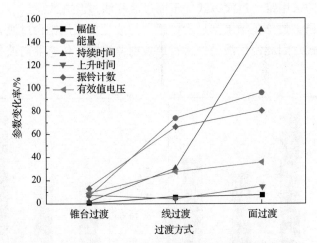

图 1-8　不同过渡方式传感器与参考传感器的参数变化率

1.3　波导杆与锥台连接方式声发射试验研究

1.3.1　试验方案

本次试验的目的是研究波导杆与锥台连接方式对声发射信号的影响，找出对声发射信号影响最小的连接方式，以提高后续试验的可靠度和精确度，试验装置如图 1-9 所示。从图中可知，试验选用工程中常见的四种连接方式将波导杆与锥台连接起来，分别为焊接、螺纹连接、胶粘接和强磁连接，波导杆尺寸和结构参数如表 1-2 所示。由于本节的试验方法和 1.2 节相同，试验中所使用的钢板和铅笔与 1.2 节相同，钢板作为一个载体用来安装传感器和不同连接方式的波导杆，将铅笔在钢板中心折断产生应力波以模拟裂纹的产生。在钢板中心处画一个边长100mm 的正五边形，然后将四种不同连接方式的波导杆和两个参考传感器安装在

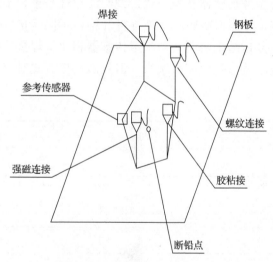

图 1-9　波导杆与锥台不同连接方式的声发射试验装置

表 1-2　波导杆尺寸和结构参数(不同连接方式)

序号	材料	直径/mm	长度/mm	组成	连接方式
1	65 号钢	4	100	波导杆+锥台	焊接
2	65 号钢	4	100	波导杆+锥台	螺纹连接
3	65 号钢	4	100	波导杆+锥台	胶粘接
4	65 号钢	4	100	波导杆+锥台	强磁连接
5	—	—	—	—	参考传感器

所画正五边形的顶点处。由于参考传感器直接安装在钢板上，不受连接方式的影响，该传感器所采集到的信号可以作为对照组来对比分析不同连接方式对声发射信号的影响。同时，为了保证连接方式的一致性，相应的波导杆与钢板的连接同样采用焊接、螺纹连接、胶粘接和强磁连接。在所画正五边形中心处断铅，来模拟裂纹的产生。

1.3.2　结果与分析

1. 波形分析

波导杆与锥台不同连接方式断铅声发射信号时域波形图如图 1-10 所示。可以看出，在上升段速度都比较快，在下降段均显示出振荡衰减的现象，它们的包络线形态整体上都呈现一个三角形，在时域上均呈现分离的波形，这属于典型的断铅产生的突发型声发射信号波形，从波形形态的相似程度来看，四种连接方式的传感器与参考传感器基本一致，说明波导杆与锥台不同连接方式对声发射信号波形的整体形态影响较小。波导杆和锥台不同连接方式接收模拟声发射信号的波形幅值分析结果表明，与参考传感器相比，焊接、螺纹连接、胶粘接和强磁连接对应的波形幅值依次减小，但强磁连接方式对应的波形幅值减小程度尤为明显。

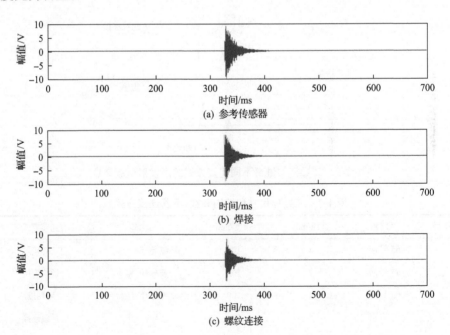

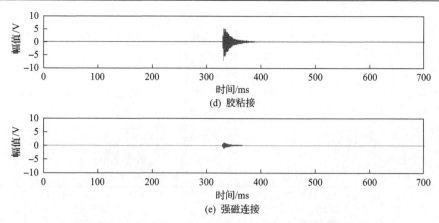

图 1-10　波导杆与锥台不同连接方式断铅声发射信号时域波形图

　　波导杆与锥台不同连接方式断铅声发射信号频谱图如图 1-11 所示。由图可知，参考传感器的频率范围主要在 0～200kHz，其中存在 0～30kHz、45～70kHz、90～140kHz 和 150～190kHz 等几个比较集中的频率段，同时还存在频率范围在 270～290kHz 的低幅值信号，频率分布和信号能量相对比较分散。焊接波导杆对应传感器的频率范围主要也在 0～200kHz，频率分布范围与参考传感器相比变化不大，但可以看出焊接波导杆对应传感器的低频段信号幅值降低，而中等频段信号的幅值升高，信号能量集中在低频段和中等频段，频率分布和信号能量相对比较分散，较好地保留了参考传感器的幅频特性。螺纹连接和胶粘接波导杆对应传感器的频率范围主要也在 0～200kHz，频率分布范围与参考传感器相比变化不大，但可以看出螺纹连接和胶粘接波导杆对应传感器的低频率信号幅值降低，中等频率信号的幅值升高，同时信号频带能量相对比较集中，螺纹连接和胶粘接波导杆对应的传感器在中等频段丢失了频率在 150～170kHz 的信号。强磁连接波导杆对应的传感器主要存在 0～10kHz、50kHz 和 120kHz 等几个信号能量相对比较集中的频率段，丢失了较多的中等频段的声发射信号，信号能量仅集中在低频段。对比图 1-11(a)、(b)、(c)、(d) 和 (e) 可以看出，与参考传感器相比，焊接、螺纹连接和胶粘接的波导杆对应传感器的频率分布范围基本没有变化，强磁连接波导杆对应的传感器丢失了较多的中等频段信号。不同连接方式的波导杆对应传感器的信号能量分布有明显差异，焊接波导杆对应传感器较好地保留了信号的低频段和中等频段特征，螺纹连接和胶粘接传感器虽然较好地保留了信号的低频段和中等频段特征，但信号频带能量相对比较集中，丢失了部分中等频段信号，强磁连接波导杆对应的传感器丢失了较多的中等频段信号，信号能量仅集中在低频段。

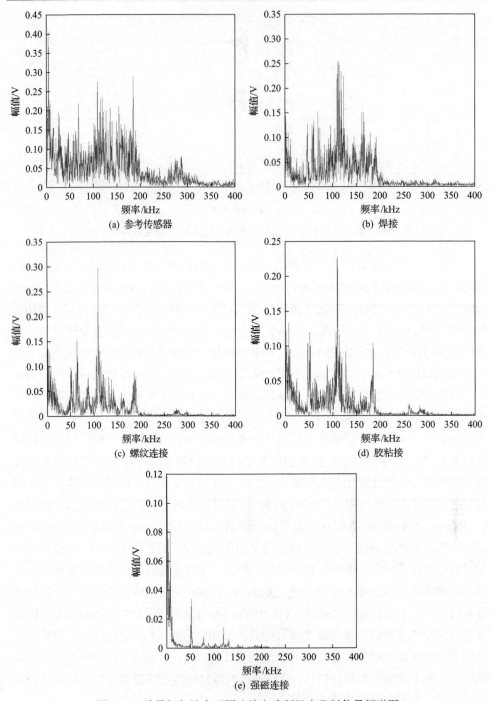

图 1-11　波导杆与锥台不同连接方式断铅声发射信号频谱图

考虑到低频信号大多为撞击、摩擦、振动等引起的机械噪声和环境噪声信号，而中高频信号为裂纹扩展等结构损伤引起的信号，在实际监测过程中，强磁连接波导杆对应的传感器会丢失大量有用的裂缝扩展等结构损伤引起的中高频信号，从而导致监测结果不准确。

2. 参数分析

常用的声发射信号特征参数主要有幅值、能量、持续时间、上升时间、振铃计数和有效值电压，并且通过分析 DS5-16B 型全波形声发射分析仪采集的试验数据，发现幅值、能量、持续时间、上升时间、振铃计数和有效值电压的稳定性均很好，易于找出它们的规律，因此对这几种特征参数进行对比分析。

波导杆与锥台不同连接方式断铅声发射信号特征参数直方图如图 1-12 所示。由图可知，与参考传感器相比，除上升时间变化很小外，同一种连接方式的特征参数直方图都表现出相同的变化规律，即焊接方式的传感器与之最为接近，螺纹连接、胶粘接和强磁连接方式传感器的接近程度依次减弱。需要指出的是，从幅值、能量、持续时间、振铃计数和有效值电压直方图中可以看出，强磁连接方式传感器与参考传感器的差异尤为明显。不同连接方式传感器和参考传感器的参数变化率如图 1-13 所示。由图可知，焊接、螺纹连接、胶粘接和强磁连接方式的传感器和参考传感器相比，幅值变化率分别为 1.0%、2.6%、4.6% 和 18.7%，能量变化率分别为 22.7%、39.2%、47.4% 和 91.9%，持续时间变化率分别为 12.1%、16.5%、18.8% 和 61.9%，上升时间变化率分别为 3.6%、4.1%、4.0% 和 7.8%，振铃计数变化率分别为 1.1%、8.0%、17.0% 和 81.9%，有效值电压变化率分别为 11.8%、30.4%、38.5% 和 82.9%，都显示焊接方式的传感器参数变化率最小。上述参数对比分析说明，波导杆与锥台连接采用焊接优于螺纹连接、胶粘接和强磁连接。

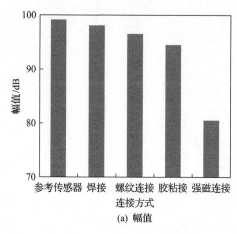

(a) 幅值

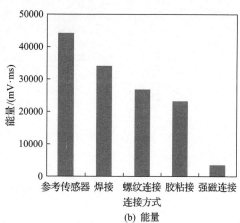

(b) 能量

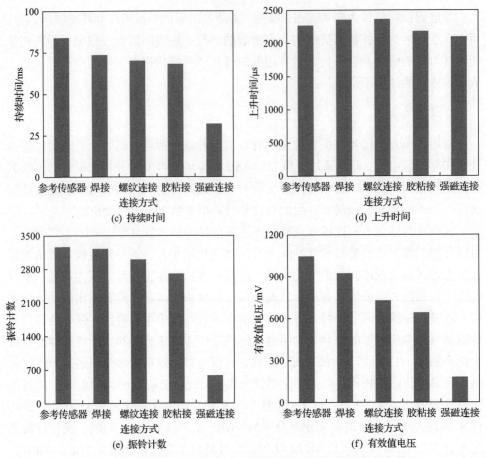

(c) 持续时间　　　　　　　　　　(d) 上升时间

(e) 振铃计数　　　　　　　　　　(f) 有效值电压

图 1-12　波导杆与锥台不同连接方式断铅声发射信号特征参数直方图

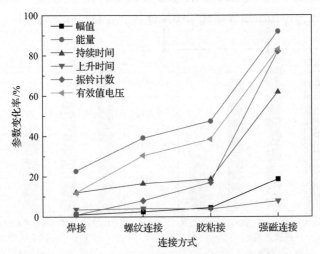

图 1-13　不同连接方式传感器和参考传感器的参数变化率

　　波形分析和参数分析结果都显示波导杆与锥台采用焊接方式优于螺纹连接、胶粘接和强磁连接方式。因此，使用波导杆进行声发射监测时，波导杆与锥台应优先选用焊接方式。需要指出的是，波导杆与锥台之间应避免采用强磁连接方式。

　　上述时域波形和幅频特征对比分析说明，波导杆与锥台采用焊接方式优于螺纹连接、胶粘接和强磁连接方式。

1.4　平行钢丝束损伤断丝横向定位声发射监测方法研究

1.4.1　试验方案

　　基于前面试验结果，将最优的锥台过渡方式和焊接连接方式引入缆索损伤断丝横向定位声发射试验中。由于缆索内部的高强钢丝与波导杆结构类似，可以将缆索内部高强钢丝的延长段作为波导杆来进行缆索损伤断丝横向定位试验，高强钢丝的延长段端部焊接有用于固定声发射传感器的锥台。在进行试验之前，发现实验室内张拉设备的夹具上端空间狭小，不具备安装多个传感器的空间条件。因此，将高强钢丝的延长段弯折 90°，便于在钢丝延长段端部安装固定传感器。横向定位声发射监测方法流程如图 1-14 所示。

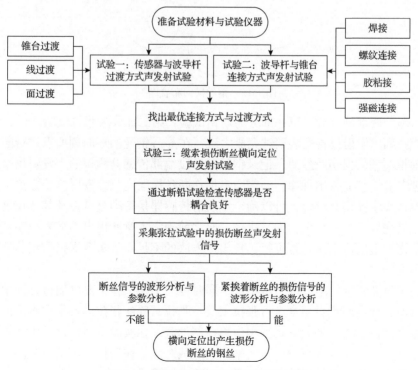

图 1-14　横向定位声发射监测方法流程

缆索损伤断丝横向定位声发射张拉试验装置如图 1-15 所示，试验中的缆索由 7 根直径 5mm 的高强镀锌钢丝组成，每根高强镀锌钢丝长度为 850mm，强度为 1860MPa，其中 6 号钢丝上有 0.6mm 环向刻痕，刻痕距 6 号钢丝端部的 R6 传感器 850mm，钢丝横向布置图如图 1-16 所示，声发射传感器 R1～R6 安装在 1 号～6 号钢丝延长段端部的锥台上，钢丝延长段长度为 150mm。

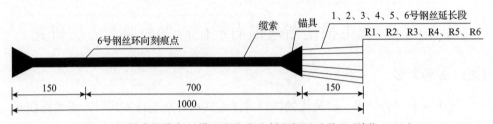

图 1-15　缆索损伤断丝横向定位声发射张拉试验装置(单位：mm)

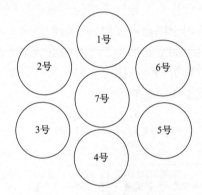

图 1-16　钢丝横向布置图

试验分两部分进行，第一部分为断铅试验，第二部分为张拉试验。

缆索和声发射设备安装调试完成之后，在 6 号钢丝的环向刻痕点进行断铅试验，模拟缆索的损伤断丝源，记录钢丝延长段端部传感器测得的声发射信号波形和特征参数，从而找出规律，确定缆索损伤断丝横向定位声发射监测方法。利用断铅模拟缆索损伤断丝源，可以确定声发射传感器是否耦合良好及其他仪器设备是否安装完好，进而可以在进行张拉试验之前确定本章所提出的缆索损伤断丝横向定位声发射监测方法是否可行，找出该方法的不足，节省多次张拉试验所需的大量人力物力。

为了对断铅试验结果进一步验证，同时也为了使试验工况更加符合缆索实际受力状况，在实验室对缆索进行张拉试验。张拉试验的张拉设备采用微机控制电液伺服万能试验机，加载方式采用位移控制加载，在实验室张拉过程中如果缆索出现断丝，会产生巨大声响，以此来判断加载终点。在进行张拉试验的同时，使用摄像机对整个加载过程进行同步记录。现场加载照片如图 1-17 所示。

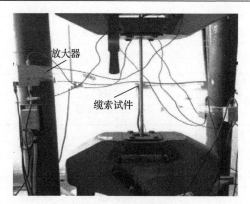

图 1-17 现场加载照片

1.4.2 结果与分析

1. 断铅试验结果与分析

断铅试验各钢丝传感器声发射信号时域波形图如图 1-18 所示。可以看出，断铅位置所在的 6 号钢丝传感器采集的波形幅值明显高于 1~5 号钢丝传感器，其主要原因在于断铅所产生的应力波在断铅钢丝内部传播时衰减较小，而在钢丝与钢丝之间进行传播时，虽然钢丝之间紧密接触，但钢丝界面声发射信号衰减较大，

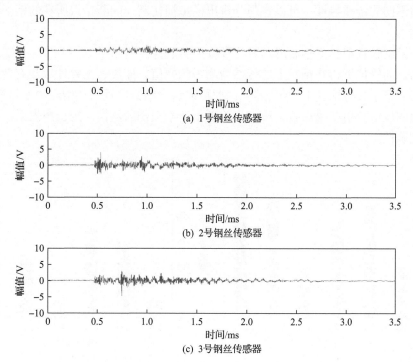

(a) 1号钢丝传感器

(b) 2号钢丝传感器

(c) 3号钢丝传感器

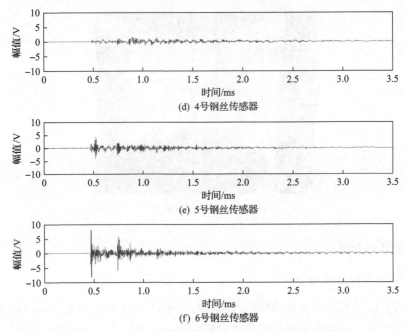

图 1-18 断铅试验各钢丝传感器声发射信号时域波形图

最终导致每根钢丝上的传感器测得的波形差异明显。根据应力波在缆索内部横向与纵向不同的传播特性，可以直观分辨出模拟损伤断丝的断铅点所在的钢丝为 6 号钢丝。

断铅试验各钢丝传感器声发射信号特征参数直方图如图 1-19 所示。从图中可以看出，断铅位置所在钢丝上的传感器测得的幅值、能量、振铃计数和有效值电压都明显高于其他钢丝上的传感器。因此可以认为断铅位置所在钢丝为 6 号钢丝，与前面的波形分析结果一致，进一步验证了缆索损伤断丝横向定位声发射监测方法的正确性。

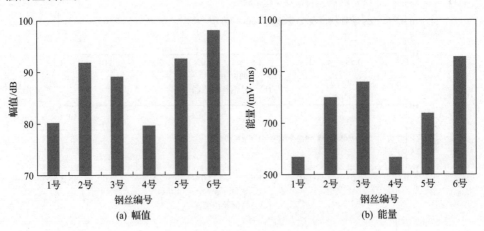

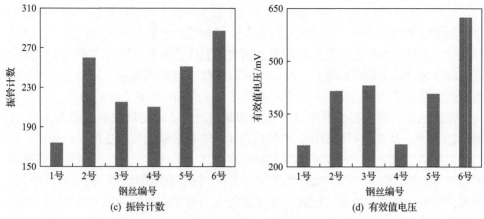

(c) 振铃计数　　　　　　　　　　　(d) 有效值电压

图 1-19　断铅试验各钢丝传感器声发射信号特征参数直方图

2. 张拉试验结果与分析

　　钢丝在张拉起始阶段，裂纹处于萌生状态，晶粒内部位错塞积所产生的声发射能量很小，其信号通常泯没于环境噪声之中，很难被接收到。随着张力增大，微裂纹缓慢扩展，能被系统识别到的声发射信号也逐渐增多，当更多的裂纹产生并相互贯通后，裂纹处于失稳扩展状态，大量高能量的声发射信号被采集。由于裂纹贯通造成有效截面减小，最终钢丝会出现半脆性断裂，断丝所产生的声发射信号明显有别于前期的裂纹扩展信号，提取钢丝破断前某一钢丝传感器所采集到的一段声发射信号波形(图 1-20)，其余钢丝传感器采集到的声发射信号波形表现出相同的规律特征。

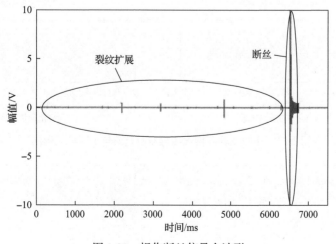

图 1-20　损伤断丝信号全波形

　　由图 1-20 可知,整个损伤断丝分为两个过程。首先是裂纹扩展过程,包括很多低能量的裂纹扩展信号和高能量的裂纹扩展信号。然后是钢丝断裂过程,钢丝断裂时产生的声发射信号波形的能量及幅值比裂纹扩展波形高出许多。图 1-20 中断丝部分包含两个典型的波包,分别为断丝波包 1 和断丝波包 2,为了对产生损伤断丝的钢丝进行横向定位,本章对断丝波包 1 和断丝波包 2 进行分析。

　　张拉试验各钢丝传感器断丝波包 1 和断丝波包 2 的时域波形图如图 1-21 和图 1-22 所示。从图中可以看出,断丝波包 1 的幅值和断丝波包 2 的幅值相当,但二者又有明显的差异,断丝波包 1 的幅值在较高水平持续一段时间后呈逐渐衰减的趋势,断丝波包 2 的幅值始终处于较高水平,没有衰减的趋势,持续时间较长,表现出等幅值延续的特征。因此,考虑波包 1 为断丝之前的一次裂纹失稳扩展波形,是钢丝发生破断的前兆,波包 2 为断丝波形。

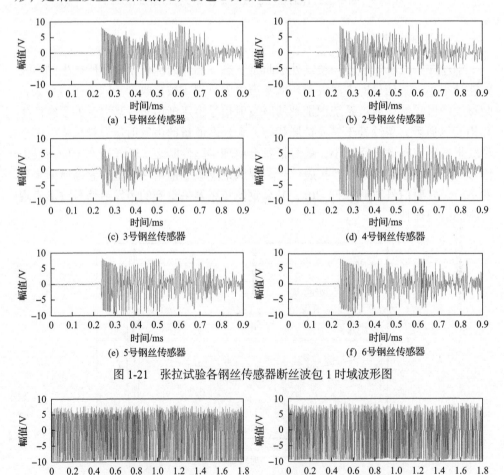

图 1-21　张拉试验各钢丝传感器断丝波包 1 时域波形图

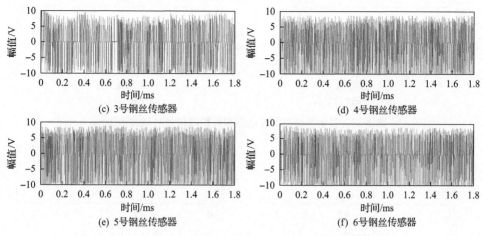

(c) 3号钢丝传感器　　　　　　　　　　(d) 4号钢丝传感器

(e) 5号钢丝传感器　　　　　　　　　　(f) 6号钢丝传感器

图 1-22　张拉试验各钢丝传感器断丝波包 2 时域波形图

由断铅试验总结的方法可知,应力波沿缆索内部横向和纵向的衰减特性不同,通过分析每个传感器采集到的声发射信号波形和特征参数,可以准确地定位出哪根钢丝发生了断丝。对比图 1-21 和图 1-22,发现每个传感器采集到的波形都表现出相同的特征,没有明显的区别,不能准确判断出到底是哪根钢丝发生了断丝。这可能是由于缆索发生损伤断丝时所释放的能量特别高,声发射信号的幅值已经超过声发射系统的量程。虽然应力波沿缆索内部横向衰减较严重,但衰减之后的能量依然较高,导致信号的幅值超过声发射系统的量程,最终每个传感器采集到的声发射信号波形表现出相同的规律。因此,本节对断丝前的裂纹扩展信号做了进一步的分析处理。

裂纹扩展阶段包含较多的裂纹扩展信号,本章提取缆索断丝前且紧挨钢丝断裂信号的两个典型的低能量裂纹扩展信号时域波形和高能量裂纹扩展信号时域波形,如图 1-23 和图 1-24 所示。由图可知,每根钢丝上传感器采集到的波形都有

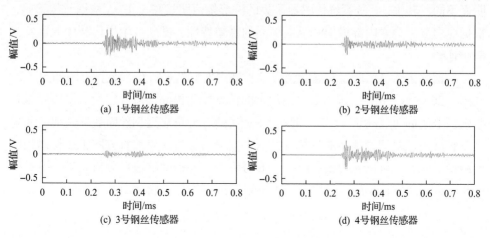

(a) 1号钢丝传感器　　　　　　　　　　(b) 2号钢丝传感器

(c) 3号钢丝传感器　　　　　　　　　　(d) 4号钢丝传感器

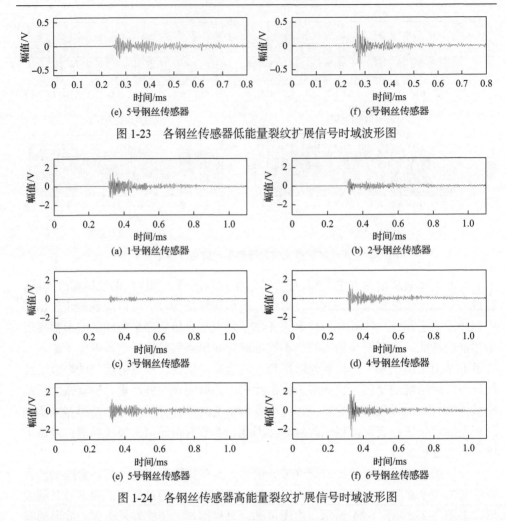

图 1-23　各钢丝传感器低能量裂纹扩展信号时域波形图

图 1-24　各钢丝传感器高能量裂纹扩展信号时域波形图

明显不同，其中，6 号钢丝传感器采集的波形幅值明显高于 1～5 号钢丝传感器，根据应力波沿缆索内部横向和纵向不同的衰减特性，推断产生损伤断丝的钢丝为6 号钢丝。

各钢丝传感器低能量和高能量裂纹扩展声发射信号特征参数直方图如图 1-25 和图 1-26 所示。由图可知，6 号钢丝上的传感器测得的幅值、能量、振铃计数和有效值电压都明显高于 1～5 号钢丝上的传感器。分析靠近钢丝断裂的其他低能量裂纹扩展声发射信号和高能量裂纹扩展声发射信号特征参数直方图也能得出相同的结论。因此，可以认为损伤断丝为 6 号钢丝，与前面的波形分析结果一致，进一步验证了缆索损伤断丝横向定位声发射监测方法的正确性。

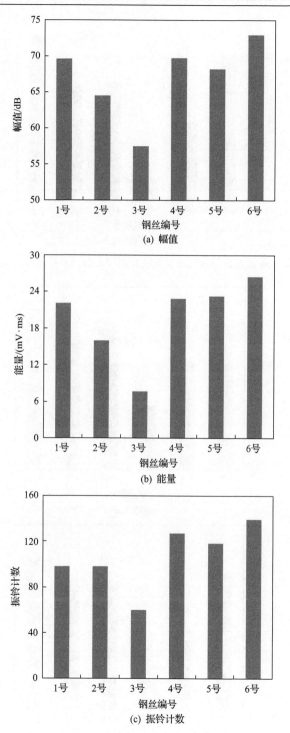

(a) 幅值

(b) 能量

(c) 振铃计数

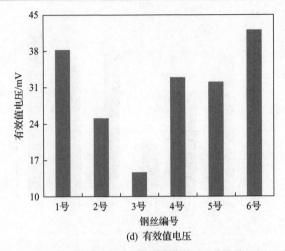

(d) 有效值电压

图 1-25　各钢丝传感器低能量裂纹扩展声发射信号特征参数直方图

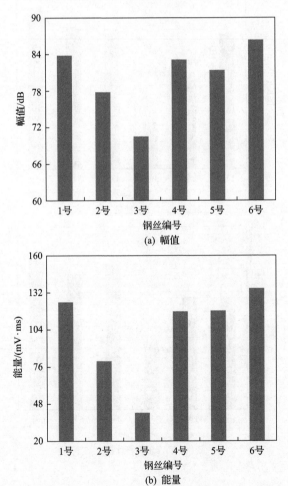

(a) 幅值

(b) 能量

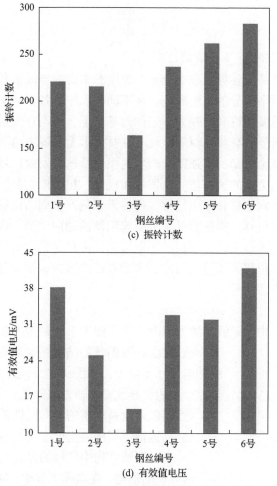

(c) 振铃计数

(d) 有效值电压

图 1-26 各钢丝传感器高能量裂纹扩展声发射信号特征参数直方图

1.5 平行钢丝束损伤断丝纵向定位声发射监测方法研究

1.5.1 损伤断丝纵向定位原理

1. 圆柱导波模态声发射理论及其频散曲线

导波是指在有限的边界固体中传播的波。导波并不是简单地以纵波或者横波的方式传播，而是以波包的形式按一定的群速度传播，是一系列谐波的叠加。导波的群速度是指信号波包的传播速度，通常根据波包上峰值点的时间变化来计算导波的群速度。群速度 c_{gr} 的表达式为

$$c_{gr} = \frac{\mathrm{d}\omega}{\mathrm{d}k} \tag{1-1}$$

式中，ω 为波的圆频率；k 为波数。

声发射源信号是由各种频率成分和多种模态丰富的导波信号组成的，不同模态是由一定宽带频率成分的波组成的。在不同模态中，各个频率成分的波传播速度也会不同。在导波理论和牛顿力学定律的基础上，模态声发射可以解决对源定位精度不高和对信号的解释模糊等传统声发射技术无法解决的问题。

由圆杆导波理论可知，高强钢丝产生的损伤断丝声发射信号沿着钢丝传播时被分解为三种不同类型的模态信号，即弯曲模态、扭转模态和纵向模态。其中，弯曲模态只产生径向位移和周向位移，扭转模态只产生周向位移，纵向模态只产生轴向位移和径向位移。损伤断丝主要引起钢丝的轴向位移，声发射传感器垂直固定到钢丝端部的锥台上，所采用的压电敏感元件只对钢丝的轴向位移敏感，而对周向位移和径向位移不敏感。因此，声发射传感器在钢丝端部采集的损伤断丝信号主要为纵向模态信号。

1) 频散方程

建立高强钢丝中的导波频散方程时，为了便于求解，做出如下假设：

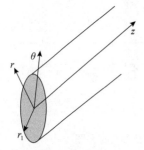

图 1-27　自由高强钢丝示意图

(1) 自由高强钢丝的结构是轴对称的，并且沿钢丝的轴向尺寸无限大，如图 1-27 所示，图中 r_1 为钢丝的半径，并假设导波沿 z 轴方向传播。

(2) 高强钢丝是均质的各向同性弹性介质。

(3) 高强钢丝周围的空气介质视为真空。

(4) 高强钢丝结构中传播的是连续的能量信号。

需要说明的是，在实际工程中，高强钢丝的轴向尺寸是有限的，当高强钢丝直径与高强钢丝的长度比小于 0.4 时，导波在轴向尺寸无限大的自由高强钢丝中的频散方程也同样适用于轴向尺寸有限大的情况。

由柱坐标系下介质中的波动方程可推导出自由圆钢波导杆结构中纵向导波的 Pochhammer-Chree 频散方程：

$$\frac{2\alpha}{r_1}(\beta^2 + k^2)J_1(\alpha r_1)J_1(\beta r_1) - (\beta^2 - k^2)J_0(\alpha r_1)J_1(\beta r_1) - 4k^2\alpha\beta J_1(\alpha r_1)J_0(\beta r_1) = 0$$

$$\tag{1-2}$$

2) 频散曲线

高强钢丝的材料属性如表 1-3 所示。根据圆杆导波在钢丝中的传播及其频散方程，编写相应的 MATLAB 程序。为了更直观地理解应力波在高强钢丝中的传播特性,下面绘制应力波在直径为 5mm 的高强钢丝中传播的频散曲线。首先将高强钢丝的特征参数(包括密度、直径、弹性模量、泊松比等)输入已经编好的 MATLAB 程序中,通过 MATLAB 程序计算出高强钢丝的群速度频散曲线。5mm 高强钢丝的群速度频散曲线如图 1-28 所示。

表 1-3　高强钢丝的材料属性

材料	弹性模量/GPa	密度/(kg/m³)	泊松比
高强钢丝	205	7800	0.3

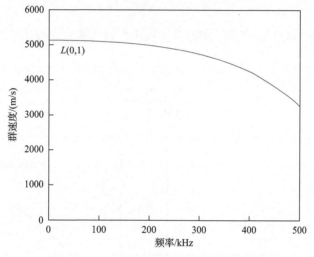

图 1-28　5mm 高强钢丝的群速度频散曲线

2. 纵向定位方法

由于圆杆导波的频散特性,不同中心频率的声发射信号的能量在钢丝传播过程中会产生频散效应。因此,需要利用连续小波变换对钢丝损伤断丝声发射信号的频散特性进行时频分析,并进一步对损伤断丝进行纵向定位。损伤断丝纵向定位方法如图 1-29 所示。首先,如图 1-29(a)所示,找到两个具有较高能量的中心频率(f_A 和 f_B)的声发射信号,并且从连续小波变换的时频图中识别出相应的声发射信号的到达时间 t_A 和 t_B 。然后,如图 1-29(b)所示,从频散曲线中得到某一模态 f_A 和 f_B 对应的群速度(c_A 和 c_B)。这些量值可以由式(1-3)和式(1-4)关联起来:

$$t_A = t_{AE} + \frac{s}{c_A} \qquad (1-3)$$

$$t_B = t_{AE} + \frac{s}{c_B} \tag{1-4}$$

式中，t_A 和 t_B 分别为损伤断丝声发射信号某一模态 f_A 和 f_B 对应的到达时间；t_{AE} 为损伤断丝声发射信号的产生时间；s 为声发射源和声发射传感器之间的距离；c_A 和 c_B 分别为损伤断丝声发射信号某一模态 f_A 和 f_B 对应的群速度。

式(1-3)减去式(1-4)得

$$\Delta t = t_A - t_B = \left(\frac{1}{c_A} - \frac{1}{c_B} \right) s \tag{1-5}$$

最后，如图 1-29(c) 所示，声发射源和声发射传感器之间的距离由式(1-6)计算得出：

$$s = \frac{\Delta t}{1/c_A - 1/c_B} \tag{1-6}$$

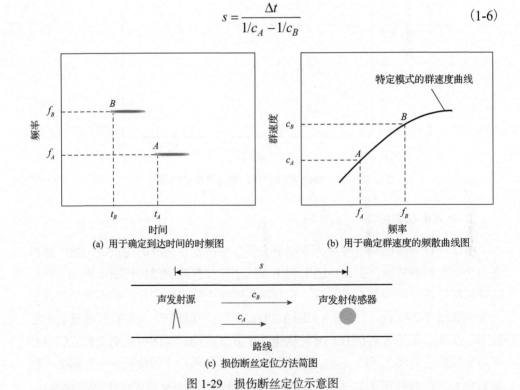

(a) 用于确定到达时间的时频图　　　　(b) 用于确定群速度的频散曲线图

(c) 损伤断丝定位方法简图

图 1-29　损伤断丝定位示意图

连续小波变换在时域和频域上显示了损伤断丝信号的能量分布。在连续小波变换时频图中，某一具体模态声发射信号特定频率的到达时间可以很容易识别出来。基于圆杆导波的频散理论，仅使用一个声发射传感器就可以实现对高强钢丝的损伤断丝声发射源的纵向定位，这是与传统定位方法相比的一大优势。

1.5.2　试验方法

　　本节的试验装置同 1.4 节，由横向定位结果得知，产生损伤断丝的是 6 号钢丝，因此本节在 1.4 节试验和结论的基础上，采用上述损伤断丝纵向定位原理对 6 号钢丝损伤断丝点进行纵向定位研究。6 号钢丝试验照片如图 1-30 所示，6 号钢丝示意图如图 1-31 所示。由图 1-31 可知，损伤断丝点与锥台处传感器之间的距离为 850mm。

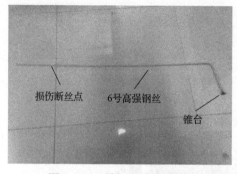

图 1-30　6 号钢丝试验照片

图 1-31　6 号钢丝示意图（单位：mm）

1.5.3　结果与分析

　　由图 1-29(b) 的频散曲线得知，圆杆导波的群速度取决于波的模态和频率，根据圆杆导波的频散特性可以对钢丝损伤断丝点进行纵向定位。连续小波变换是对瞬态声发射信号进行时频分析的非常有效的方法，本节通过编写 MATLAB 程序实现对损伤声发射信号的连续小波变换。本节对 6 号钢丝端部 R6 传感器所采集到的靠近断丝的损伤声发射信号进行连续小波变换时频分析，实现对 6 号钢丝损伤断丝点的单一传感器纵向定位。R6 传感器采集到的损伤声发射信号波形图、频谱图和时频图如图 1-32 所示。从图 1-32(b) 和 (c) 可以看出，声发射信号的能量密度并不是随着频率均匀分布，在 100～200kHz 和 250～300kHz 这两个频率段的能量最为集中。如图 1-28 所示，高强钢丝纵向导波的群速度随着频率的增大而逐渐减小，因此利用高强钢丝纵向导波的频散特征定位损伤。

　　从图 1-32(c) 可以看出，在纵向模态 $L(0,1)$ 中可以识别出两个具有高能量的中心频率，分别为 141.2kHz 和 269.8kHz，这两个频率的声发射信号的到达时间分别记为 A 点和 B 点，其坐标分别为 $A(0.2128\text{ms}, 141.2\text{kHz})$ 和 $B(0.2205\text{ms}, 269.8\text{kHz})$。从图 1-28 得知，点 A 和点 B 对应的群速度分别为 5035m/s 和 4816m/s。根据式 (1-6) 可以计算得出损伤断丝点与声发射传感器的距离 s 为

$$s = \frac{\Delta t}{1/c_B - 1/c_A} = \frac{(0.2205 - 0.2128) \times 10^{-3}}{1/4816 - 1/5035} = 0.8526\text{m} = 852.6\text{mm}$$

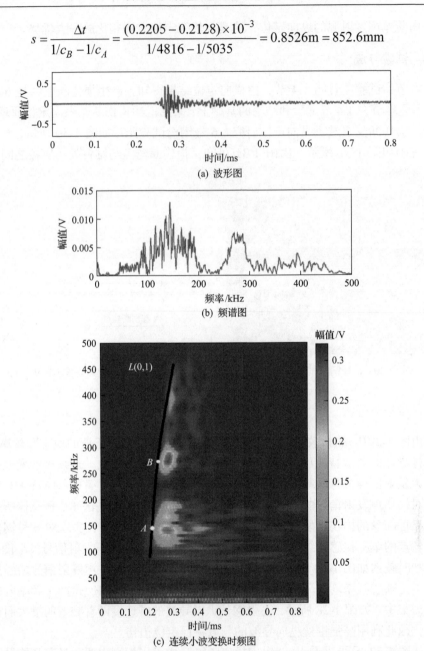

(a) 波形图

(b) 频谱图

(c) 连续小波变换时频图

图 1-32 基于纵向导波频散特性的高强钢丝损伤定位方法(彩图请扫封底二维码)

计算的距离与损伤断丝点和声发射传感器的实际距离基本一致,相对误差为 0.3%。为了进一步验证基于圆杆导波频散特性定位方法的稳定性,对靠近断丝的另一损伤声发射信号采用相同的方法进行分析,计算得到的损伤断丝点与声发射传感器的距离为 854.3mm，定位相对误差为 0.5%。计算结果表明，基于圆杆导波频散特性的单一传感器定位方法具有较高的精确度和可靠度。

1.6　本章小结

(1)三种过渡方式(锥台过渡、线过渡和面过渡)传感器的声发射信号波形分析及参数分析都表明，在使用波导杆进行声发射监测时，传感器与波导杆之间宜选用锥台过渡方式。

(2)四种连接方式(焊接、螺纹连接、胶粘接和强磁连接)传感器的声发射信号波形分析及参数分析都表明，在使用波导杆进行声发射监测时，波导杆与锥台之间宜选用焊接方式。

(3)张拉试验和断铅试验表明，通过分析缆索端部各个传感器接收到的声发射信号特征，可以在横向确定断铅点和发生损伤断丝所在具体钢丝的横向位置，且具有较高的可靠度与精确度。

(4)在平行钢丝束损伤断丝横向定位的基础上，对钢丝损伤断丝的纵向位置进行定位研究。首先，采用单一声发射传感器在钢丝端部拾取钢丝损伤断丝声发射信号。然后，根据模态声发射理论，推导出圆杆导波的频散方程，将钢丝相关特征参数输入编好的程序中，计算出高强钢丝纵向导波模态的群速度曲线。最后，利用连续小波变换方法对钢丝损伤断丝声发射信号进行时频分析获得时频图，利用时频图中相关特征点对损伤断丝进行单一传感器的纵向定位，该定位方法可以在多模态、频散特性导致损伤断丝源无法精准定位的情况下提高定位精度，故采用单一传感器对钢丝进行纵向定位是完全可行的。

第 2 章 平行钢丝拉索的声发射纵横向传播特性及损伤空间定位方法

2.1 引　　言

斜拉桥是国内外大跨径桥梁最主要的桥型之一，而斜拉索作为主要的连接承重构件，在自然环境中长期处于负载状态，极易出现损伤，进而降低了斜拉桥的适用性和耐久性（张召和刘满意，2020）。世界范围内多座桥梁发生过严重事故（刘海燕，2020；Invernizzi et al.，2019），造成极为恶劣的社会影响和惨重的经济损失。因此，建立一个健全且可靠的拉索结构健康安全评估机制是至关重要的。

目前，对拉索进行健康监测主要采用无损检测和监测方法，可以实现对平行钢丝拉索的损伤识别，但是难以实现对平行钢丝拉索损伤的空间定位。为此，基于声发射技术在结构监测和损伤评估方面的优越性，本章展开采用声发射技术实现对平行钢丝拉索损伤断丝的空间定位研究。

斜拉桥中的斜拉索、悬索桥中的吊索和主缆以及拱桥中的吊杆等工程结构中声发射传感器布置不便，并且应用时差法定位时会产生较大误差，所以对平行钢丝拉索损伤断丝进行空间定位时，也要进行声发射信号在平行钢丝束中的传播路径和纵横向传播衰减研究（刘桢雯，2021）。

2.2 声波在拉索内部传播路径的可视化研究

2.2.1 声波产生机理

声波实际上是一种弹性波，属于机械波范畴。本章利用有限元平台建立数值模型，模拟声波在平行钢丝束中的传播。在平行钢丝束中某根钢丝端部施加正弦脉冲的点荷载，施加激励的部位受力后，钢丝表面产生变形（Lu et al.，2020；Huang et al.，2019；Nedelchev and Kralov，2019），由于平行钢丝束中的钢丝通过界面相互作用，形变状态会传递到相邻钢丝，而施加激励的部位将恢复到初始的无变形状态，形变状态沿着钢丝长度方向向前移动。该模型选取声学模块中的压力声学和声结构模块，来模拟声波在平行钢丝拉索中传播的问题。

2.2.2　基于有限元软件的声波在平行钢丝束中的传播模型

1. 平行钢丝束物理模型的建立

平行钢丝束的物理模型如图 2-1 所示，钢丝束由高强镀锌钢丝呈六边形排列组成。根据拉索实际尺寸，考虑到数值计算的工作量，建立了数值模拟的几何结构，结构具体参数如下：高强钢丝直径为 7mm，平行钢丝束长 3m，完美匹配层直径为 0.2m，圆柱体高度为 4m，用来无反射吸收所有出射波。

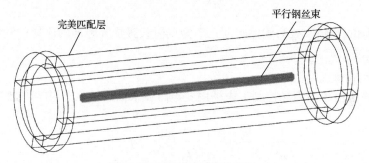

图 2-1　平行钢丝束的物理模型

目前众多研究者(Hofstetter et al.，2021；Livitsanos et al.，2020；Fan et al.，2019)采用正弦脉冲信号作为激励信号，本章也采用频率为 60kHz、脉冲数为 5 的正弦脉冲函数的点荷载模拟声波的激发，表达式为

$$u(t) = A\sin(2\pi f_0 t + \pi) \tag{2-1}$$

式中，A 为信号的最大幅值；f_0 为信号频率。

图 2-2(a)为信号时域波形图，图 2-2(b)为其傅里叶变换后的频域频谱图。

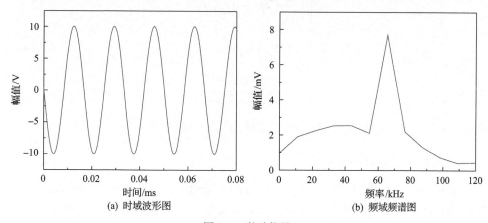

(a) 时域波形图　　　　　　　(b) 频域频谱图

图 2-2　激励信号

2. 基本控制方程

模拟模型分为固体和流体两部分，固体区域包括钢丝束、护套，流体区域为拉索内外的空气部分，钢丝外壁和护套内外壁为声-固耦合边界。

1) 固体区域

固体区域的基本方程为

$$\rho_{\mathrm{d}} \frac{\partial^2 u}{\partial t^2} = \nabla \cdot S + Fv \tag{2-2}$$

式中，u 为位移场；ρ_{d} 为固体密度；F 为点荷载激励源施加的荷载；S 为应变向量；v 为速度。

2) 流体区域

流体区域由压力声场控制，声场用变声压 p 来描述。压力声学模型为

$$\frac{1}{\rho_{\mathrm{c}} c^2} \frac{\partial^2 p_{\mathrm{t}}}{\partial t^2} + \nabla \cdot \left(-\frac{1}{\rho_{\mathrm{c}}} (\nabla p_{\mathrm{t}} - q_{\mathrm{d}}) \right) = Q_{\mathrm{m}} \tag{2-3}$$

$$p_{\mathrm{t}} = p + p_{\mathrm{b}} \tag{2-4}$$

式中，ρ_{c} 为空气密度，$\mathrm{kg/m^3}$；p_{b} 为流体区域背景压力，Pa；p 为弹性波引起的压力波动；p_{t} 为总声压，Pa；q_{d} 为偶极子振动源；Q_{m} 为磁单极子振动源，本章为 0。

在声-固耦合边界中，本方案使边界处的应力和加速度连续，从而使固体力学场和压力声场耦合，即

$$-n \cdot \left(-\frac{1}{\rho_{\mathrm{c}}} (\nabla p_{\mathrm{t}} - q_{\mathrm{d}}) \right) = -n \cdot u_{tt} \tag{2-5}$$

$$F_A = p_{\mathrm{t}} \times n \tag{2-6}$$

$$u_{tt} = \frac{\partial^2 u}{\partial t^2} \tag{2-7}$$

式中，n 为边界的单位法向量；F_A 为实体结构承受的应力，$\mathrm{N/m^2}$。

3. 网格大小和时间步长

对模型进行网格划分时，选择"自由剖分三角形网格"的网格划分方式。为使模型计算时在时域中充分地解析波，需要设置合适的时间步长。时间步长设置过大会导致网格使用不足，时间步长设置过小会导致模型计算的时间增加，且模

拟结果的改善很小。因此，应选择与网格大小相匹配的适当时间步长，而网格大小与时间步长的匹配是由 Courant-Friedrichs-Lewy(CFL)条件(Xu et al.，2019)决定的，CFL 定义为

$$CFL = \frac{c\Delta t}{h} \tag{2-8}$$

$$\Delta t = \frac{1}{12 f_{max}} \tag{2-9}$$

式中，Δt 为时间步长；c 为声速，m/s；h 为网格大小。

CFL 是一个无量纲数，表示波在一个求解时间步长内传播的网格数目。其中在求解瞬态声学问题中，CFL 必须小于 1。本章建立的模型中时间步长 Δt 设为 0.83μs，最大网格为 0.168m，即

$$CFL = \frac{5100 \times 0.83 \times 10^{-6}}{0.168} \approx 0.025 \leqslant 1 \tag{2-10}$$

图 2-3 为仿真收敛性检验结果，表明模型计算结果具有较好的收敛性。

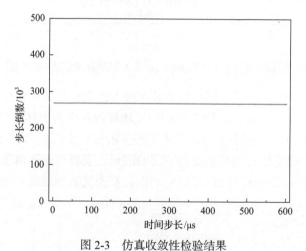

图 2-3 仿真收敛性检验结果

2.2.3 声波在平行钢丝束中传播的可视化分析

为了研究声波在平行钢丝束中的传播路径，对模型计算结果进行分析，得到不同时刻声波在拉索内部传播的可视化结果。

为分析声波的传播特征，对第一个步长时刻即 t =0.833μs 时各钢丝在长度方向的表面位移进行分析，结果如图 2-4 所示。由图可知，在 11 号钢丝左端产生激励信号，与 11 号钢丝直接相邻的钢丝即 6 号、7 号、10 号、12 号、15 号和 16 号

钢丝在距离激励端 0.0018m 处的表面产生位移，相比之下，1号、4号和8号钢丝表面几乎未产生位移。表明 60kHz 的激励信号在平行钢丝束中传播时，声波纵向模态群速度比弯曲模态群速度大，即声波沿钢丝长度方向的传播速度比向相邻钢丝的传播速度快。这与 Zhang 等(2018b)采用半解析有限元法得到的弹性波在平行钢丝束中传播的频散曲线中弹性波频率在 $0 \sim 65$kHz 内，$L(0,1)$ 的群速度比 $F(0,1)$ 的群速度大的结论相吻合。

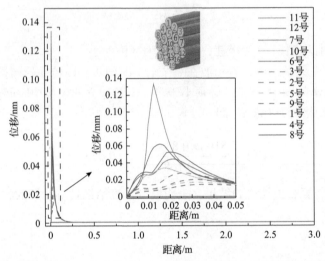

图 2-4　激励信号在平行钢丝束中传播 0.833μs 后各钢丝表面位移(彩图请扫封底二维码)

为研究传播特征显著的不同时刻声波在拉索内部传播的可视化结果，对不同时刻三种不同截面(xy、yz、xz)模型中的声压场和钢丝表面位移进行分析，结果如图 2-5 ~ 图 2-8 所示，材料表面位移经常用来表示材料受到激励作用，由于相同的物理量跨越几个数量级，颜色刻度有不同的限制以获得更好的清晰度。这里的图示表达参考相关文献(Fan et al., 2018)。白色箭头代表加速度，加速度大小直接

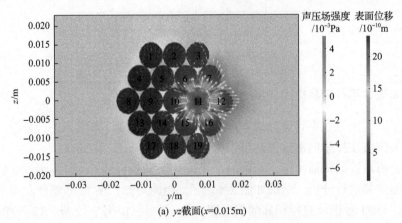

(a) yz 截面(x=0.015m)

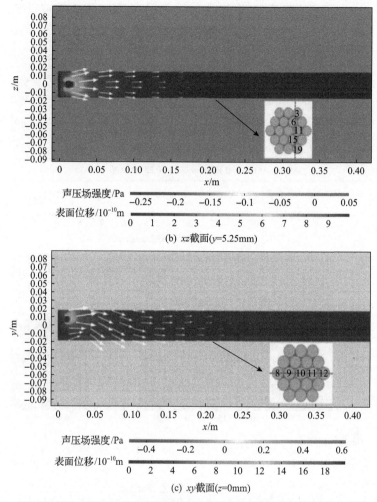

(b) xz截面(y=5.25mm)

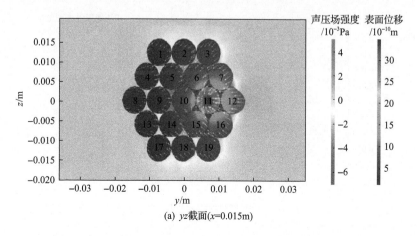

(c) xy截面(z=0mm)

图 2-5　模拟声波在平行钢丝束中传播 0.01ms 后的可视化结果(彩图请扫封底二维码)

(a) yz截面(x=0.015m)

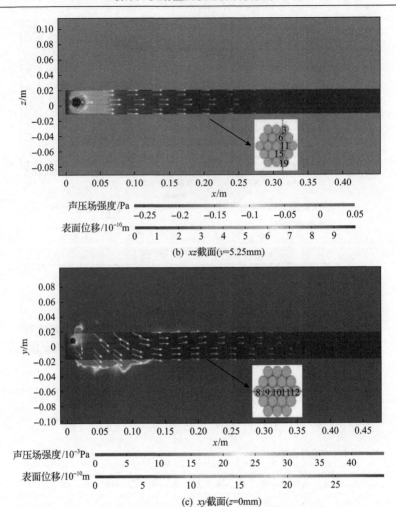

声压场强度/Pa

表面位移/10⁻¹⁰m

(b) xz截面(y=5.25mm)

声压场强度/10⁻³Pa

表面位移/10⁻¹⁰m

(c) xy截面(z=0mm)

图2-6 模拟声波在平行钢丝束中传播0.02ms后的可视化结果(彩图请扫封底二维码)

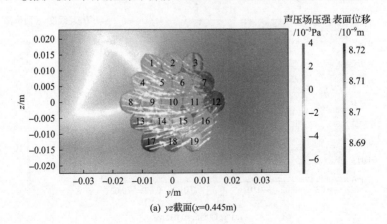

声压场压强 表面位移
/10⁻³Pa /10⁻⁹m

(a) yz截面(x=0.445m)

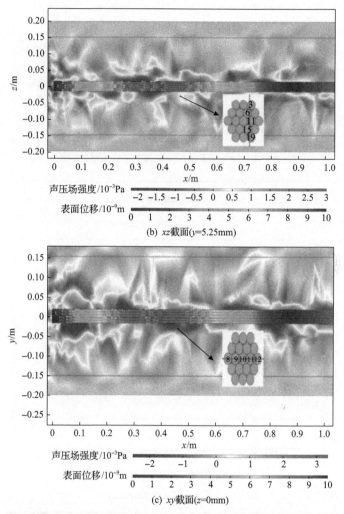

(b) xz截面(y=5.25mm)

(c) xy截面(z=0mm)

图 2-7 模拟声波在平行钢丝束中传播 2ms 后的可视化结果(彩图请扫封底二维码)

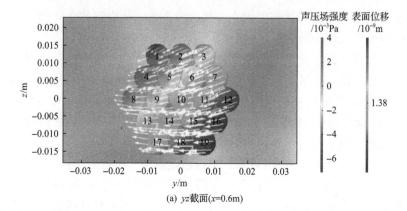

(a) yz截面(x=0.6m)

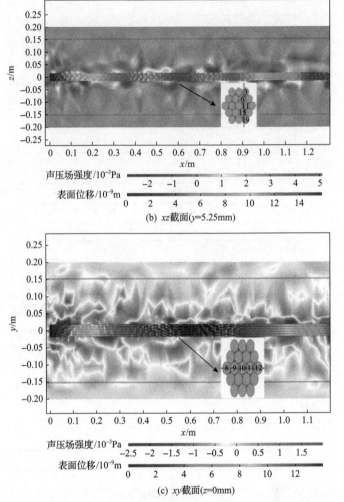

(b) xz截面(y=5.25mm)

(c) xy截面(z=0mm)

图 2-8　模拟声波在平行钢丝束中传播 5ms 后的可视化结果(彩图请扫封底二维码)

表示钢丝与钢丝之间的相互作用大小，其中箭头方向代表钢丝之间作用力，箭头长短代表钢丝之间作用力大小。

　　激励信号在平行钢丝束中传播 0.01ms 后，对平行钢丝束表面位移和声压场结果进行可视化分析。由图 2-5(a)可知，在 11 号钢丝端部激发正弦脉冲波时，由于平行钢丝束横截面的对称性，位移场的颜色尺度以及加速度的方向和大小也呈现对称的现象。这是由于 11 号钢丝端部施加正弦脉冲的点荷载，施加激励的部位受力后产生变形，由于平行钢丝束中的钢丝通过界面相互作用，形变状态就会传递到相邻钢丝。由图 2-5(b)和(c)可知，平行钢丝束中 11 号钢丝在左端有激励时，$x=0\sim0.1$m 时，弹性波主要在平行钢丝束的长度方向即 x 方向传播和径向方向即 y 方向上传播，很少在 z 方向上传播，故图 2-5(c)中所示的钢丝接触方式更利于钢丝间弹性波传播。

激励信号在平行钢丝束上传播 0.02ms 后，对平行钢丝束表面位移和声压场结果进行可视化分析。由图 2-6(a) 可以看出，当信号传播 0.02ms 后，施加激励的部位出现弹性波的反射现象。由图 2-6(b) 可以看出，施加激励的部位恢复到初始的无变形状态，形变状态沿着钢丝长度方向向前移动。图 2-6(c) 中弹性波在 $x=0\sim$ 0.13m 时，沿 y 轴方向传播较为明显，与 8 号钢丝表面产生振动，使与其相邻的空气产生声波。

激励信号在平行钢丝束上传播 2ms 后，对平行钢丝束的表面位移和声压场结果进行可视化分析。由图 2-7(b) 和 (c) 中箭头方向可以看出声发射信号在 $x=0.445$m 处发生明显反射，特别是图 2-7(c) 中传至 8 号钢丝的弹性波向 12 号钢丝方向反射。

激励信号在平行钢丝束上传播 5ms 后，对平行钢丝束的表面位移和声压场结果进行可视化分析。与图 2-7 表达的信息类似，由图 2-8(b) 和 (c) 中箭头方向可以看出声发射信号在 $x=0.6$m 处发生明显反射，取 $x=0.6$m 处的 yz 截面进行分析，可得出 1 号钢丝表面位移最大，弹性波由能量高的地方向能量低的地方传播。

因此，由声发射信号在平行钢丝束中传播的可视化结果得出，声发射信号在某根钢丝上产生后，沿该钢丝长度方向的传播速度远远大于向相邻钢丝的传播速度。平行钢丝束中某根钢丝损伤产生的声发射信号先在该钢丝上沿长度方向传播，再沿径向传播至声发射传感器。

2.3　声波在平行钢丝拉索上纵向传播特性研究

2.3.1　试验方案

1. 试验试件

平行钢丝束试件由 19 根高强镀锌钢丝组成，钢丝直径为 7mm，长 3m，强度为 1860MPa。将 19 根钢丝呈六边形排列箍紧，平行钢丝束试件端部如图 2-9 所示。

图 2-9　平行钢丝束试件端部

2. 试验仪器

对声波在平行钢丝束中的传播特性进行试验研究，试验仪器主要有：DG1000 系列信号发生器、RS-54A 型声发射传感器、RS-2A 型声发射传感器、增益为 40dB 的前置放大器和 DS5-16B 型全波形声发射分析仪。其中 RS-54A 型声发射传感器在试验中作为发射信号的传感器，与信号发生器相连接，激发模拟的声发射信号的正弦脉冲信号。RS-54A 型声发射传感器直径为 8mm，高度为 15.5mm，外壳为不锈钢，检测面为陶瓷。RS-2A 型声发射传感器在试验中作为接收信号的传感器，通过放大器与声发射采集设备相连。RS-2A 型声发射传感器直径为 18.8mm，高度为 15mm，外壳为不锈钢，检测面为陶瓷。两个型号声发射传感器灵敏度校准曲线如图 2-10 和图 2-11 所示。

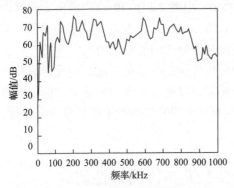

图 2-10　RS-54A 型声发射传感器灵敏度
校准曲线

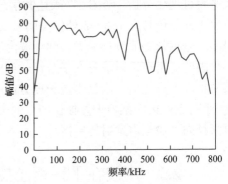

图 2-11　RS-2A 型声发射传感器灵敏度
校准曲线

3. 试验步骤

声发射试验装置如图 2-12 所示，建立了声发射衰减试验系统，研究声波在平行钢丝束上的纵向传播衰减特性。该试验装置主要由三部分组成：产生正弦脉冲信号的激发系统、19 根钢丝组成的平行钢丝束试件和声发射采集系统。试验中，DG1000 系列信号发生器通过 RS-54A 型声发射传感器与平行钢丝束左端连接在一起，激发幅值为 20dB、频率为 60kHz 的正弦脉冲信号。沿钢丝束长度方向等间距布置 8 个 RS-2A 型声发射传感器，接收传播一定距离后的正弦脉冲信号。其中，传感器与试件表面接触处均匀涂抹耦合剂以提高试件表面与声发射传感器之间的耦合效果。由于声波在不同材料中的传播特性差别很大，采用声发射技术研究不同材料时，峰值鉴别时间（peak definition time，PDT）、撞击闭锁时间（hit lockout time，HLT）和撞击鉴别时间（hit definition time，HDT）也不同，其中 HDT 取值是 PDT 的 2 倍（明攀等，2020），本章声发射试验中 PDT、HLT 和 HDT 分别设置为 300μs、1000μs 和 600μs。

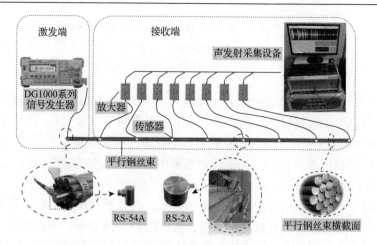

图 2-12 声发射试验装置

信号发生器激发的脉冲信号经介质传播到试件表面,引起平行钢丝束中钢丝表面的机械振动,粘在钢丝表面的接收信号的传感器将钢丝表面瞬态位移转换成电信号,再经过增益为 40dB 的前置放大器放大后传至 DS5-16B 型全波形声发射分析仪,在计算机上记录和显示采集的声发射信号。

2.3.2 结果与分析

1. 声发射信号特征参数衰减分析

为研究声波在拉索上纵向传播衰减特性,对声发射试验中采集的传播不同距离后的信号进行分析,结果如图2-13(a)所示,其中声发射传感器布置位置如

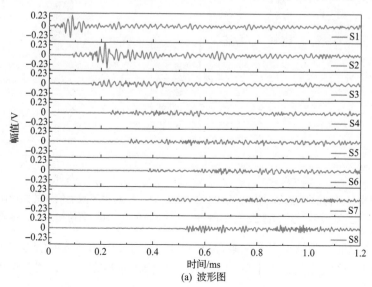

(a) 波形图

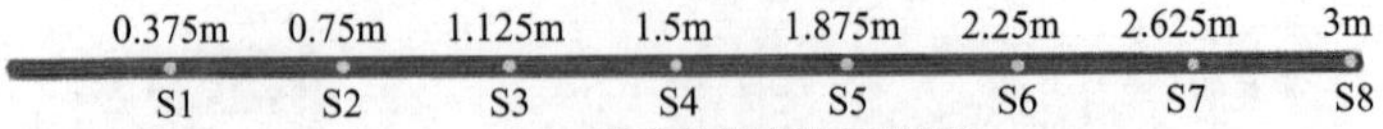

　0.375m　0.75m　1.125m　1.5m　1.875m　2.25m　2.625m　　3m

　　S1　　S2　　S3　　S4　　S5　　S6　　S7　　S8

(b) 声发射传感器布置位置

图 2-13　试验接收的声发射信号波形图

图 2-13(b)所示。可以明显看到随着传播距离的增加,声发射信号幅值降低。另外,第四个子图中存在的附加信号在后四个子图中不能明显分辨出来,即传感器 S5~S8 采集的声发射信号能量与前一时期平行钢丝束的剩余能量几乎相同。可以初步判断 60kHz 的模拟声发射信号在平行钢丝束中最远传播至传感器 S5 所在位置。

　　为研究包含完整信息的声发射信号在平行钢丝束上可传播的最远距离,对采集的声发射信号进行幅值衰减分析和波形分析。对布置在环向不同位置的传感器采集到的声发射信号幅值衰减进行分析,结果如图 2-14 所示。由图可知,传感器在环向布置位置不同,声发射信号幅值衰减也不同。传感器布置在距离 11 号钢丝较近的 P1 位置上时,声发射信号在传播 262.5cm 后幅值出现增加的现象,此时信号幅值衰减至 52.61dB,衰减了 47.39dB;传感器布置在 P2 位置上时,声发射信号在传播 187.5cm 后出现不稳定衰减的现象,此时幅值衰减至 41.29dB,衰减了 58.71dB;传感器布置在 P3 位置上时,声发射信号在传播 150cm 后出现不稳定衰减的现象,此时幅值衰减至 46.59dB,衰减了 53.41dB。对不同频率激励信号的幅值随传播距离的变化进行分析,结果如图 2-15 所示。由图可知,40kHz 的激励信号在平行钢丝束上传播 187.5cm 后出现不稳定衰减的现象,60kHz 的激励信号在平行钢丝束上传播 262.5cm 后出现不稳定衰减的现象,100kHz 和 80kHz 的激励信号在平行钢丝束上传播 112.5cm 后出现不稳定衰减的现象。

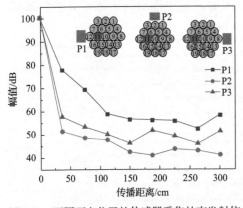

图 2-14　不同环向位置的传感器采集的声发射信号幅值随传播距离的变化(彩图请扫封底二维码)

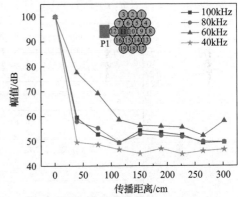

图 2-15　不同频率激励信号的幅值随传播距离的变化(彩图请扫封底二维码)

　　根据本章的试验结果以及文献(Men et al., 2019)中的声发射信号幅值衰减距离最大限值的确定方法,由本章的试验结果分析得到当布置传感器的钢丝紧邻发射信号的钢丝时，信号最远传播 2.625m；当布置传感器的钢丝与发射信号的钢丝径向距离很大时，信号最远传播 1.5m。因此，为保证采集的发射信号的准确性以及包含信息的完整性，从幅值衰减角度分析可知，60kHz 的声发射信号在 19 根钢丝组成的平行钢丝束上传播时，接收声发射信号的传感器最远布置距离为 3m。

2. 声发射信号波形衰减分析

以上分析了声发射信号在平行钢丝拉索横截面上的衰减特性，而声发射源信号是由各种频率成分的声发射信号组成的，波形中含有声发射源信号的一切信息，因此为了详细分析声发射信号在各个频段上的衰减特性，利用小波包分解方法对声发射信号进行波形分析(杜帅和王炀，2020；王创业等，2019；Barile et al.，2019)。

在声发射衰减试验中，声发射采集系统的采样频率设置为 2500kHz。将环向位置 P1 处的 8 个传感器采集到的声发射信号分解为五层，第 5 层得到 32 个小波包，小波包命名为 $S(5,i)$，第 5 层的每个小波包频带宽为 39.25kHz。

将 $S(5,i)$ 对应的能量记为 E_{5i}，则得

$$E_{5i} = \left| \int S_{5i}(t) \right|^2 \mathrm{d}t = \sum_{k=1}^{m} \left| X_{ij} \right|^2 \tag{2-11}$$

式中，X_{ij} $(i = 0,1,2,3,\cdots,31; k = 1,2,\cdots,m, m$ 为信号离散采样点数$)$ 表示重构信号 S_{5i} 的离散点幅值。

将被分析的波形信号的总能量设为 E_0，则得

$$E_0 = \sum_{i=0}^{31} E_{5i} \tag{2-12}$$

即得到各频带能量占被分析波形信号总能量的百分比为

$$E_i = \frac{E_{5i}}{E_0} \tag{2-13}$$

式中，$i = 0,1,2,3,\cdots,15$。

基于式(2-11)～式(2-13)，通过 MATLAB 编制程序可以得到所接收声发射信号经小波包分解后各个频带的能量分布。根据频率范围内能量占比(最前端的 5 个小波包的频率范围内能量占比为 99%以上)，选取最前端的 5 个小波包 $S(5,0)$、$S(5,1)$、$S(5,2)$、$S(5,3)$、$S(5,4)$ 进行分析，相应的频率范围为 0～39.25kHz、39.25～78.5kHz、78.5～117.75kHz、117.75～157kHz 和 157～196.25kHz，结果如图 2-16 所示。

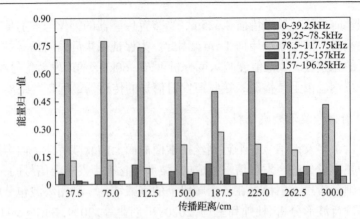

图 2-16 P1 方向上 8 个传感器采集到的声发射信号各频带能量分布(彩图请扫封底二维码)

由图 2-16 可知,声发射信号在平行钢丝束中传播时,频率范围 39.25~78.5kHz 的能量占比始终最大。随着传播距离的增加, 在传播距离 187.5cm 内, 频率范围 39.25~78.5kHz 的能量占比降低, 由 78.7%降低至 50.3%, 频率范围 78.5~117.75kHz 的能量占比增加,由 13%增加至 28.2%,由此可见声发射信号在平行钢丝束中传播时发生了较为明显的频散现象且信号的主频倾向于向高频转变。但是传播距离大于 187.5cm 后, 频率范围 39.25~78.5kHz 与 78.5~117.75kHz 的能量变化规律与 0~187.5cm 内不同。因此, 传感器布置在距离激励 60kHz 信号的钢丝很近的 P1 位置上时, 两个传感器之间的最大距离不能超过 3.75m。

类似对布置在 P2、P3 方向上的 16 个传感器采集的声发射信号进行小波包分析, 在 P2 方向上信号传播 187.5cm 后, 频率范围 39.25~78.5kHz 的能量占比发生明显变化;在 P3 方向上信号传播 150cm 后, 频率范围 39.25~78.5kHz 的能量占比发生明显变化。

因此, 传感器布置在紧邻激励 60kHz 信号的钢丝的 P1 位置上时, 最远可以采集传播 187.5cm 的声发射信号;传感器布置在远离激励 60kHz 信号的钢丝的 P3 位置上时, 最远可以采集传播 150cm 的声发射信号。为保证采集的声发射信号的准确性以及包含信息的完整性, 从波形衰减角度分析可知, 60kHz 的声发射信号在 19 根钢丝组成的平行钢丝束上传播时, 接收声发射信号的传感器布置间距最远为 3m。

2.3.3 模拟与试验结果

本章采用有限元软件建立的模型中, 在平行钢丝束中的 11 号钢丝左端施加正弦脉冲点荷载, 钢丝端部施加激励后产生变形, 钢丝表面产生位移, 由于平行钢丝束中钢丝间的相互作用, 形变状态会传递到相邻钢丝, 而施加激励的 11 号钢丝左端将恢复到初始的无位移状态, 形变状态沿着 11 号钢丝长度方向向前移动。为研究不同钢丝之间的能量传递特性，选取有显著传递特征的时刻，对各钢丝的表面位移进行研究。由于建模中由 19 根钢丝组成的平行钢丝束横截面为正六边形，且在 11 号钢丝端部产生激励信号，声发射信号在钢丝束中的传播具有对称性，取平行钢丝束的一半即 1～12 号钢丝沿长度方向的表面位移进行分析，结果如图 2-17 所示。由图 2-17(a)可知，模拟声发射信号在平行钢丝束中传播 0.833μs 后，11 号钢丝距左端(激励端)0.0125m 处表面位移最大，与 11 号钢丝直接相邻的钢丝中，6 号、7 号、10 号和 12 号钢丝分别在距左端 0.015m、0.021m、0.018m 和 0.012m 处表面位移较大，1 号、4 号和 8 号钢丝分别在距左端 0.038m、0.041m 和 0.044m 处表面未产生位移。结果表明，声发射信号沿钢丝长度方向传播速度比在钢丝间传播速度大，这与 Zhang 等(2018b)利用半解析有限元法得到的 19 根平行钢丝频散曲线中激励源在 0～60kHz 内，纵向导波群速度大于弯曲导波群速度的结论吻合。

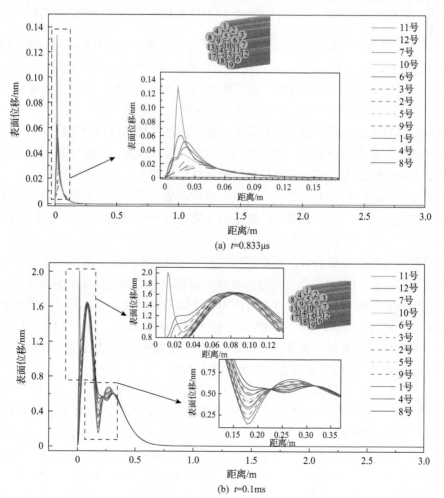

(a) t=0.833μs

(b) t=0.1ms

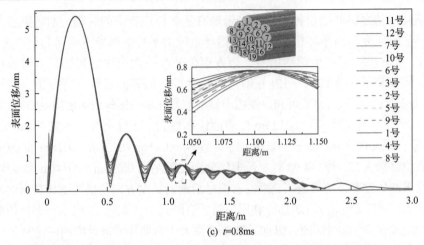

(c) t=0.8ms

图 2-17　模拟声发射信号在平行钢丝束中传播不同时刻各钢丝表面位移(彩图请扫封底二维码)

由图 2-17(b)可知，模拟声发射信号在平行钢丝束中传播 0.1ms 时，在平行钢丝束左端 0.6m 范围内，各钢丝表面均出现位移，其中在距左端(激励端)0.08m 和 0.23m 处均出现位移一致的现象，而且在 0.23m 处更为明显，在钢丝长度 0.08~0.23m 内，距离激励信号最远的钢丝表面位移最大，在钢丝长度 0.23~0.32m 内，距离激励信号最近的钢丝表面位移最大。这表明在传播过程中出现声发射信号由钢丝表面位移最大向表面位移最小的钢丝方向传播的现象与现有学者研究的多杆系统、多钢绞线组成拉索中出现的能量振荡结果一致。

为进一步验证声发射信号在平行钢丝束中传播时钢丝之间能量的振荡特性，对平行钢丝束中最外层各根钢丝的能量归一值进行分析。激励传感器安装于 11 号钢丝端部，从距离激励传感器 0.375m 处开始，先后在平行钢丝束最外层的钢丝上布置传感器采集声发射信号，接收传感器沿平行钢丝束长度方向布置 8 个，间距为 0.375m。图 2-18 为声发射信号能量在不同钢丝中的传递过程。由图可知，11 号钢丝中的声发射信号能量通过耦合作用传递给其余钢丝，12 号和 7 号钢丝起始能量较大，这是由于 12 号、7 号与 11 号钢丝直接接触。12 号和 7 号钢丝能量归一值变化规律类似，但能量分布略有偏差，主要原因可能为 11 号和 12 号钢丝间接触力与 11 号和 7 号钢丝间接触力大小不同。

此外，12 号、7 号和 3 号钢丝中的声发射信号能量下降，1 号、2 号、4 号和 8 号钢丝中的声发射信号能量上升，且 4 号和 8 号钢丝能量归一值变化规律类似，1 号和 2 号钢丝能量归一值变化规律类似。观察到声发射信号能量在不同钢丝内达到平衡后并非以共同衰减率向前传播，而是能量高的钢丝进一步将能量耦合到能量低的钢丝中，声发射信号能量在不同钢丝间呈现交替振荡传播趋势。这一试验现象与模拟部分结果相吻合，尚未见平行钢丝束的相关文献报道，但钢绞线组

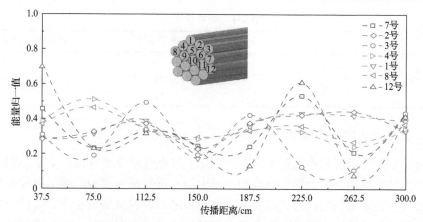

图 2-18　声发射信号能量在不同钢丝中的传递过程（彩图请扫封底二维码）

成的拉索（Raisutis et al.，2016；Schaal et al.，2015）中也出现过能量振荡的现象。

　　因此，试验与模拟结果均表明，声发射信号在平行钢丝束中传播时，其能量在不同钢丝内达到平衡后并非以共同衰减率向前传播，而是能量高的钢丝进一步将能量耦合到能量低的钢丝中，出现了声发射信号在不同钢丝间交替振荡传播的现象。

2.4　声波在平行钢丝拉索上横向传播特性研究

2.4.1　试验方案

1. 试验试件

　　为全面研究宽频声波和单频声波在横向沿不同角度和距离的传播衰减特性，并讨论传播规律的可靠性，本章对三种平行钢丝拉索试件进行衰减试验。平行钢丝拉索试件如图 2-19 所示，其中试件 A(7-349) 指试件 A 由 349 根 7mm 钢丝组成，其他类似。三种试件规格如表 2-1 所示。

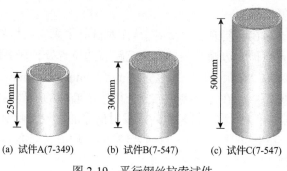

(a) 试件A(7-349)　　(b) 试件B(7-547)　　(c) 试件C(7-547)

图 2-19　平行钢丝拉索试件

表 2-1　　试件规格

试件	试件高度/mm	钢筋根数	钢筋直径/mm
A	250	349	7
B	300	547	7
C	500	547	7

2. 声发射试验中声发射源的模拟

为了更全面地研究声波在平行钢丝拉索上横向传播衰减特性，本章分别采用断铅和信号发生器产生激励信号模拟声发射源，进行两种类型的模拟声发射源的衰减试验。在采用断铅信号模拟宽频声发射源的声发射衰减试验中，试件上布置一个声发射传感器以采集由不同断铅点断铅产生的声发射信号。在激励信号模拟单频声发射源的声发射衰减试验中，传感器将采集衰减后的声发射信号，并将其转化为电信号进行进一步处理。因此，声发射源的一致性和采集信号的可重复性尤为重要，应首先对两种模拟声发射源进行分析。

1) 断铅模拟声发射源

按照 ASTM 标准（ASTM，2015）推荐的产生声发射事件的方法，断铅试验时

图 2-20　断铅装置和试验试件

采用直径为 0.5mm、长度为 2.5mm 的 HB 铅笔。图 2-20 为断铅装置和试验试件，试验采用试件 A。ASTM 标准规定大型金属容器的断铅试验中断铅点与传感器最小距离为10cm，否则会影响采集的声发射信号的可重复性。但在拉索横向进行断铅试验时，断铅点与接收信号传感器的最近距离并未有学者研究。在接收信号传感器 S0 紧挨的钢丝上断铅，对 S0 采集的断铅信号进行分析，发现每

次接收声发射信号的振铃计数较小且波动较大。因此，应通过断铅试验研究断铅点与传感器的最近距离，在保证断铅模拟声发射源一致的前提下，使采集到的断铅信号具有可重复性。

考虑到护套的存在会使波发生反射，从而对试验中真实信号的采集造成干扰，分别将传感器布置在护套边缘与距护套一定距离的位置处，研究断铅点与传感器的最近距离（图 2-21）。在距 S0 中心位置 3.5mm、7mm、10.5mm、14mm、17.5mm和 21mm 处布置断铅点，在每个测量点上，用铅笔断裂的信号模拟结构中的声发射源，每个断铅点断铅 10 次，将采集的声发射信号的能量、幅值、振铃计数以及10 次断铅中计算得到的能量、幅值、振铃计数的平均值、标准差和偏差率记录在表 2-2 和表 2-3 中。

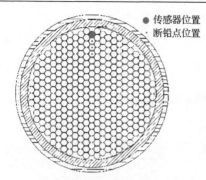
(a) S0布置在试件端部距护套8mm

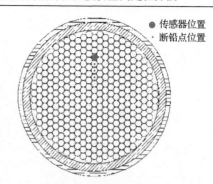
(b) S0布置在试件端部距护套29mm

图 2-21　传感器布置和断铅点位置示意图(彩图请扫封底二维码)

表 2-2　传感器 S0 布置在试件端部距护套 8mm 处的声发射信号特征参数

传播距离/mm	能量			幅值			振铃计数		
	平均值/(mV·ms)	标准差	偏差率/%	平均值/V	标准差	偏差率/%	平均值	标准差	偏差率/%
3.5	978.8	422.1	43.1	94.0	3.3	3.5	229	57.7	25.2
7	487.2	334.4	68.6	90.5	3.7	4.1	195	100.8	51.5
10.5	753.7	117.3	15.6	92.1	0.6	0.6	584	217	37.2
14	762.5	58.4	7.7	89.3	0.7	0.7	669	50	7.5
17.5	735.4	70.9	9.6	86.7	0.6	0.6	680	62	9.1
21	611.3	52.7	6.7	83.3	0.5	0.6	600	47	7.8

表 2-3　传感器 S0 布置在试件端部距护套 29mm 处的声发射信号特征参数

传播距离/mm	能量			幅值			振铃计数		
	平均值/(mV·ms)	标准差	偏差率/%	平均值/V	标准差	偏差率/%	平均值	标准差	偏差率/%
3.5	139.4	87.7	62.9	84.3	0.101	11.9	30.2	26.5	88.0
7	279.1	187.6	67.2	93.5	0.076	8.1	51.1	27.1	53.0
10.5	400.6	206.7	51.6	96.3	0.044	4.6	58.1	22.2	38.3
14	269.6	113.2	42.0	93.9	0.084	8.9	40.3	18.3	45.4
17.5	590.2	80.4	13.6	90.2	0.003	0.3	428	32	7.5
21	427.2	62.2	14.5	89.4	0.010	1.1	370	30	8.1

　　由表 2-2 可知，当传感器位于横截面边缘处，断铅点与传感器距离小于 14mm 时，声发射信号能量、振铃计数的偏差率较高，幅值的偏差率较低，且幅值大小并非随传播距离的增加呈现逐渐衰减的趋势，而是出现有增有减的现象。当断铅点与传感器距离大于 14mm 时，幅值随传播距离增加开始降低，声发射特征参数偏差率较低。传感器位于平行钢丝拉索横截面边缘处时，提取距离其 14mm 处的 3 次断铅采集的声发射信号波形图，如图 2-22 所示。

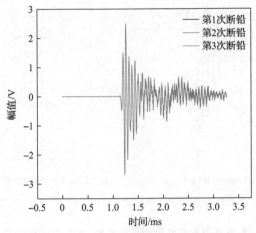

图 2-22　3 次断铅采集的声发射信号波形图(彩图请扫封底二维码)

由图 2-22 可知，3 次断铅采集的声发射信号波形基本一致，因此可以认为采用该方法断铅模拟的声发射源具有一致性，且传感器布置在边缘处时，最近断铅点距离传感器 14mm，此时接收信号具有很好的重复性。同理分析表 2-3，当传感器布置在平行钢丝拉索端部内部时，断铅点与传感器最近布置距离以 17.5mm 最佳。研究声发射信号在平行钢丝拉索横向上衰减时，以此为依据布设断铅点。

2) 信号发生器产生激励信号模拟声发射源

利用信号发生器产生激励信号模拟声发射源，信号发生器产生 20V 的正弦脉冲时，与信号发生器相连的传感器 S1 被激发，脉冲信号会通过试件表面发送压力波，压力波的第一次结构响应从试件表面反弹到传感器 S2，然后在不同角度方向上布置接收激励信号的传感器 S2，记录由 S2 采集的激励信号并通过前置放大器连接到数据采集系统。图 2-23 为平行钢丝拉索端部布置接收信号传感器采集到的

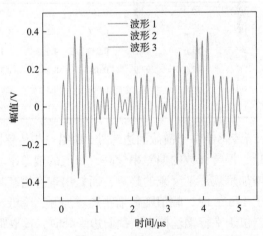

图 2-23　正弦脉冲波形图(彩图请扫封底二维码)

信号波形图。3 次采集波形基本一致，且信号幅值和能量相同，保证了信号发生器产生单一频率的激励信号模拟声发射源的一致性。

3. 试验步骤

为研究声波在横向上的传播衰减特性，对表 2-1 中的三种试件进行声发射衰减试验。如图 2-24 所示，试验分为 7 个工况，工况 1～工况 4 为在试件 A 上进行的断铅模拟声发射源的衰减试验，接收信号的传感器和断铅点所在钢丝的位置布置如图 2-24(a)～(d)所示，工况 5(图 2-24(e))为在试件 A 上进行的正弦脉冲信号模拟声发射源的衰减试验，S1 代表激发正弦脉冲的传感器，数字代表接收传感器 S2 所在位置。工况 6 和工况 7 分别为在试件 B 和 C 上进行的断铅模拟声发射源的衰减试验，传感器和断铅点的位置相同，如图 2-24(f)所示。考虑到钢丝排列方式引起的声波传播路径不同，如图 2-24 所示，每个工况中对声波在 4 条路径上的传播衰减进行研究，定义直径方向的传播路径为 0°传播路径，与直径夹角为 30°、45°和 60°方向的传播路径定义为 30°、45°和 60°传播路径。7 个工况的设置

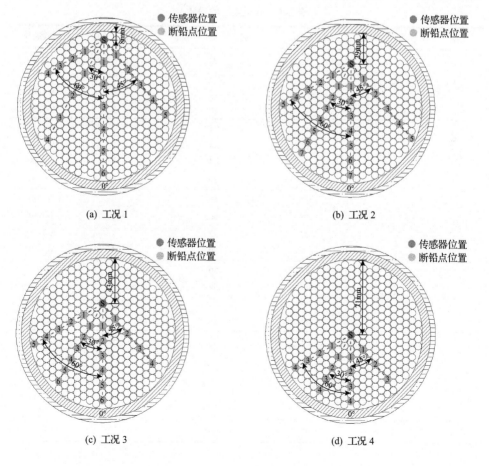

(a) 工况 1　　　　　　　　　　　　　(b) 工况 2

(c) 工况 3　　　　　　　　　　　　　(d) 工况 4

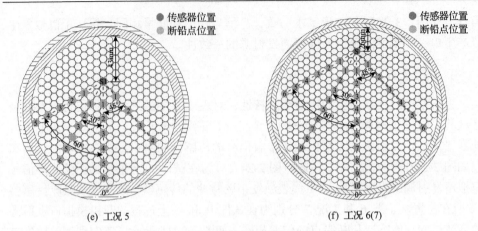

(e) 工况 5　　　　　　　　　　　　(f) 工况 6(7)

图 2-24　试验工况图(彩图请扫封底二维码)

如表 2-4 所示，试验编号如 A-1-0°代表在试件 A 上进行的工况 1 的 0°传播路径上的衰减试验，其他类似。

表 2-4　不同工况的设置

工况	模拟声发射源	传播方向	传播路径总长/mm	断铅点个数	试验编号
工况 1	PLB	0°	119	6	A-1-0°
		30°	102	4	A-1-30°
		45°	82	5	A-1-45°
		60°	56	4	A-1-60°
工况 2	PLB	0°	98	7	A-2-0°
		30°	84	7	A-2-30°
		45°	67	5	A-2-45°
		60°	70	5	A-2-60°
工况 3	PLB	0°	84	6	A-3-0°
		30°	66	6	A-3-30°
		45°	52	4	A-3-45°
		60°	70	5	A-3-60°
工况 4	PLB	0°	56	4	A-4-0°
		30°	54	4	A-4-30°
		45°	43	3	A-4-45°
		60°	56	4	A-4-60°
工况 5	信号发生器	0°	84	—	A-5-0°
		30°	56	—	A-5-30°
		45°	70	—	A-5-45°
		60°	56	—	A-5-60°
工况 6	PLB	0°	140	10	B-1-0°

续表

工况	模拟声发射源	传播方向	传播路径总长/mm	断铅点个数	试验编号
工况 6	PLB	30°	126	10	B-1-30°
		45°	87	6	B-1-45°
		60°	84	6	B-1-60°
工况 7	PLB	0°	140	10	C-1-0°
		30°	126	10	C-1-30°
		45°	87	6	C-1-45°
		60°	84	6	C-1-60°

　　本章采取两种不同模拟声发射源的方法进行衰减试验。第一种类型的声发射衰减试验流程如图 2-25(a)所示，模拟的声发射源由断铅产生，试验中采用 RS-54A 型声发射传感器接收声发射信号。第二种类型的声发射试验流程如图 2-25(b)所示，模拟的声发射源由信号发生器产生，试验中采用 RS-2A 型声发射传感器激发和采集声发射信号。

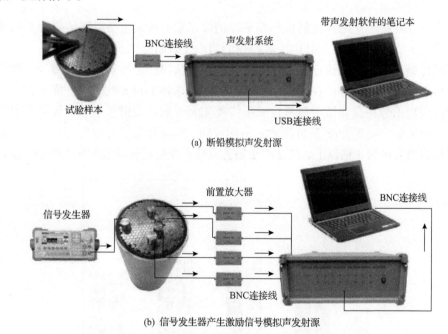

(a) 断铅模拟声发射源

(b) 信号发生器产生激励信号模拟声发射源

图 2-25　两种不同模拟声发射源方法衰减试验流程

　　为研究不同频率产生的声波在平行钢丝拉索横截面上的衰减，正弦脉冲信号模拟声发射源的衰减试验中采用信号发生器激励单频的正弦脉冲信号。有学者对天津永和斜拉桥换下的旧拉索进行拉伸试验，得出平行钢丝拉索在塑性变形和裂纹扩展阶段的声发射信号波形以低振幅、宽脉冲为主，频率分布在 0～1000kHz

内，主要频率集中在 100~200kHz。钢丝在断裂阶段产生的声发射信号波形以高振幅、窄脉冲为主，频率分布在 0~1000kHz 内，主要频率集中在 100~500kHz。因此，试验采用信号发生器产生 50~850kHz、以 100kHz 为增量的激励信号，研究不同频率的单频信号在平行钢丝拉索中横向传播的衰减情况。信号发生器激励的脉冲信号参数如表 2-5 所示。

表 2-5　信号发生器激励的脉冲信号参数

信号类型	脉冲数	脉冲间隔	幅值	脉冲频率
正弦脉冲	10	1s	20V	50~850kHz，间隔 100kHz

2.4.2　结果与分析

1. 断铅声发射信号的衰减规律

1) 传播距离与声发射信号衰减的关系

为研究断铅产生的声发射信号在平行钢丝拉索上横向传播时随传播距离的衰减规律，本节对工况 1~4 中 0°传播路径上的声发射断铅试验进行研究。在工况 1 的直径传播方向上的断铅点处断铅 10 次模拟声发射源，声发射信号传播一定距离后由传感器 S 接收信号，在工况 1 中，以距离传感器 14mm 处断铅，传感器 S 采集的声发射信号特征参数为参考，采集传播 42mm 的声发射信号并计算特征参数的相对损失量，结果如图 2-26 所示。由图可知，能量和振铃计数的相对损失量是幅值相对损失量的 3 倍以上，这是由于幅值只是声发射信号波形的最大振幅，没有

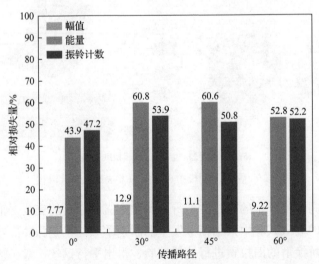

图 2-26　工况 1 中声发射信号幅值、能量和振铃计数的相对损失量(彩图请扫封底二维码)

考虑波形中其他数据点的信息，而振铃计数是指越过门槛值信号的振荡次数，能量是整个波形中幅值的平方和，故振荡次数和能量比幅值对声发射信号衰减敏感。由于幅值的衰减速率较低，采用幅值表示声发射信号在平行钢丝拉索横向上的衰减。

在工况 1~4 的 0°传播路径上的衰减试验中，每个引线断开点处皆发生了 10 次断铅，传感器 S 采集每次断铅产生的声发射信号的首波幅值，传播至不同距离的声发射信号幅值的平均值如图 2-27 所示。由图可知，无论传感器布置在端部哪个位置，声发射信号在 0°方向上传播 84mm 内的幅值衰减速率大致相同，约为0.201dB/mm，传播距离超过 84mm 后，幅值衰减速率变缓，即声发射信号在传播过程中，幅值随传播距离的增加而减小，且幅值衰减速率随传播距离的增加而变小。

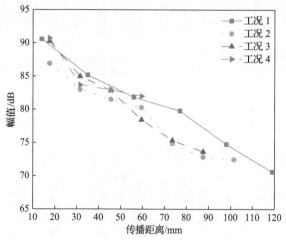

图 2-27　声发射信号在 0°传播路径上的幅值衰减(彩图请扫封底二维码)

按照 2.3.2 节的试验设置来设置声发射采集系统，将传感器 S 采集到的声发射信号分解为四层，第 4 层得到 16 个小波包，小波包命名为 $S(4,i)$，$i = 0,1,2,3,\cdots,15$，则第 4 层的每个频带宽为 78.1kHz，如图 2-28 所示。

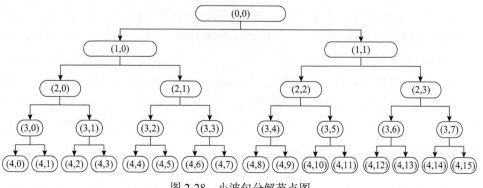

图 2-28　小波包分解节点图

类似 2.3.2 节中对声发射信号的小波包分解，本节将 $S(4,i)$ 对应的能量记为 E_{4i}，通过 MATLAB 编制程序得到所接收声发射信号经小波包分解后各个频带的能量百分比。根据频率范围内能量占比，选取最前端的 4 个小波包 $S(4,0)$、$S(4,1)$、$S(4,2)$ 和 $S(4,3)$ 进行分析，相应的频率范围为 $0\sim78.1\text{kHz}$、$78.1\sim156.2\text{kHz}$、$156.2\sim234.3\text{kHz}$ 和 $234.3\sim312.5\text{kHz}$，分别定义为 S_{40}、S_{41}、S_{42} 和 S_{43}，结果如图 2-29 所示。

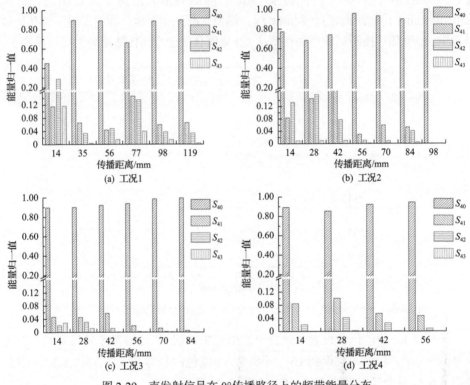

图 2-29　声发射信号在 0° 传播路径上的频带能量分布

由图 2-29(b)可得，工况 2 中，当声发射信号传播距离小于 42mm 时，能量主要集中在频带 S_{40}、S_{41} 和 S_{42} 上，即频率范围为 $0\sim234.3\text{kHz}$ 内，其中 S_{40} 频带能量占信号总能量的比例最大，达到 75% 左右；当声发射信号传播距离达到 56mm 后，S_{41} 和 S_{42} 频带能量所占比例降低，S_{40} 频带能量占信号总能量的 95% 以上，当声发射信号传播至 98mm 时，S_{40} 频带能量占信号总能量的 99%，78.1kHz 以上的信号消失，信号失真。因此工况 2 下，从声发射信号波形分析，传感器在 0° 方向上可接收信号的极限距离为 84mm。

由图 2-29(c)可知，工况 3 下，声发射信号在传播距离小于 70mm 时，能量主要集中在前三个频带上，频率范围为 $0\sim234.3\text{kHz}$。当声发射信号传播距离为

84mm 时，第三频带信号基本消失，信号失真。因此工况 3 下，传感器在 0°方向上可接收信号的极限距离为 84mm。由图 2-29(a)和(d)可知，声发射信号能量仍主要集中在前三个频带上，信号在工况 1 中传播 119mm 和在工况 4 中传播 56mm 时，采集信号并未失真。综上对声发射信号波形的分析，确定传感器在 0°方向上可接收信号的距离限值为 84mm。

因此，声发射信号在平行钢丝拉索横向上 0°传播路径上传播时，随着传播距离的增加，信号幅值降低，且幅值衰减速率随着传播距离的增加而减小。另外，信号频率分量发生改变，高频信号(78.1kHz 以上)分量逐渐降低，低频信号(0～78.1kHz)分量增加，当传播距离大于 84mm 后，可认为信号中高频信号分量消失，信号失真。

2)传播方向与声发射信号衰减的关系

为研究断铅产生的声发射信号在平行钢丝拉索横向上沿不同方向传播的衰减规律，本节对工况 1～4 中 30°、45°和 60°传播路径上的声发射衰减试验结果进行研究。图 2-30 为工况 3 中声发射信号在不同方向上传播 42mm 后幅值、能量和振铃计数的相对损失量。

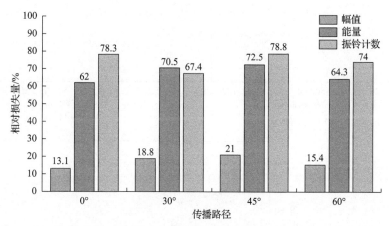

图 2-30　工况 3 中声发射信号幅值、能量和振铃计数的相对损失量(彩图请扫封底二维码)

由图 2-26 和图 2-30 可知，声发射信号在 0°、30°、45°和 60°方向上传播相同距离后，0°和 60°方向上的声发射信号特征参数的相对损失量接近，传感器分别布置在边缘(工况 1)和内部(工况 3)时，幅值相对损失量仅相差 1.45 个百分点和 2.3个百分点，30°与 45°方向上的幅值相对损失量只相差 1.8 个百分点和 2.2 个百分点。由图 2-24 可知，在平行钢丝拉索中，0°和 60°方向上钢丝排列方式相同，30°与 45°方向上钢丝排列方式类似，由此可见，钢丝的排列方式影响声发射信号在平行钢丝拉索横向传播的衰减程度，且声发射信号在 30°与 45°方向上传播的能量和幅值的相对损失量比 0°和 60°方向上传播的大，表明声波在 30°与 45°方向上的钢丝中传播时，在钢丝接触界面的信号散射更严重，导致声波能量衰减更大。

图 2-31 给出了工况 1～4 中声发射信号在不同方向传播路径上的幅值衰减曲线。由图 2-31(a) 可知，声发射信号在 30°方向上传播距离在 70mm 内时，幅值平均衰减速率为 0.274dB/mm，传播距离大于 70mm 后，布置在边缘的传感器所采集信号的幅值几乎不变，且布置在其他位置的传感器所采集信号的幅值衰减变缓。由图 2-31(b) 可知，声发射信号在 45°方向上传播距离在 50mm 内时，信号幅值平均衰减速率为 0.315dB/mm，传播距离大于 50mm 后，所采集到的信号幅值衰减速率出现很大差异。由图 2-31(c) 可知，传感器布置在内部时，声发射信号在 60°方向上传播距离在 60mm 内时，幅值平均衰减速率为 0.354dB/mm，传感器布置在边缘时，声发射信号在 60°方向上传播距离在 45mm 内时，幅值平均衰减速率为 0.149dB/mm。

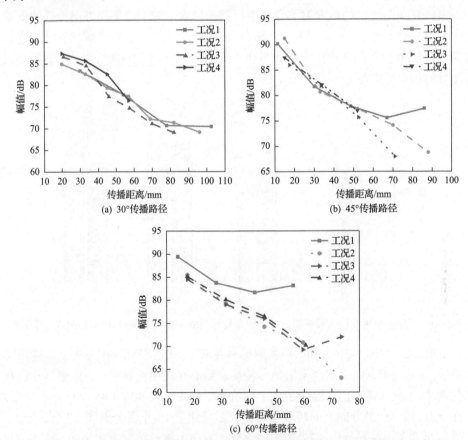

图 2-31　不同方向传播路径上声发射信号幅值衰减曲线(彩图请扫封底二维码)

分析图 2-27 和图 2-31 可得，在 0°、30°、45°和 60°四个传播路径上，声发射信号分别传播 84mm、70mm、50mm 和 60mm 后，信号幅值不稳定或衰减速率变缓,因此这个距离可以作为平行钢丝拉索横向声发射测试时幅值衰减限值的取值依据。由此可以看出,由于声发射信号在平行钢丝拉索中横向传播时,不同方向传播路径上钢丝排列方式不同,声波与几何不连续的介质产生相互作用从而出现不同的散射和衍射现象,声发射信号沿不同方向上传播时的衰减不同。

另外,由图 2-27 和图 2-31 可得,声发射信号在平行钢丝拉索横向上传播时,幅值衰减随传播距离的增加而变缓。由图 2-27 和图 2-31 中的工况 1 幅值衰减曲线可得,传感器位于端部边缘时采集到的声发射信号幅值并不是随传播距离增加依次减小。这是由于信号在传播过程中,直达波和平行钢丝拉索试件护套边缘处回波在相遇之际发生了叠加或抵消现象,从而出现信号传播不是完全符合不断衰减的现象。为了深入探究这种现象,有学者(Hou et al., 2019)在研究信号在不同材料中传播的幅值衰减时,同样出现了波形幅值增大的现象。

图 2-32~图 2-34 为断铅试验 4 种工况下,30°、45°和 60°传播路径上的频带能量分布。

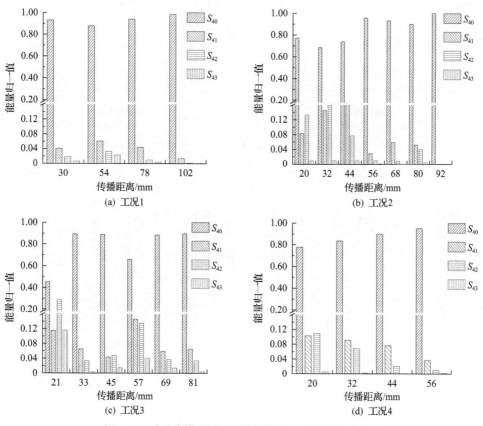

(a) 工况1

(b) 工况2

(c) 工况3

(d) 工况4

图 2-32　声发射信号在 30°传播路径上的频带能量分布

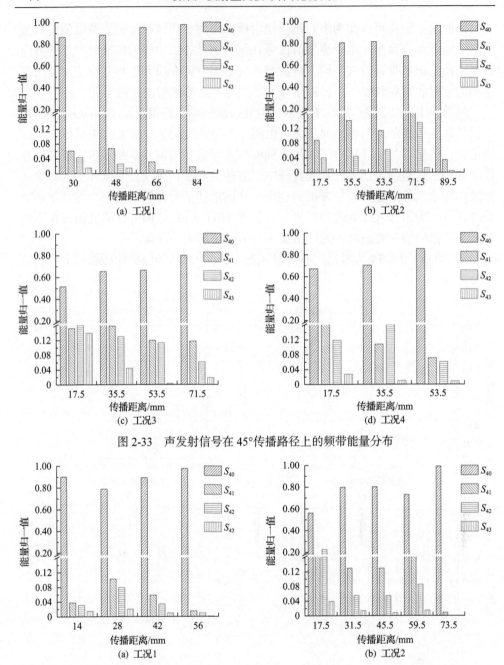

图 2-33　声发射信号在 45°传播路径上的频带能量分布

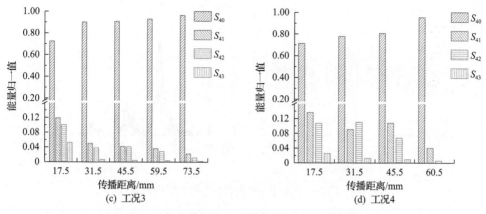

图 2-34　声发射信号在 60°传播路径上的频带能量分布

由图 2-32(a)可得，在 30°传播路径上，工况 1 中传感器布置在横截面边缘，声发射信号传播距离小于 54mm 时，信号能量主要集中在前三个频带上，频率范围为 0～234.3kHz，主要频率集中在 0～78.1kHz，占总能量的 90%左右。声发射信号传播 78mm 后，第一频带能量占信号总能量的 95%以上，第二频带能量所占比例明显降低，第三频带信号基本消失，信号失真。故工况 1 下，从声发射信号波形分析，传感器在 30°方向上可接收信号的极限距离为 78mm。

由图 2-32(b)可知，工况 2 下，当声发射信号的传播距离小于 44mm 时，信号能量主要集中在前三个频带上，频率范围为 0～234.3kHz。当声发射信号传播距离为 68mm 时，第三频带分量基本消失，信号失真。而当声发射信号传播至 80mm 时，第二、三频带分量反而增加，这是由于接收的信号中含有高频反射波。故综上所述，工况 2 中传感器在 30°方向上最远可接收 68mm 的包含完整损伤信息的信号。

由图 2-32(c)、(d)可知，当声发射信号在工况 3 中传播 81mm、在工况 4 中传播 56mm 时，信号能量仍主要分布在前三个频带上，采集信号并未失真。类似分析图 2-33 和图 2-34 可得传感器最远可接收 45°、60°方向上传播 66mm、56mm 的信号。由于前面由图 2-27 和图 2-31 得到在 0°、30°、45°、60°四个传播路径上，声发射信号分别传播 84mm、70mm、50mm 和 60mm 后，信号幅值不稳定或衰减速率变缓，在研究声发射信号在拉索横向传播衰减特性时，声发射传感器最远布置间距为 50mm。

2. 单频脉冲声发射信号的衰减规律

1)传播距离与声发射信号衰减的关系

为研究信号发生器产生的单频脉冲声发射信号在平行钢丝拉索上横向传播时随传播距离的衰减规律，本节对工况 5 中 0°传播路径上的声发射衰减试验进行研究。信号发生器发射 150kHz 的正弦脉冲波形如图 2-23 所示，图 2-35 为距信号发生器径向距离为 56mm 处采集到的声发射信号的波形图和频谱图。

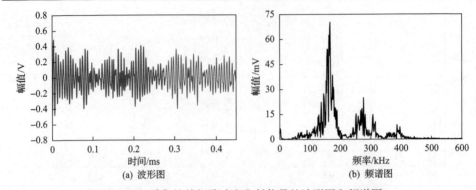

(a) 波形图　　　　　　　　　　　　(b) 频谱图

图 2-35　采集的单频脉冲声发射信号的波形图和频谱图

由图 2-35 可知，信号发生器产生的正弦脉冲信号在平行钢丝拉索横向上传播时，信号在传播一定距离后频带变宽，并且信号的主频发生变化，由激励源的 150kHz 变为 160kHz、280kHz 和 390kHz 处也出现峰频，故声发射信号在平行钢丝拉索上横向传播过程中发生明显的频散现象。

图 2-36 为工况 5 中声发射信号在 0°传播路径上的幅值及幅值衰减率。由图可知，除 50kHz 信号外，在声发射信号传播相同距离后幅值衰减率随模拟声发射源频率的增加而减小。350kHz、450kHz、550kHz 的激励信号在 0°传播路径上各自最远传播 70mm、56mm、28mm 后便采集不到。

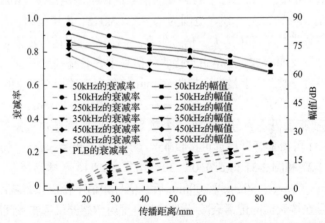

图 2-36　工况 5 中声发射信号在 0°传播路径上的幅值及幅值衰减率(彩图请扫封底二维码)

图 2-36 表明，单频脉冲信号模拟声发射源的衰减试验中，信号幅值衰减率均随传播距离的增加而迅速增加，且增加幅度与声发射源的频率大小有关。150kHz 与 250kHz 的声发射信号幅值衰减率几乎相同，50kHz 的声发射信号幅值衰减率最小。

因此，单频声发射信号在平行钢丝拉索横向上 0°传播路径传播时，随着传播距离的增加，信号幅值降低，且幅值衰减率随着传播距离的增加而减小。单频声发射信号的衰减与单频脉冲频率大小有关，50kHz 以上的单频声发射信号衰减率随激励源频率的增大而减小，且单频声发射信号在平行钢丝拉索上横向传播过程中发生明显的频散现象。

2)传播方向与声发射信号衰减的关系

为研究单频声发射信号在平行钢丝拉索横向上沿不同方向传播的衰减规律，本节对工况 5 中 30°、45°和 60°传播路径上的声发射衰减试验结果进行分析。图 2-37 给出了不同频率的单频声发射信号在平行钢丝拉索横向上沿不同方向传播时信号幅值随传播距离的衰减情况。

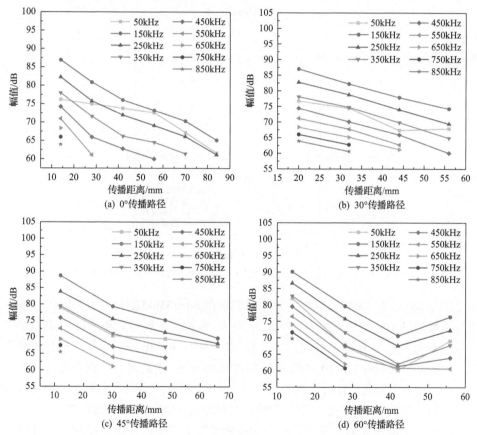

图 2-37　单频声发射信号在不同方向传播路径上的幅值衰减(彩图请扫封底二维码)

由图 2-36 可知，除 50kHz 信号外，单一频率信号在传播相同距离后，信号幅值随激励信号频率的增加而减小。由图 2-37 可知，350kHz 及以上频率的激励信号在 0°路径上传播 70mm 后便采集不到，550kHz 及以上频率的激励信号在 30°路径上传播 45mm 后便采集不到，350kHz 及以上频率的激励信号在 45°路径上传播 50mm 后便采集不到，650kHz 及以上频率的激励信号在 60°路径上传播 30mm 后便采集不到，即高频信号在平行钢丝拉索横向传播时衰减更快。从图 2-37(d) 中发现采集信号的幅值在传播距离较远处变大，这是由于在 60°方向上 56mm 处布置的接收信号的传感器位于平行钢丝拉索端部边缘，声波在传播过程中更易发生反射，导致幅值增大的现象，故在进行平行钢丝拉索健康监测时，避免将声发射传感器布置在边界。

由图 2-37 可知，激励信号的幅值在平行钢丝拉索横向传播中线性衰减，记录各方向上距离声发射信号传感器 42mm 测量的声发射信号幅值，按式(2-14)计算激励信号传播距离一定时的幅值衰减系数，如图 2-38 所示。

$$\alpha = \frac{106.2 - A}{L} \tag{2-14}$$

式中，A 为不同方向上接收信号的传感器所采集信号的首波峰值；L 为 42mm。

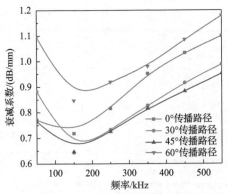

图 2-38　声发射信号在不同方向传播路径上的幅值衰减系数(彩图请扫封底二维码)

图 2-38 表明，单频模拟声发射源的频率在 50～550kHz 时，声发射信号幅值衰减系数随频率的增加先减小后增大，其中，模拟声发射源频率为 150kHz 时，声发射信号幅值的衰减系数均最小，在 0°、30°、45°和 60°四个方向上分别为 0.72dB/mm、0.64dB/mm、0.65dB/mm 和 0.85dB/mm。由此可得单频声发射信号在平行钢丝拉索上横向传播时，激励信号频率为 150kHz 时衰减系数最小，故使用信号发生器对横向信号进行研究时，激励信号频率为 150kHz 时较为适宜。

因此，单频声发射信号在平行钢丝拉索横向上沿不同方向传播时，在 150～550kHz 范围内，幅值衰减系数由大到小的传播方向分别为 60°、0°、30° 和 45°。模拟声发射源的频率在 50～550kHz 范围时，单频声发射信号幅值衰减系数随频率的增加先减小后增大，其中，模拟声发射源频率为 150kHz 时，单频声发射信号幅值在 0°、30°、45°和 60°四个方向上的衰减系数均最小，故在平行钢丝拉索监测中激励源频率为 150kHz 时较为适宜。

2.4.3　试件高度对试验结果的影响分析

　　由于对声发射信号在平行钢丝拉索横向传播衰减特性的研究是通过对采集的声发射信号进行分析，为讨论声发射信号衰减特性的普适性，应对不同试件在横向同一方向上传播相同距离的声发射信号进行分析。

　　为研究试件高度对声发射衰减试验中采集的声发射信号的影响，对工况 6、7 即对高度为 30cm 的试件 B 和高度为 50cm 的试件 C 的衰减试验结果进行分析。图 2-39 为不同高度试件上采集的声发射信号，可以看出试件 B 比试件 C 存在较多的反射波，因此对采集信号的首波幅值和波形所包含频率进行分析。

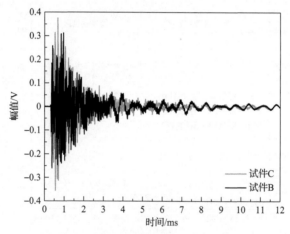

图 2-39　不同高度试件上采集的声发射信号

图 2-40 为在试件 B 与 C 的 0°传播路径上采集的声发射信号幅值及频带能量

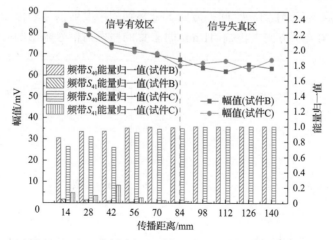

图 2-40　试件 B、C 在 0°传播路径上采集的声发射信号的幅值及频带能量分布

分布。从图中可以看出，工况 6 的衰减试验中声发射信号在 0°方向上传播 84mm 后，幅值衰减趋于平缓，且信号在 0~78.1kHz 的能量占 98%以上，高频率能量所占比例很小，可视为高频分量信号消失，即不能反映原声发射源信号所包含特征，信号失真。

图 2-41 为试件 B、C 在 0°传播路径上采集的声发射信号幅值归一值及其偏差率。从图中可以看出，在试件 B、C 的 0°传播路径上的信号有效区内，声发射信号幅值归一值基本一致，且幅值偏差率最大为 3.4%，而试验中任意两次重复的断铅试验的幅值偏差率小于 7%。可以得出，试验中试件高度对在 0°传播路径上采集的声发射信号并未产生影响。

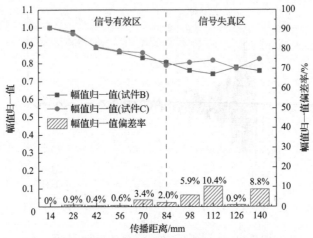

图 2-41　试件 B、C 在 0°传播路径上采集的声发射信号幅值归一值及偏差率

图 2-42 为试件 B、C 在 30°、45°、60°传播路径上采集的声发射信号幅值归一值。由图可知，在试件 B、C 同一方向上采集到的声发射信号幅值归一值基本一致，经计算，在 30°方向上传播 41mm 时采集的声发射信号幅值归一值偏差率最

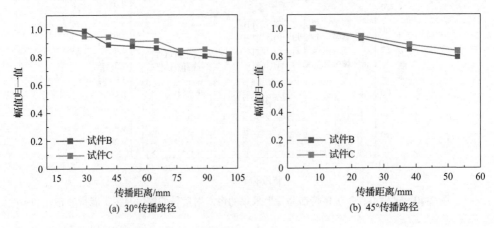

(a) 30°传播路径　　　　　　　　　　(b) 45°传播路径

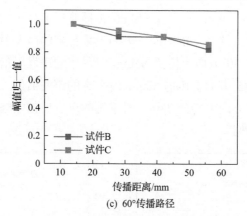

(c) 60°传播路径

图 2-42　试件 B、C 在 30°、45°和 60°传播路径上采集的声发射信号幅值归一值

大为 6%，在 45°方向上传播 53mm 时采集的声发射信号幅值归一值偏差率最大为
5.3%，在 60°方向上传播 56mm 时采集的声发射信号幅值归一值偏差率最大为
4.25%，均小于 7%。可以得出，试验中试件高度对不同方向的传播路径上采集的
声发射信号并未产生影响。

　　为研究不同规格试件对采集的横向传播的声发射信号的影响，以 0°传播路径
为例，对工况 3、6 中试件 A 和试件 B 的衰减试验结果进行分析。图 2-43 为试件
A、B 在 0°方向上传播 84mm 过程中采集的声发射信号幅值归一值及其偏差率。
从图中可以看出，声发射信号在试件 A、B 的 0°传播路径上传播时，采集到的声
发射信号幅值归一值基本一致，且幅值偏差率最大为 3.6%，而试验中任意两次重
复的断铅试验的幅值偏差率小于 7%。

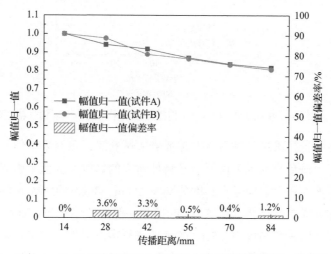

图 2-43　试件 A、B 在 0°传播路径上采集的声发射信号幅值归一值及其偏差率

　　图 2-44 为试件 A、B 在 30°、45°和 60°传播路径上采集的声发射信号幅值归一值。由图可得，在试件 A、B 的同一方向上采集到的声发射信号幅值归一值基本一致，经计算，在 30°方向上传播 65mm 时采集的声发射信号幅值归一值偏差率最大为 4.97%，在 45°方向上传播 68mm 时采集的声发射信号幅值归一值偏差率最大为 1.9%，在 60°方向上传播 28mm 时采集的声发射信号幅值归一值偏差率最大为 2.6%，均小于 7%。

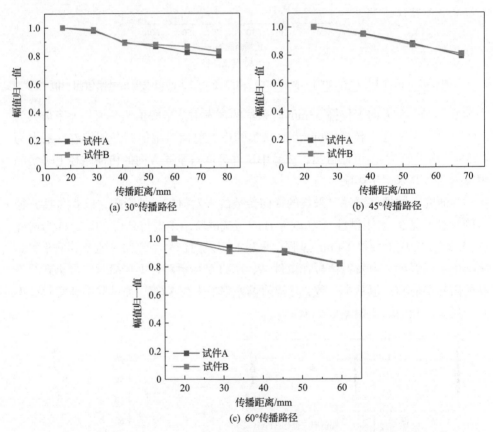

图 2-44　试件 A、B 在 30°、45°、60°传播路径上采集的声发射信号幅值归一值

　　因此，在平行拉索试件进行横向传播衰减试验时，只对采集信号的首波进行衰减分析，可以避免纵向反射波对衰减特性研究的影响，保证了横向衰减传播特性研究的可靠性。声发射信号在高度分别为 25cm、30cm 和 50cm 的平行拉索试件上沿相同方向横向传播相同距离后，幅值归一值偏差率在 7%以内，包含的频率信息大致相同。即采用高度为 25cm 的试件进行声发射信号在平行钢丝拉索横向传播衰减试验，所得衰减规律具有一定的可靠性。

2.5　基于声发射技术的平行钢丝束损伤空间定位方法研究

2.5.1　平行钢丝束损伤定位方法

由本章研究结果可知，某根钢丝上的缺陷形成产生的声发射信号先沿该钢丝纵向传播，再向相邻钢丝传播（即横向传播），结合声波在平行钢丝束中传播时具有频散特性，本章优化了时差定位法。

如图 2-45 所示，在平行钢丝束中的不同钢丝表面布置四个声发射传感器，形成一组矩形传感器簇，用来采集声发射信号。其中，设平行钢丝束中损伤源的坐标为 (x, y, z)，传感器 S1～S4 的坐标分别为 (x_1, y_1, z_1)、(x_2, y_2, z_2)、(x_3, y_3, z_3) 和 (x_4, y_4, z_4)，由于声波在平行钢束中传播时先沿钢丝长度方向传播，再向相邻钢丝传播至传感器，声发射信号传播至传感器 S1 和 S2 的传播距离差为纵向传播距离差 z_2-z_1。

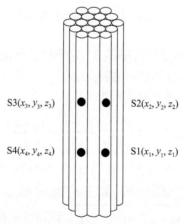

图 2-45　声波在平行钢丝束中传播的计算路径示意图

由于声波在平行钢丝束中传播时具有频散特性，即平行钢丝束中钢丝发生损伤断裂时，声发射源信号是由各种频率成分和多种模态的信号组成的，不同模态是由一定宽带频率的波组成的，并且在不同模态中，各个频率成分的波传播速度也不同（张东波等，2019；Deng et al.，2017；李帅永等，2016）。声波在平行钢丝束中传播时是以波包的形式按一定的群速度传播，是一系列谐波的叠加。因此，在对平行钢丝束损伤定位时，应充分考虑不同频率的声发射信号群速度不同，图 2-46 为 Zhang 等（2018b）采用半解析有限元法做出的 19 根平行钢丝束的频散曲线。

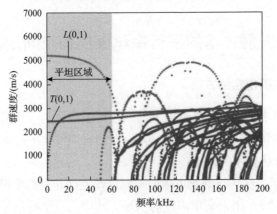

图 2-46　19 根平行钢丝束的频散曲线（Zhang et al.，2018b）

设声发射信号在平行钢丝束中传播至传感器 S1 时信号沿钢丝纵向传播速度为 v_{L1}，传播至传感器 S2 时信号沿钢丝纵向传播速度为 v_{L2}，则声发射信号到达传感器 S1 后继续传播至传感器 S2 的时间差表示为

$$\Delta t_{12} = t_1 - t_2 = \frac{z_1 - z}{v_{L1}} - \frac{z_2 - z}{v_{L2}} \tag{2-15}$$

同理，设声发射信号传播至传感器 S3 时信号沿钢丝纵向传播速度为 v_{L3}，传播至传感器 S4 时信号沿钢丝纵向传播速度为 v_{L4}，则声发射信号到达传感器 S3 后继续传播至传感器 S4 的时间差表示为

$$\Delta t_{34} = t_3 - t_4 = \frac{z_3 - z}{v_{L3}} - \frac{z_4 - z}{v_{L4}} \tag{2-16}$$

断丝声发射信号沿钢丝长度方向传播 z_1 后，再分别横向传播至传感器 S2、S3，故声发射信号传播至传感器 S2 和 S3 的距离差为横向传播的距离差 $\sqrt{(x_2 - x)^2 + (y_2 - y)^2} - \sqrt{(x_3 - x)^2 + (y_3 - y)^2}$，设声发射信号传播至传感器 S2 时，在钢丝束中横向传播速度为 v_{F2}，传播至传感器 S3 时，在钢丝束中横向传播速度为 v_{F3}，则声发射信号传播至传感器 S2、S3 的时间差表示为

$$\Delta t_{23} = t_2 - t_3 = \frac{\sqrt{(x_2 - x)^2 + (y_2 - y)^2}}{v_{F2}} - \frac{\sqrt{(x_3 - x)^2 + (y_3 - y)^2}}{v_{F3}} \tag{2-17}$$

同理，设声发射信号传播至传感器 S1 时横向传播速度为 v_{F1}，传播至传感器 S4 时横向传播速度为 v_{F4}，则声发射信号传播至传感器 S1、S4 的时间差表示为

$$\Delta t_{14} = t_1 - t_4 = \frac{\sqrt{(x_1 - x)^2 + (y_1 - y)^2}}{v_{F1}} - \frac{\sqrt{(x_4 - x)^2 + (y_4 - y)^2}}{v_{F4}} \tag{2-18}$$

由式(2-15)和式(2-18)，得

$$\frac{\Delta t_{12}}{\Delta t_{14}} = \frac{v_{F1}v_{F4}\left[v_{L2}(z_1-z)-v_{L1}(z_2-z)\right]}{v_{L1}v_{L2}\left[v_{F4}\sqrt{(x_1-x)^2+(y_1-y)^2}-v_{F1}\sqrt{(x_4-x)^2+(y_4-y)^2}\right]} \quad (2\text{-}19)$$

综合式(2-16)～式(2-18)，公式中时间差 Δt_{ij}、传播速度 v_{Fi} 和 v_{Li} 可以通过分析采集的断丝声发射信号得到，未知量只剩下断丝坐标(x, y, z)，代入公式计算即可求得断丝的具体坐标。

2.5.2　损伤定位方法的试验验证

1. 试验试件和试验装置

本次试验试件为 19 根高强镀锌钢丝组成的平行钢丝束，钢丝直径为 7mm，长 1.7m。为使钢丝在确定的位置发生断裂以验证提出的定位方法，将平行钢丝束中的一根钢丝做预刻痕处理，如图 2-47 所示。在试件中的 15 号钢丝上距离钢丝端部 150mm 处用机床做环向预刻痕，如图 2-48 所示。

(a) 预刻痕加工　　　　　　　　　　(b) 预刻痕形状

图 2-47　钢丝环向预刻痕

(a) 平行钢丝束试件　　　　　　　　(b) 15号钢丝上做环向预刻痕

图 2-48　试验试件

加载装置采用量程为 600kN 的万能试验机，试验前分别在钢丝两端 10cm 处刻上螺纹，使钢丝之间端部相嵌，再将 19 根钢丝按照正六边形排列，用万能试验机夹具将试件固定，其中夹具的直径为 60cm，内部刻有螺纹，保证了平行钢丝束试件在张拉过程中不发生滑移。试验采集装置包括 DS5-16B 型全波形声发射分析仪、增益为 40dB 的前置放大器和 4 个 RS-2A 型声发射传感器，其中声发射信号采集的门槛值为 10mV（40dB），采样频率设置为 2.5MHz。

2. 试验步骤

基于声发射技术的平行钢丝束张拉试验在郑州大学力学实验中心进行，试验加载装置与声发射采集系统如图 2-49 所示。四个声发射传感器布置在平行钢丝束中的两根钢丝上，传感器与钢丝表面均匀涂上一层薄薄的耦合剂，以提高试件表面与声发射传感器之间的耦合效果，声发射采集设备通过放大器与传感器连接在一起，用来采集平行钢丝束在张拉过程中损伤产生的声发射信号。

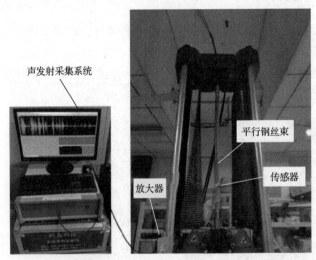

图 2-49　张拉试验加载装置与声发射采集系统

试验中声发射信号的采集与张拉同时进行，试件在张拉过程中，弹性波经介质传播到试件表面，引起平行钢丝束中钢丝表面的机械振动。经过粘在钢丝表面的声发射传感器将钢丝表面瞬态位移转换成电信号，声发射信号再经增益为 40dB 的前置放大器放大后传至声发射采集系统。在试件正式张拉前，先对试件进行预张拉，预加载的大小约为预估极限荷载的 10%。张拉过程中采用位移控制的加载方式，加载速度为 2mm/min，当使用万能试验机对试件施加轴向拉伸荷载到位移控制失效且听到一声巨响时，钢丝发生断裂，试验结束。

声发射传感器在平行钢丝束上的布置如图 2-50 所示。设平行钢丝束中 8 号钢丝下端为坐标轴原点，则四个传感器坐标分别为 S1（$7\sqrt{3}$mm，21mm，130mm）、S2（$7\sqrt{3}$mm，21mm，230mm）、S3（$7\sqrt{3}$mm，7mm，230mm）和 S4（$7\sqrt{3}$mm，7mm，130mm）。

(a) 传感器安装示意图　　　　　　　　　　(b) 传感器安装位置

图 2-50　声发射传感器的安装

2.5.3　定位结果

　　基于声发射技术对试件张拉全过程监测中，声发射传感器的布置位置是已知的，在 2.5.1 节提出的损伤定位方法中，只要先对采集的声发射信号进行分析，确定平行钢丝束中钢丝断裂产生的声发射信号传播到不同传感器的时间差 Δt_{ij} 和传播至不同传感器的传播速度，就可以计算求得平行钢丝束中损伤断丝处的坐标，即实现平行钢丝束损伤的空间定位。平行钢丝束中钢丝断裂产生的声发射信号传播至不同传感器的时间差称为时延，常用的计算时延的方法为阈值法，但是由于平行钢丝束的各向异性，钢丝断裂产生的声发射信号在传播到不同传感器的过程中会发生模态转变，且频率发生改变，所以各个传感器采集到的断丝声发射信号对应性不好，如果采用阈值法固定同一门槛值，通过断丝声发射信号的到达时间不同来计算时延，利用的不是传感器接收到的断丝声发射信号波形中同一个对应点，测出的时延误差较大。因此，本章采用小波分析和模态分析的方法计算不同传感器接收断丝声发射信号的时延，并结合断丝声发射信号的时频图和声发射信号传播的频散曲线，确定断丝声发射信号到达不同传感器时的传播速度。具体思路为：通过有限元软件对四个传感器采集的断丝声发射信号进行小波变换，得到断丝声发射信号的时频图，提取各个小波变换中小波系数最大时对应的时间，即可确定断丝声发射信号传播至不同传感器的时延 Δt_{ij}；提取各个时频图中小波系数最大时对应的频率值，结合声发射信号在平行钢丝束中传播的频散曲线，即可确定断丝声发射信号传播至不同传感器时对应的传播速度。

　　四个声发射传感器采集到的断丝声发射信号波形图如图 2-51(a)～图 2-54(a)

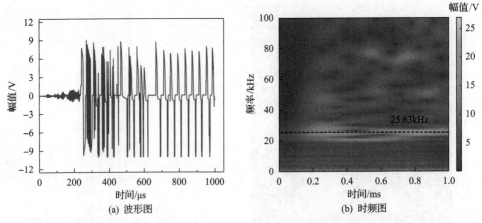

图 2-51　1 号传感器采集的断丝声发射信号（彩图请扫封底二维码）

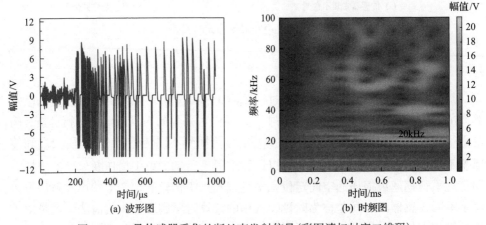

图 2-52　2 号传感器采集的断丝声发射信号（彩图请扫封底二维码）

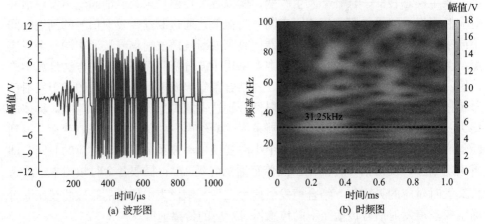

图 2-53　3 号传感器采集的断丝声发射信号（彩图请扫封底二维码）

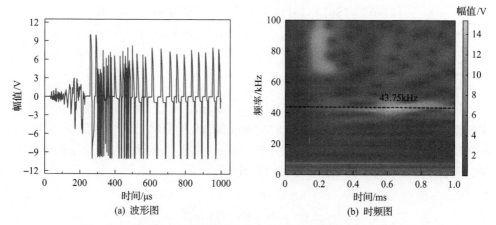

图 2-54　4 号传感器采集的断丝声发射信号(彩图请扫封底二维码)

所示,使用有限元软件对波形图进行连续小波变换,得到的时频图如图 2-51(b)～图 2-54(b)所示。在连续小波变换中,由于复 Morlet 小波在时间和频率上具有较好的分辨率,选择复 Morlet 小波作为小波基对断丝声发射信号进行连续小波变换。

从图 2-51(a)～图 2-54(a)可以看出,四个不同位置传感器采集到的声发射信号电压值相差不大,但从图 2-51(b)～图 2-54(b)可以看出,平行钢丝束中钢丝断裂产生的声发射信号传播至不同传感器时,峰值频率不同,对应的波速也不同。计算四个传感器采集的断丝声发射信号在小波变换中小波系数最大时对应的时间差,即为断丝声发射信号传播至不同传感器的时延,分别为 $\Delta t_{12} = -20.59\mu s$、$\Delta t_{23} = -1.17\mu s$ 和 $\Delta t_{14} = 1.19\mu s$。

在对四个传感器采集的声发射信号进行小波变换中,确定小波系数最大时对应的频率值分别为 25.63kHz、20kHz、31.25kHz 和 43.75kHz。从图 2-46 得到对应的纵向传播的群速度分别为 $v_{L1} = 5074.9\text{m/s}$、$v_{L2} = 5112.4\text{m/s}$、$v_{L3} = 5022.3\text{m/s}$ 和 $v_{L4} = 4752.9\text{m/s}$,进而得到对应的横向传播的群速度分别为 $v_{F1} = 2740.2\text{m/s}$、$v_{F2} = 2675.9\text{m/s}$、$v_{F3} = 2774.3\text{m/s}$ 和 $v_{F4} = 2801.1\text{m/s}$。

将上面确定的不同传感器采集的断丝信号时延 Δt_{ij} 和声波对应的波速代入式(2-15)、式(2-17)和式(2-19),得

$$\frac{130-z}{5074.9\text{m/s}} - \frac{230-z}{5112.4\text{m/s}} = -20.59\mu s$$

$$\frac{\sqrt{(7\sqrt{3}-x)^2+(21-y)^2}}{2675.9\text{m/s}} - \frac{\sqrt{(7\sqrt{3}-x)^2+(7-y)^2}}{2774.3\text{m/s}} = -1.17\mu s$$

$$\frac{2740.2\times2801.1\times[5112.4\times(130-z)-5074.9\times(230-z)]}{5074.9\times5112.4\times\left[2801.1\times\sqrt{(7\sqrt{3}-x)^2+(21-y)^2}-2740.2\times\sqrt{(7\sqrt{3}-x)^2+(7-y)^2}\right]}$$

$$=-\frac{20.59\mu s}{1.19\mu s}$$

计算求得钢丝断裂位置为(5.57mm，16.45mm，824.5mm)，根据坐标可以判平行钢丝束的断丝位置为距离端部824.5mm的15号钢丝上，与传统的一维定位相比确定出了平行钢丝束中哪根钢丝发生断裂，实现了平行钢丝束损伤的空间定位，验证了2.5节提出的定位算法的可行性。

2.6　本章小结

本章基于有限元平台，建立了声发射信号在平行钢丝束中传播的模拟模型，可视化了声发射信号在平行钢束中的传播过程，并基于声发射监测建立了试验系统，分别对声发射信号在平行钢丝束中的纵横向传播特性进行了研究。最后针对得到的传播特性，提出了一种对平行钢丝束损伤断丝的精准定位方法，并进行了试验验证，研究结论如下：

(1)模拟结果可视化了声波在平行钢丝束中的传播过程,声波能量在钢丝间呈现交替振荡传播现象。声波在沿钢丝长度方向传播的同时，在径向上由能量高的钢丝向能量低的钢丝传播。

(2)声波在平行钢丝束纵向上传播时,采集的信号特征参数衰减特征和波形特征发生明显变化。随着传播距离的增加，当采集的声发射信号幅值发生不稳定衰减时，信号中不同频带成分的能量占比发生改变。

(3)声波在平行钢丝束横向上传播时,沿不同方向的传播路径传播,钢丝接触界面信号散射不同导致声波能量衰减不同。

(4)改进了传统的时差定位方法,提出一种适用于平行钢丝束损伤断丝的空间定位方法，验证了所提定位算法的可行性。

本章对声发射信号在平行钢丝束中的传播进行了模拟，但未对真实拉索进行模拟，后续应该对真实拉索进建模，研究声发射信号在平行钢丝束内部及PE护套中的传播并进行试验研究。

第3章 空心板桥预应力钢绞线的声发射监测传感器布置优化及损伤评估

3.1 引　　言

目前，中小跨径公路桥梁主要采用人工检查的方式评估桥梁运营中的安全状态(Caner et al.，2008)，但这种方式耗费大量人力物力，成本较高，主观性强，不能对桥梁的安全状态进行实时评估，常规监测手段如应变计、位移计等也能对中小跨径桥梁的安全状况进行评定，但是只能反映桥梁表面的位移和刚度，不能反映桥梁内部预应力钢绞线的损伤。声发射监测方法设备简单、易更换，可长期实时采集且成本低，被广泛应用于结构损伤的长期实时监测。大量的研究已经证明了声发射技术的适用性和通用性(Liu et al.，2017)，但目前基于声发射技术的预应力混凝土空心板结构损伤评估、针对预应力钢绞线的损伤程度评估鲜有研究。

综上所述，本章研究混凝土空心板声发射传感器布置方式和混凝土空心板不同损伤程度的评估方法；研究混凝土空心板预应力钢绞线声发射传感器布置方式和混凝土空心板预应力钢绞线不同损伤程度的评估方法，并对某在役混凝土空心板桥的安全状态进行评估(孙文聪，2022)。

3.2　单调加载下混凝土空心板声发射信号特征分析

3.2.1　试验方案

1. 试验试件

本次试验采用的是缩尺混凝土空心板，采用先张法预应力施工。根据《混凝土结构设计规范》(GB 50010—2010)，空心板梁预应力钢绞线张拉过程中的张拉控制应力为 $0.4f_{ptk}$～$0.7f_{ptk}$，在实际张拉过程中，张拉控制应力取 $0.5f_{ptk}$。根据本次试验目的和试验条件，运用相似性原理对原型空心板进行转换设计(韩钰晓，2015)。图 3-1 为混凝土空心板。C50 混凝土的配合比如表 3-1 所示，钢筋力学性能参数如表 3-2 所示。

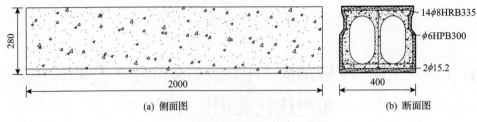

(a) 侧面图　　　　　　　　　　　　　　(b) 断面图

图 3-1　混凝土空心板(单位：mm)

表 3-1　C50 混凝土的配合比

水泥	水	砂	石	粉煤灰	矿粉	减水剂
1.00	0.40	1.86	2.78	0.15	0.1	0.025

表 3-2　钢筋力学性能参数

钢筋类型	直径/mm	屈服强度/MPa	抗拉强度/MPa	弹性模量/GPa
HRB335	8	335	455	200
HPB300	6	300	420	210
预应力钢绞线	15.2	1636	1860	195

2. 试验步骤

本次试验采用液压式压力试验机进行匀速单调加载，梁体两端支座为铰支座，两个加载点位于距跨中 250mm 处。在板底部设置三个位移计，分别位于混凝土空心板跨中、1/4 和 3/4 处。正式加载过程分为预加载和分级加载两部分，如图 3-2 所示，预加载是为了保证千斤顶、支座与试验梁之间充分接触。

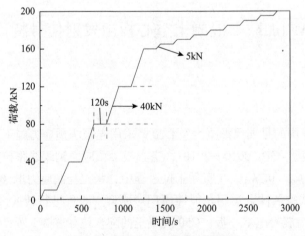

图 3-2　混凝土空心板单调加载图

3. 声发射传感器布置方法

本次试验采用RS-2A型传感器和DS5-16B型全波形声发射分析仪来采集和记录声发射信号,声发射监测系统示意图如图 3-3 所示。在试验过程中使用 6 个声发射传感器来接收声发射信号,其中在空心板侧面布置 4 个声发射传感器,底面布置 2 个声发射传感器。

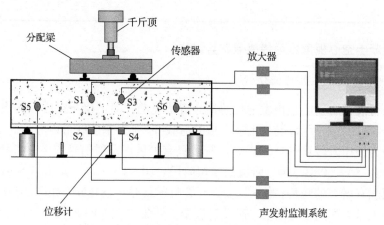

图 3-3 混凝土空心板声发射监测系统示意图

4. 断铅试验测试

声发射监测时间参数是指撞击信号测量过程中的控制参数,通过断铅试验取得,包括峰值鉴别时间(PDT)、撞击鉴别时间(HDT)和撞击锁闭时间(HLT)。根据 ASTM 标准要求(ASTM, 2015),选用直径 5mm、长度为 2.5mm 的 HB 铅笔进行断铅试验。在正式加载前,对混凝土空心板的侧面进行 10 次断铅试验,如表 3-3 所示。10 次断铅试验的上升时间参数平均值为 44.16μs,为了更好地识别和描述声发射信号,将上升时间的平均值扩大至 50μs 作为 PDT 的取值,HDT 取值至少为 PDT 的 2 倍,HLT 取值要比 HDT 稍大,因此 HDT 和 HLT 分别取值为 100μs 和 200μs(Li et al., 2021b)。

表 3-3 断铅试验声发射信号上升时间统计 (单位:μs)

断铅次序	上升时间	均值	标准差
1	49.6		
2	45.2		
3	44.8	44.16	4.97
4	33.2		
5	43.6		

续表

断铅次序	上升时间	均值	标准差
6	36.8		
7	45.6		
8	49.2	44.16	4.97
9	47.2		
10	46.4		

3.2.2 混凝土空心板声发射传感器布置优化

1. 声发射信号参数特征分析

在进行混凝土空心板声发射传感器布置优化前，对混凝土空心板的损伤阶段进行划分。如图 3-4 所示，混凝土空心板的荷载-时间-振幅曲线可以分为 5 个阶段，第一阶段为预压阶段(0～110kN)，此阶段只有少量声发射信号产生，声发射振幅主要集中在 50～60dB；第二阶段为受拉阶段(110～143kN)，如图 3-5(a)所示，声发射振幅有增大的趋势；第三阶段为开裂阶段(143～181kN)，如图 3-5(b)所示，此阶段有大量声发射信号产生，声发射振幅主要集中在 50～85dB；第四阶段为裂缝扩展阶段(181～198kN)，如图 3-5(c)所示，当荷载达到 181kN 时，声发射信号强度维持在较高水平，声发射振幅主要集中在 50～80dB；第五阶段为裂缝贯通阶段(198～205kN)，如图 3-5(d)所示，当荷载达到 198kN 时，声发射信号强度突增，声发射振幅达到最大值 95dB，加载到 205kN 时，达到混凝土空心板的极限承载力，混凝土空心板进入失稳破坏阶段。

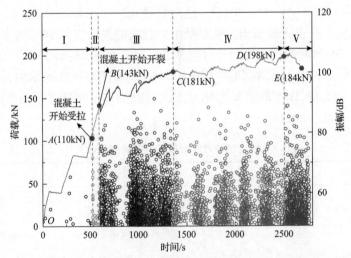

图 3-4   混凝土空心板在单调加载中的荷载-时间-振幅曲线(彩图请扫封底二维码)

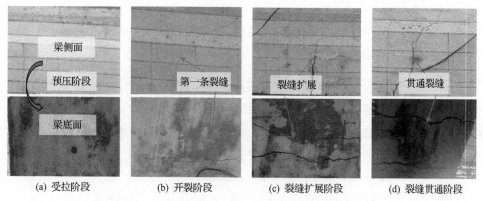

(a) 受拉阶段　　　(b) 开裂阶段　　　(c) 裂缝扩展阶段　　　(d) 裂缝贯通阶段

图 3-5　各个阶段的梁体侧面和底面局部裂缝概貌

2. 声发射传感器布置优化

目前，在混凝土结构声发射监测试验中，声发射传感器的布置方式较为随意，会很大程度上影响采集数据的有效性和监测结果的合理性。本节通过对单调加载下混凝土空心板侧面和底面不同损伤阶段的声发射信号特征进行对比分析，实现声发射传感器布置位置的优化。

试验中采用归一化累计振铃计数进行分析，其变化特征如图 3-6 所示。在实际工程中，布置在混凝土空心板跨中底面(S2)的声发射传感器比布置在跨中侧面(S1)更能对混凝土空心板的开裂损伤阶段进行表征，为最优的混凝土空心板损伤监测位置。

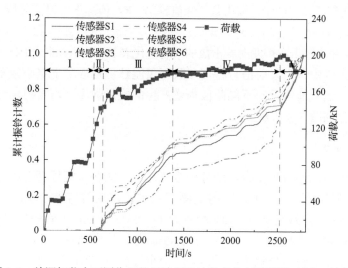

图 3-6　单调加载中不同位置的累计振铃计数变化(彩图请扫封底二维码)

3.2.3　混凝土空心板损伤评估方法

1. 声发射信号特征参数敏感性分析

利用层次聚类方法从 14 种声发射信号特征参数中进行初选，层次聚类中，相关矩阵通过一个完整链接进行计算。树状图中每条 U 型线的高度代表连接的两个声发射信号特征参数之间的相似度，距离越短，意味着两个声发射信号特征参数的相似度越高。层次聚类的结果绘制在图 3-7 的树状图中。

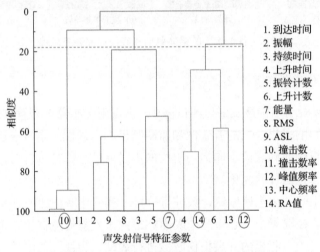

图 3-7　声发射信号特征参数的层次聚类

通过层次聚类选出能量、撞击数、峰值频率、RA 值等声发射信号特征参数对混凝土空心板的损伤进行分析，由于 RA-AF 是声发射信号的关联参数，本节在分析时加入 AF 值，并取每千次声发射撞击数的平均值代表 RA 和 AF 曲线上的一个点。

在实际工程中，声发射信号特征参数不仅能够识别混凝土空心板不同损伤阶段的临界点，而且能够反映不同阶段损伤产生的能量强度。声发射信号特征参数随时间的变化如图 3-8 所示。

2. 波形分析

小波变换是波形分析中常用的分析方法之一，能在一定程度上反映信号主频率的变化。在混凝土空心板声发射监测试验中，声发射监测系统的采样频率为 2500kHz，由采样定理得其 Nyquist 频率为 1250kHz，相关研究表明，对声发射信号的波形分析可以选择多贝西小波。通过小波分析将声发射传感器 S1、S2 采集到的各阶段声发射信号分解 5 层，得到 32 个小波包，每个小波包频宽为 39kHz(Xu et al.，2021)。

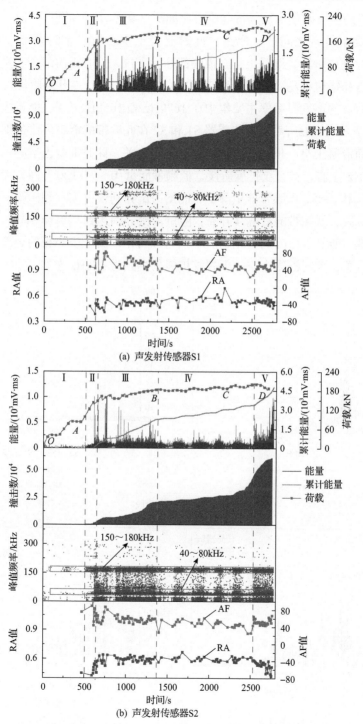

(a) 声发射传感器S1

(b) 声发射传感器S2

图 3-8　声发射信号特征参数随时间的变化(彩图请扫封底二维码)

各阶段的声发射频谱及频带能量占比如图 3-9 所示。在预压阶段，预应力钢绞线与混凝土骨料之间产生摩擦，此时混凝土空心板产生的频带分布在 0～200kHz；在受拉阶段，混凝土空心板底部开始受拉，空心板内部会产生混凝土骨料间的挤压和错位移动，表现为频带变宽（0～312kHz）；在开裂阶段，声发射传感器 S1 和 S2 的声发射频率主要集中在 167kHz 和 165kHz 左右，能量主要分布在中频带（117～195kHz），声发射传感器 S1 和 S2 在此频带的能量占比分别达到 68%和 50%，而混凝土空心板的开裂损伤与中频带有关，此时混凝土空心板开裂的主频为 167kHz 左右；在裂纹扩展阶段，低频带能量（0～78kHz）升高，能量占比分别达到 81%和 79%，中频带能量降低，能量占比分别仅占 12%和 16%；在裂缝贯通（破坏）阶段，低频带能量继续升高，能量占比分别达到 91%和 81%，中频带能量继续降低，能量占比分别为 4%和 9%。可以得出混凝土空心板的裂纹扩展损伤与低频带有关，此时混凝土空心板裂纹扩展的主频为 38kHz 左右。

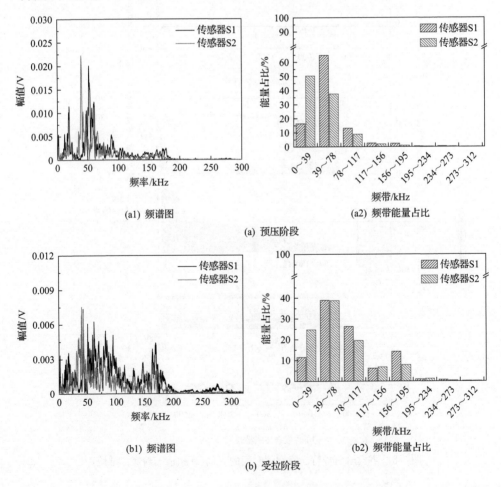

(a1) 频谱图　　　　　　　　(a2) 频带能量占比

(a) 预压阶段

(b1) 频谱图　　　　　　　　(b2) 频带能量占比

(b) 受拉阶段

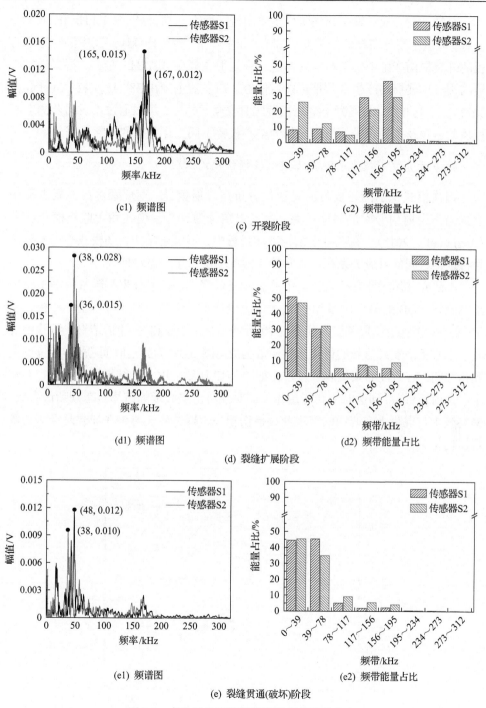

图 3-9　各阶段的声发射频谱及频带能量占比

混凝土空心板在整个损伤阶段主要出现了两个主频,分别在 38kHz 和 167kHz 左右,能量主要分布在低频带 0~78kHz 和中频带 117~195kHz。其中混凝土空心板的开裂损伤产生中频带声发射信号,声发射主频在 167kHz 左右。混凝土空心板的裂纹扩展损伤产生低频带声发射信号,声发射主频在 38kHz 左右(Xu et al., 2021)。综上可知,在混凝土空心板桥实时安全评估中,可以通过声发射监测空心板桥的主频及主频频带能量占比作为空心板桥不同工作状态的判断依据。

3. 基于声发射技术的混凝土空心板损伤模式识别

损伤模式识别的主要目的是通过分析声发射信号,发现隐含在混凝土损伤模式与声发射信号间的对应关系,模式识别分为有监督模式和无监督模式两类(Assi et al., 2018)。在混凝土结构破坏过程中,混凝土结构损伤模式与声发射信号特征参数间的对应关系存在未知性,因此本次采用无监督模式。

本研究采用无监督模式方法中的 K-means 聚类法,最佳聚类簇数由 DB 和 SI 指标确定,DB 的最小值和 SI 的最大值为最佳聚类簇数。对于混凝土空心板,基于 DB 和 SI 的最佳聚类簇数如图 3-10 所示。基于 DB 和 SI 评估结果,试验中混凝土空心板声发射信号的最佳聚类簇数为 2。图 3-11 为到达时间-振幅-能量聚类簇相关图,各阶段的聚类簇数量占比如图 3-12 所示。由上述结果可以得出,在整个声发射信号中,到达时间和能量相关图对混凝土空心板的破坏状态判断最有效,聚类簇 1 与混凝土空心板的宏观开裂损伤相关,聚类簇 2 与梁在加载时经历的微观损伤相关。

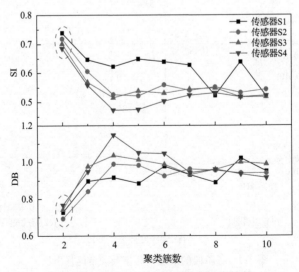

图 3-10　基于 DB 和 SI 的最佳聚类簇数

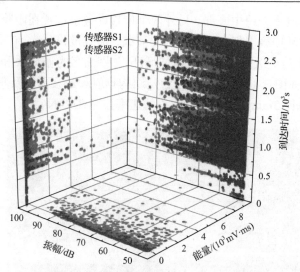

图 3-11　到达时间-振幅-能量聚类簇相关图(彩图请扫封底二维码)

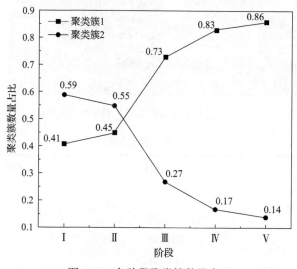

图 3-12　各阶段聚类簇数量占比

3.3　循环荷载下混凝土空心板预应力钢绞线声发射信号特征分析

3.3.1　试验方案

1. 试验步骤

试验梁放置在两个反力架上,如图 3-13 所示。三个位移计用于测量试件的位移，一个位移计放置在跨中底部，另外两个位移计分别放置在距跨中底部 450mm 处。试验采用循环加载模拟真实桥梁上的荷载，加载过程分为 10 个荷载增量，如表 3-4 所示。每个荷载级别进行两次荷载循环，分别命名为循环 A 和循环 B（Xargay et al.，2021），如图 3-14 所示。为了稳定结构响应和观察裂缝及其路径扩展，每次加载的荷载保持 3min，整个加载过程的速率控制在 2kN/s。

图 3-13　混凝土空心板循环荷载试验现场图

表 3-4　各阶段的加载力

荷载阶段	荷载/kN	荷载百分比/%
1	20	10
2	40	20
3	60	30
4	80	40
5	100	50
6	120	60
7	140	70
8	160	80
9	180	90
10	200	100

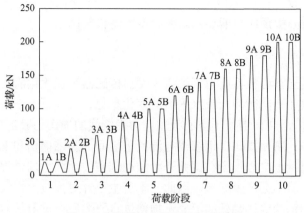

图 3-14　混凝土空心板的加载制度

2. 声发射传感器布置方法

3.2.2 节得出混凝土空心板的最优监测位置，本节主要进行混凝土空心板预应力钢绞线的损伤监测，对声发射传感器布置位置进行优化。试验过程中使用 5 个声发射传感器来接收声发射信号，其中两个布置在两根预应力钢绞线下方底板（S3、S4），一个布置在预应力钢绞线端部（S5），与空心板其他声发射传感器采集的声发射信号形成对比（S1、S2），研究不同监测位置对混凝土空心板预应力钢绞线损伤评估的影响。如图 3-15 所示，布置在预应力钢绞线下方底板的声发射传感器 S2 和 S4 分别距跨中 425mm，底板声发射传感器之间的横向距离为 180mm。试验采用 RS-2A 型声发射传感器和 DS5-16B 型全波形声发射分析仪来采集和记录声发射信号。

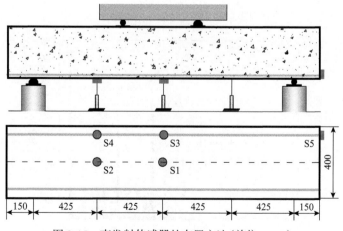

图 3-15　声发射传感器的布置方法（单位：mm）

3.3.2　混凝土空心板预应力钢绞线声发射传感器布置优化

1. 声发射信号参数特征分析

在进行混凝土空心板预应力钢绞线声发射传感器布置优化前，首先研究声发射信号特征参数在不同循环荷载水平下的变化趋势，对混凝土空心板预应力钢绞线的损伤过程进行分析。混凝土空心板预应力钢绞线的损伤一般包括钢绞线断丝、钢绞线疲劳损伤、腐蚀损伤、钢绞线与混凝土之间的黏结损伤和钢绞线接触处的混凝土损伤。混凝土空心板梁在试验开始加载到丧失承载力的过程中，钢绞线损伤会不断积累，但不会产生断丝。因此，本节主要针对预应力钢绞线与混凝土之间的黏结损伤和钢绞线接触处的混凝土损伤进行研究。声发射信号振幅和能量随循环荷载的变化如图 3-16 和图 3-17 所示，1～4 级荷载阶段为混凝土空心板未开

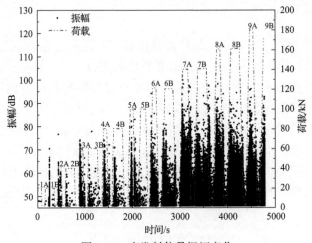

图 3-16　声发射信号振幅变化

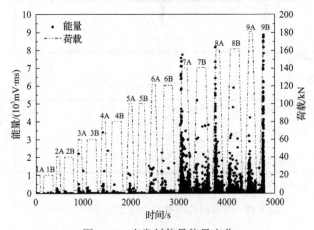

图 3-17　声发射信号能量变化

裂阶段，预应力钢绞线不断释放预应力；在5~7级荷载阶段，预应力钢绞线承受主要拉力，并产生明显损伤；在8~9级荷载阶段，预应力钢绞线出现严重损伤。

2. 声发射传感器布置优化

对混凝土空心板预应力钢绞线不同循环荷载阶段的声发射信号分析之后，需要研究对混凝土空心板预应力钢绞线损伤状况表征较好的声发射传感器布置方式。本节在混凝土空心板底部沿预应力钢绞线方向的1/4、1/2位置和钢绞线端部布置声发射传感器，与空心板底部其他位置进行对比分析，研究不同布置方式对预应力钢绞线损伤评估的影响。图3-18为各监测位置的声发射撞击数占比。分析表明，布置在预应力钢绞线端部的声发射传感器最能直接反映预应力钢绞线的损伤趋势，因此在空心板桥布置声发射传感器时可直接布置在预应力钢绞线端部，如果不能直接布置在预应力钢绞线端部，布置在预应力钢绞线下方底板的声发射传感器也可以直接反映预应力钢绞线的损伤状况。

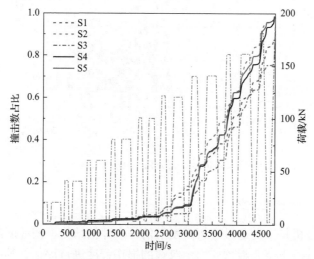

图 3-18　各监测位置的声发射撞击数占比(彩图请扫封底二维码)

3.3.3　混凝土空心板预应力钢绞线损伤评估方法

1. 声发射信号 b 值分析

b 值起源于地震学中经典的古登堡-里克特定律，它表明了任何地区地震的震级和总数之间的关系(El-Isa and Eaton，2014)。Colombo等(2003)首先将这一定律应用于声发射，在试件的破坏过程中，声发射源会产生不同的声发射信号，基于此，提出了关于声发射信号的 b 值分析。作为在实验室循环荷载试验中监测混凝土空心板预应力钢绞线损伤的一种实用方法，声发射信号 b 值的计算公式为

$$\lg N = a - b\left(\frac{A_{dB}}{20}\right) \tag{3-1}$$

式中，N 为振幅大于 A_{dB} 的声发射撞击数；a 为一个常数，主要由测试环境中的背景噪声决定；b 为在 $\lg N$ 和声发射信号振幅 A_{dB} 之间绘制曲线的负斜率。b 值代表了声发射信号振幅分布的尺度，是对大、小声发射相对数量的度量（Zeng et al., 2020）。为了能够对混凝土空心板预应力钢绞线的损伤进行定量评估，对不同的损伤阶段进行基于 b 值的界限划定，如图 3-19 所示。

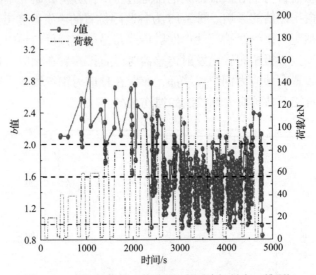

图 3-19   声发射信号 b 值分析（彩图请扫封底二维码）

2. 声发射信号强度分析

信号强度分析是一种通过分析声发射信号来评估结构损伤程度的技术，本节利用此技术对混凝土空心板预应力钢绞线的损伤程度进行评估，其中涉及两个指标：历史指数（historical index，HI）和严重度指数 Sr（severity），计算公式为

$$HI = \frac{N}{N-K} \frac{\displaystyle\sum_{i=K+1}^{N} S_{oi}}{\displaystyle\sum_{i=1}^{N} S_{oi}} \tag{3-2}$$

$$Sr = \frac{1}{J}\sum_{i=1}^{J} S_{oi} \tag{3-3}$$

式中，N 为截止时间 t 内的累计撞击数；S_{oi} 为原始数据中第 i 个信号的强度；K 和 J 为基于测试材料的经验导出常数（Patil et al.，2017；Aldahdooh et al.，2013），表 3-5 给出了钢筋混凝土结构的 K 值，表 3-6 给出了钢筋混凝土结构的 J 值。

表 3-5　钢筋混凝土结构的 K 值

累计撞击数	K 值
≤ 50	不能应用
51～200	$N-30$
201～500	$0.85N$
≥ 501	$N-75$

表 3-6　钢筋混凝土结构的 J 值

累计撞击数	J 值
< 50	不能应用
≥ 50	50

本节对混凝土空心板施加不同水平的循环荷载，图 3-20(a) 和 (b) 分别为不同加载水平下的历史指数与严重度指数结果，可以看出在 1～4 级荷载阶段，历史指数保持在低水平范围内，同时严重度指数存在较小的突增。可以得知，在正常荷载水平内，混凝土空心板预应力钢绞线也会产生一些微小损伤。

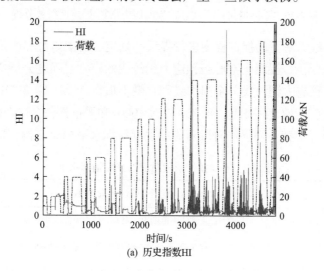

(a) 历史指数HI

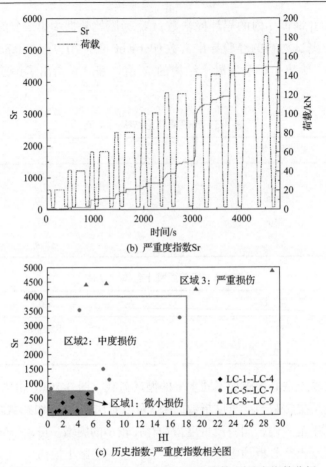

(b) 严重度指数Sr

(c) 历史指数-严重度指数相关图

图 3-20　不同增量循环加载过程的历史指数-严重度指数分析

对不同荷载水平下的损伤程度进行界线的划定，历史指数和严重度指数相关图如图 3-20(c)所示。混凝土空心板预应力钢绞线的声发射强度分析主要划分为三个区域，对应预应力钢绞线三个损伤级别：微小损伤(区域 1：$0<HI \leqslant 6$，$0<Sr \leqslant 750$)、中度损伤(区域 2：$6<HI \leqslant 18$，$750<Sr \leqslant 4000$)和严重损伤(区域 3：$18<HI<30$，$4000<Sr<5000$)，并把不同损伤阶段对应的强度指标水平划为三类，如表 3-7 所示，

表 3-7　不同损伤阶段对应的强度指标水平

强度指标水平	损伤阶段划分及处理建议
A	在正常使用范围内，定义为微小损伤，可忽略
B	存在缺陷需要后续检查，定义为中度损伤
C	重大缺陷，立即停止使用并进行后续检查及修复，定义为严重损伤

提出三类指标的处理意见。以上研究说明信号强度分析能够在循环荷载试验中对试件不同的损伤状态进行评估，并取得良好效果。

3. 声发射荷载比和静载比分析

重复加载到原先所加的最大荷载之前不产生明显的声发射现象，称为 Kaiser 效应(Tsangouri et al., 2019)，若在重复加载前产生新损伤或其他可逆声发射机制，则会产生反 Kaiser 效应，也就是 Felicity 效应(Vidya Sagar and Raghu Prasad, 2012)，此时重复加载时的声发射起始荷载 P_{AE} 与原先所加最大荷载 P_{max} 之比称为 Felicity 比(Nguyen-Tat et al., 2018)。基于 Kaiser 效应和 Felicity 效应的发现，日本无损检测学会提出了一种评估材料在循环荷载作用下的完整性或损伤水平的分类方法(Xargay et al., 2021)，提出两个指标：荷载比(load ratio, LR)与静载比(calm ratio, CR)，计算公式为

$$荷载比 = \frac{此次荷载循环开始出现声发射活动时的荷载值}{上一荷载循环的荷载值} \tag{3-4}$$

$$静载比 = \frac{此次荷载循环卸载阶段的累计声发射活动数}{上一荷载循环总声发射活动数} \tag{3-5}$$

采用记录的声发射活动确定每个荷载循环的荷载比和静载比，结果如图 3-21(a) 和(b)所示。由于荷载比和静载比是在不同荷载水平下的比值，把每个荷载水平的两个循环分开计算荷载比和静载比。

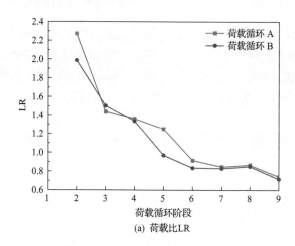

(a) 荷载比LR

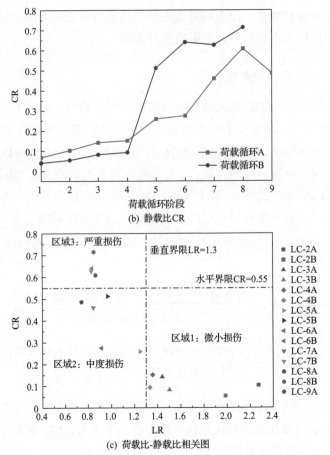

(b) 静载比CR

(c) 荷载比-静载比相关图

图 3-21　不同增量循环加载过程的荷载-静载比分析(彩图请扫封底二维码)

　　通过对荷载比和静载比的分析，把预应力钢绞线的损伤分为微小损伤(区域1)、中度损伤(区域 2)和严重损伤(区域 3)，分别与混凝土空心板的可用性、不可用性和接近失效状态对应，如图 3-21(c)所示，静载比逐渐增大和荷载比逐渐减小可以为混凝土空心板预应力钢绞线的损伤破坏提供可靠的预警信号。

3.4　基于声发射技术的在役混凝土空心板桥损伤评估

3.4.1　试验方案

1. 声发射传感器布置

　　如图 3-22 所示，空心板桥第二跨南侧第五片梁上侧铺装开裂，梁底板铰缝脱落，为最不利位置，因此在第五片梁布置声发射传感器。由前面的研究结果可知，布置在跨中底板预应力钢绞线下的位置能反映钢绞线的损伤，因此本次试验将声发射传感器布置在第五片板跨中的纵向预应力钢绞线下方底板。

(a) 桥面铺装损坏　　　　　　　　　　　(b) 梁底铰缝脱落

图 3-22　空心板桥局部图

2. 车辆荷载试验

试验的目的是评估受车辆荷载影响时混凝土空心板桥的结构响应，监测桥梁在车辆荷载和交通环境下的安全状况。声发射数据采集的阈值水平设置为 40dB，在选择的阈值水平下，当桥上没有车辆时，几乎没有声发射信号产生。空心板桥的侧面图如图 3-23(a)所示，空心板桥车辆荷载示意图如图 3-23(b)所示，声发射监测设备安装在第五跨混凝土空心板跨中底部。由于空心板桥没有安装摄像头，需要在桥梁现场进行车辆荷载监测，在监测范围内主要监测到四个阶段的车辆荷载，第一、二阶段为轻荷载型车辆荷载(轿车)，第三、四阶段为重荷载型车辆荷载(货车、公交车)。

(a) 桥梁结构　　　　　　　　　　　(b) 车辆荷载试验

图 3-23　桥梁概貌及车辆荷载试验

3. 声发射健康监测系统的搭建

本次试验采用 RS-2A 型传感器和 DS9-2W 型便携式声发射分析仪采集和记录声发射信号。由断铅试验测试结果可知，声发射的峰值鉴别时间(PDT)、撞击鉴别时间(HDT)和撞击闭锁时间(HLT)分别设置为 50μs、100μs 和 200μs。

3.4.2 在役混凝土空心板桥声发射信号参数特征分析

1. 声发射能量特征分析

对于混凝土空心板桥损伤的监测，无论损伤是可见的还是不可见的，通常与具有高强度的声发射信号以及能量曲线斜率的急剧变化有关。能量被定义为在声波形包络线内整流电压信号的面积（Abouhussien and Hassan，2020），可以作为声发射信号最敏感监测参数来对空心板桥损伤程度进行监测，提供混凝土空心板桥的损伤信息。图 3-24 给出了车辆荷载作用下声发射信号的能量。空心板桥在第一、二次持荷时，能量最大值为 2.52mV·ms，累计能量斜率有所增大但不太明显。空心板桥在第三、四次持荷时，能量最大值为 5.71mV·ms，此时累计能量斜率突增明显，从图中可以看出，空心板桥在车辆荷载作用下的声发射信号强度在 0~5.71mV·ms。通过声发射信号能量对不同车辆荷载作用下混凝土空心板桥的工作状态进行评估，验证了能量作为声发射信号最敏感监测参数的良好效果。

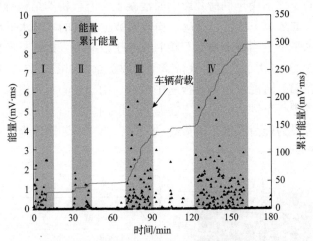

图 3-24　车辆荷载作用下声发射信号能量分析

2. 声发射频率分析

声发射频率定义为声波中每秒压力变化的周期数，一个声波由几个频率成分组成。峰值频率是时域信号的快速傅里叶变换确定的最大振幅的频率，可以用来区分不同损伤阶段（Zheng et al.，2020）。由 3.2.3 节可知，混凝土空心板的开裂损伤主要产生中频带声发射信号（117~195kHz），混凝土空心板的裂纹扩展产生低频带声发射信号（0~78kHz）。图 3-25 给出了车辆荷载作用下声发射信号的峰值频率，结合现场不同车辆荷载观察可以看出，在空心板桥未受载时，声发射信号峰值频率较小，几乎没有声发射信号产生，在空心板桥受载时会产生较高的峰值频率，可以很容易地区分出一个主要的集群，即 152~190kHz，由 3.2.3 节可知，此峰值频带主要与裂纹开裂损伤有关。通过近距离观察，混凝土空心板桥表面没有可见裂纹，空心板桥处于正常工作状态，这种撞击产生的声发射信号峰值频率是由混凝土内部微裂纹的开裂损伤导致的。综上可以得出，在车辆荷载作用下，空心板桥会存在内部微裂纹的开裂，但是没有产生裂纹的扩展，因此空心板桥在安全的使用范围内。

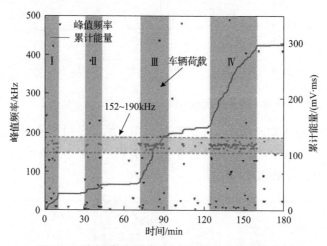

图 3-25　车辆荷载作用下声发射信号峰值频率分析

3.4.3　在役混凝土空心板桥预应力钢绞线的声发射损伤评估

1. 声发射信号 b 值分析

一般来说，损伤的形成会释放出不同振幅的声发射事件(Sagasta et al., 2018)，可以通过声发射信号振幅分布对混凝土空心板桥预应力钢绞线的工作状态进行分析，即声发射信号 b 值分析。在分析之前，选择合适的声发射撞击数组是必要的(Farhidzadeh et al., 2013)。如果选择的撞击数组太小，会使 b 值的趋势振荡太强烈，掩盖了某时间点的一般趋势，如果选择的撞击数组太大，任何只产生少量事件的小事件的 b 值趋势将在大的 b 值趋势水平上被削弱，在 3.3.3 节分析中，选择50 次声发射撞击数组计算 b 值，对于真实车辆荷载和现场环境条件下产生的声发射事件不一定是合适的。为了确定合适的声发射撞击数组，将 10 次、15 次和 20次撞击数组计算得到的声发射信号 b 值进行对比，如图 3-26 所示。可以看出，b值的峰值和峰谷均能明显显示出最佳撞击数组为 10 次。

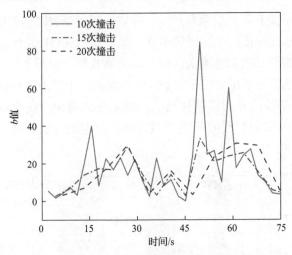

图 3-26　不同撞击数组得到的声发射信号 b 值对比

图 3-27 为混凝土空心板桥在车辆荷载作用下的声发射信号 b 值。由图可知，基于声发射信号振幅计算的声发射信号 b 值对混凝土空心板桥现场预应力钢绞线的损伤评估具有良好的指导作用。

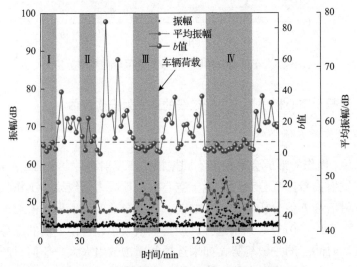

图 3-27　车辆荷载作用下声发射信号 b 值分析

2. 声发射信号强度分析

信号强度分析是通过分析声发射信号来评估结构的损伤（Patil et al.，2017），其中涉及历史指数 HI 和严重度指数 Sr 两个指标，其定义在 3.3.3 节已有介绍，通过历史指数和严重度指数将声发射监测数据与桥梁状况联系起来，对监测的车辆荷载作用下混凝土空心板预应力钢绞线的损伤进行量化，这种损伤评估指标的计算需要积累连续加载循环获得的声发射数据，然后利用监测到的声发射数据来计算历史指数和严重度指数，因此需要对混凝土空心板桥在车辆荷载作用下进行连续的声发射监测。不同载重车辆经过类似连续的不同循环荷载，通过对四次车辆荷载作用下监测到的声发射数据进行计算，得到的历史指数随时间的变化如图 3-28 所示，严重度指数随时间的变化如图 3-29 所示。

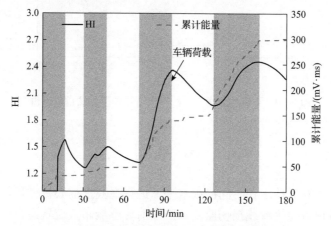

图 3-28　车辆荷载作用下历史指数随时间的变化

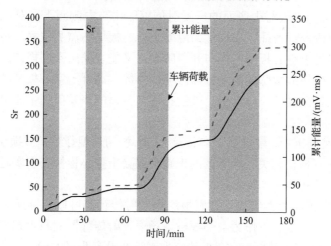

图 3-29　车辆荷载作用下严重度指数随时间的变化

最后分别把每个阶段的最大历史指数和严重度指数作为数据点绘制到图 3-30 中，给出基于历史指数和严重度指数的损伤评估图形分类准则。根据 3.3.3 节结论，当 HI≤6、Sr≤750 时，被评为 A 类损伤，定义为微小损伤，因此可以推断在车辆荷载试验过程中，空心板桥在监测范围内并没有出现任何重大的结构损伤。

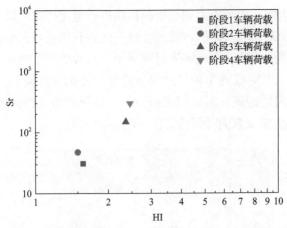

图 3-30　车辆荷载作用下的历史指数和严重度指数分析

3.5　本章小结

本章利用声发射技术在不同荷载水平下进行混凝土空心板循环加载试验，对混凝土空心板预应力钢绞线损伤监测的声发射传感器布置位置进行优化，并通过声发射信号对混凝土空心板预应力钢绞线进行评估。

(1)混凝土空心板跨中底面的声发射传感器比跨中侧面更能对混凝土空心板的开裂损伤阶段进行表征，为最优的混凝土空心板损伤监测位置。声发射信号能量最易区分混凝土空心板的受拉与开裂阶段，又能表征出不同损伤阶段产生的能量强度，是对损伤最敏感的声发射信号特征参数。混凝土空心板开裂的声发射频带能量主要分布在 117~195kHz，裂纹扩展与贯通的声发射频带能量主要分布在 0~78kHz。

(2)在聚类分析中，聚类簇 1 与混凝土空心板的宏观裂缝扩展损伤相关，聚类簇 2 与微观开裂损伤相关，两类簇的识别为混凝土空心板桥安全实时监测及损伤程度评估奠定了基础。

(3)布置在预应力钢绞线下方底板的声发射传感器可以直接反映预应力钢绞线的损伤状况，此方法可作为空心板桥现场声发射传感器的布置方案。声发射信号 b 值在 1.6 以上，混凝土空心板预应力钢绞线没有明显的损伤，声发射信号 b 值突降到 1.6 以下，成为识别混凝土空心板预应力钢绞线从微观损伤到宏观损伤的一个临界点。静载比的逐渐增大和荷载比的逐渐减小可以为混凝土空心板预应力钢绞线的损伤提供预警信号。

(4)空心板桥受到车辆荷载作用时会产生一个主要峰值频带，即 152~190kHz，此频带与混凝土空心板内部的微小损伤相关。当 b 值在 1.6~8 时，代表空心板桥承受车辆荷载，此时混凝土空心板预应力钢绞线处于正常工作状态，没有明显的损伤形成。声发射监测得到的历史指数为 1.57～2.46，严重度指数为 31～298，空心板桥预应力钢绞线处于安全状态。

第4章　预应力空心板桥声发射健康监测轮胎-路面声发射噪声滤除方法

4.1　引　　言

声发射技术灵敏度高，可以捕捉到结构的微小损伤，但同时也容易受到外界环境的干扰，影响监测精度(Yu et al.，2023)。

在桥梁的健康监测中，声发射监测系统通常会记录代表结构损伤的声发射信号和外界环境干扰。若不对监测过程中的噪声信号进行滤除，则可能无法识别出微小损伤的声发射信号或将声发射噪声信号误判为结构损伤信号，影响声发射技术对早期损伤的监测能力。

针对公路桥梁上多种噪声叠加的问题，很多学者对噪声的组成及其重要性做了研究。Ling 等(2021)和 Dong 等(2021)对交通噪声的主要组成部分及所占比例进行了分析，结果表明轮胎与路面间相互作用产生的噪声是目前交通噪声的主要组成部分。本章对在役的先张法预应力空心板桥声发射健康监测轮胎-路面声发射噪声特征及其滤除方法进行研究(石翠萍，2023)。

4.2　轮胎-路面声发射噪声特征分析

4.2.1　轮胎-路面声发射噪声试验方法

1. 轮胎-路面声发射噪声采集方法

轮胎-路面声发射噪声试验在一座两跨预应力空心板桥上进行，该桥的结构及路面状况如图 4-1 所示。桥梁总长度 37.04m，每一跨由 26 块力空心板组成，桥宽 26m，双向六车道，道路设计行驶速度为 60km/h。轮胎-路面声发射噪声的特征与路面的宏观构造有关(Staiano，2018)，测试路面为符合《城市桥梁设计规范》(CJJ 11—2011)的沥青路面。

为了监测到桥梁运营过程中最大的轮胎-路面声发射噪声，选择最贴近声源的位置进行监测，所有测试车辆在第二行车道行驶过测试区间，7 个传感器布置在第二行车道边缘，其中传感器 1、2、3 等间距布置在梁底，传感器 4、5、6 布置在路面与梁底的传感器对应位置，如图 4-2 所示。为了对比通过空气传播与通过桥梁结构传播的轮胎-路面声发射噪声的差异，传感器 7 设置于桥下跨中位置，悬空挂置。

图 4-1　桥梁现场照片

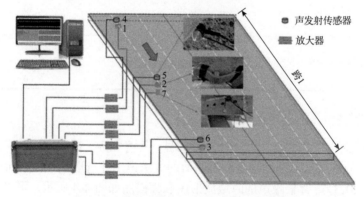

图 4-2　声发射采集系统及传感器布置示意图

　　为避免试验过程中出现桥梁损伤信号干扰，得到单一的轮胎-路面声发射噪声，本研究选择最大重量为 30t 的试验车辆，这远小于桥梁所受历史荷载。由于 Kaiser 效应的存在，认为试验过程中桥梁没有产生新的损伤信号（Fan et al., 2016）。通过对现场交通进行管控，结合间断性采集方法避免采集非试验车辆通过桥梁时的声发射信号，试验过程中只采集试验车辆产生的轮胎-路面声发射噪声。

　　为获取单个车辆产生的轮胎-路面声发射噪声信号进行控制车流测试，选用小型乘用车、大型客车及重型载货卡车三种代表性车型，其轮胎样式示意图如图 4-3 所示。考虑道路限速及不同车速下噪声波形的区分，各试验车辆分别以 40～60km/h 间隔 10km/h 进行控制车流试验，试验工况如表 4-1 所示。为减小偶然误差，同一工况设置 4 组重复试验。试验车辆依次行至设定行驶速度并保持车距匀速驶入测试桥梁区域，记录整个过程的声发射信号。

(a) 小型乘用车轮胎　　　　　(b) 大型客车轮胎　　　　　(c) 重型载货卡车轮胎

图 4-3　轮胎样式示意图

表 4-1　试验工况

轮胎类型	工况	行驶速度/(km/h)
小型乘用车轮胎	C-40	40
	C-50	50
	C-60	60
大型客车轮胎	B-40	40
	B-50	50
	B-60	60
重型载货卡车轮胎	T-40	40
	T-50	50
	T-60	60

2. 轮胎-路面声发射噪声数据处理方法

轮胎-路面声发射噪声作为一种连续信号，其信号特征提取方式与突发型信号存在差异，无法通过传统的设置触发阈值的方法识别并选取信号段(Karimian and Modarres，2021)。背景噪声的时域波形图和频谱图如图 4-4 所示，可以看出，此干扰信号在 0～500kHz 均有分布且在 500kHz 附近能量较高。本研究选用滑动平

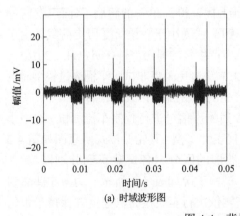 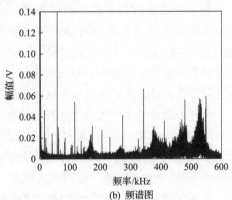

(a) 时域波形图　　　　　　　　　　(b) 频谱图

图 4-4　背景噪声特征

均的方法对原始信号进行初步滤波（Golestan et al.，2014）。滑动平均滤波方法在数据样本点数填满采样窗口后，对滤波窗口内声发射仪器采集到的信号观测值求平均值，得到当前时刻的滤波结果，以降低突发的噪声信号对整体数据的影响。在采集到新的声发射数据样本后，移除采样窗口中时间最早的点，并重复上述步骤。

鉴于滑动滤波时间窗口大小会影响滤波效果，为选择最佳时间窗口，本研究选取背景噪声信号对时间窗口大小与信号最大幅值的对应关系进行分析，结果如图 4-5 所示。时间窗口设置为 10 可以较好地滤除背景噪声并最大限度保留原始信号。图 4-6 展示了滑动平均滤波前后的信号时域特征，经过滑动滤波之后，波形整体变得平滑，背景噪声中的周期性干扰被抑制，可有效提取出轮胎-路面声发射噪声信号。

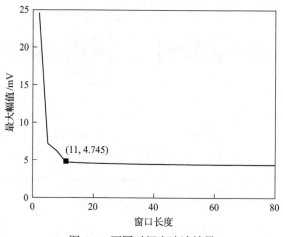

图 4-5　不同时间窗滤波效果

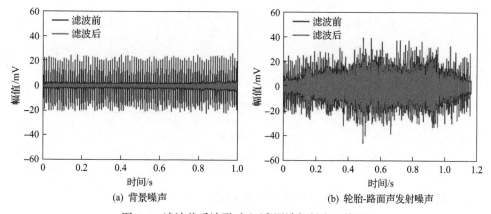

(a) 背景噪声　　　　　　　　　　(b) 轮胎-路面声发射噪声

图 4-6　滤波前后波形对比（彩图请扫封底二维码）

依据信号的持续时间、波形前端形式以及最大幅值等特征，所测轮胎-路面声发射噪声中存在两种信号，一种是连续型信号(图4-7(b))，存在于车辆经过测试区域的全过程，幅值较低。另一种是间歇型信号(图4-7(c))，幅值较高，达到50mV以上，持续时间短，不同信号波形间的间隔时间超过20ms。图4-7展示了传感器2采集到的轮胎-路面声发射噪声的时域信息，图4-8对比了两种信号的频域信息。

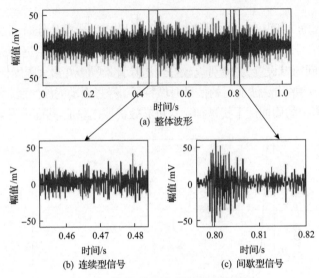

图 4-7　轮胎-路面声发射噪声波形图

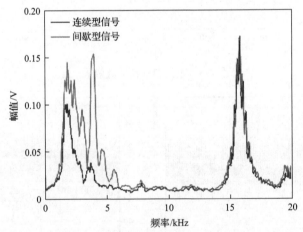

图 4-8　轮胎-路面声发射噪声频谱图(彩图请扫封底二维码)

4.2.2　轮胎-路面声发射噪声特征影响因素研究

1. 行驶速度的影响

为了分析车辆在不同行驶速度下产生的声发射信号强度，本节对各测试车辆行驶产生的声发射信号能量进行计算。以位于桥梁底部跨中的传感器 2 为例进行展示，这是预应力空心板桥健康监测的常用位置。为了减小偶然误差，提高所得数据的准确性，计算了每种工况的 4 组重复试验所得能量的均值及方差。图 4-9 展示了每种轮胎产生的声发射信号能量随行驶速度的变化规律，可以看出，行驶速度越高，所产生的声发射信号强度越高。与 40km/h 的速度相比，重型载货卡车在 60km/h 产生的声发射信号强度提高了 36.9%，大型客车在 60km/h 产生的声发射信号强度提高了 31.4%，而小型乘用车在 60km/h 产生的声发射信号强度提高了 59.1%。行驶速度是轮胎-路面声发射噪声信号强度的主要影响因素之一。

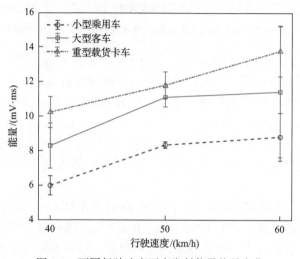

图 4-9　不同行驶速度下声发射信号能量变化

　　图 4-10 分别展示了三种测试车辆在不同行驶速度下的轮胎-路面声发射噪声信号波形的差异。可以看出，随着行驶速度的增加，轮胎-路面声发射噪声信号持续的时间更短。每种车型行驶产生的轮胎-路面声发射噪声信号幅值均随行驶速度的增加而提升。小型乘用车在 40km/h 和 50km/h 的行驶速度下产生的信号幅值相

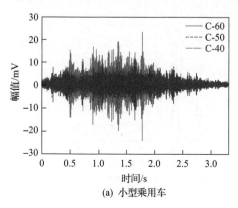

(a) 小型乘用车

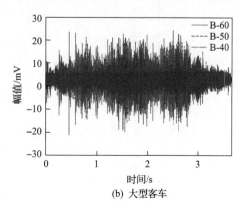

(b) 大型客车

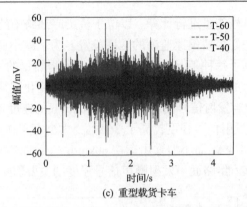

(c) 重型载货卡车

图 4-10　不同行驶速度下的轮胎-路面声发射噪声信号波形对比(彩图请扫封底二维码)

差不大,且均小于 20mV,在 60km/h 的行驶速度下有少部分信号幅值超过 20mV;大型客车在行驶过程中所产生的信号幅值随行驶速度的变化较小,除在 40km/h 的行驶速度下产生的信号幅值均小于 10mV 外,在 40km/h 和 50km/h 的行驶速度下产生的信号幅值接近 20mV;重型载货卡车在 40km/h 的行驶速度下产生的信号幅值小于 20mV。此外,行驶速度 60km/h 产生的信号幅值明显高于其余两种行驶速度,这表明在桥梁声发射监测过程中行驶速度越大,所产生的信号幅值也越高。

　　本节对 40~60km/h 行驶速度下的轮胎-路面声发射噪声信号进行快速傅里叶变换,得到相应的频谱,如图 4-11 所示。由图可知,除小型乘用车产生的信号在 10~20kHz 的幅值较小外,轮胎-路面声发射噪声信号频谱可划分为主频带和次频带,试验过程中所产生的信号峰值频率均在 2kHz 左右,在 25kHz 之后无明显信号分布。以频谱中信号幅值第一个拐点的频率为界线划定主频带宽度,各速度下的主频带宽度标注在图形右上角。小型乘用车所产生的信号强度整体较弱,峰值频率随行驶速度的变化规律不明显;大型客车和重型载货卡车行驶速度为 40km/h 时的

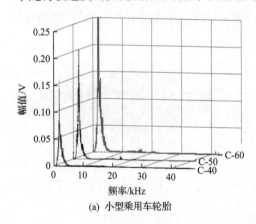

(a) 小型乘用车轮胎

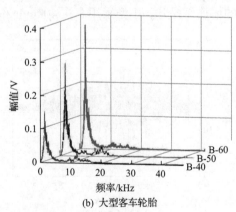

(b) 大型客车轮胎

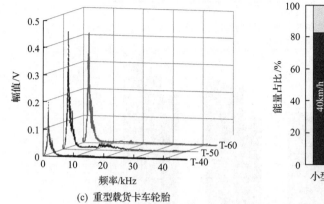
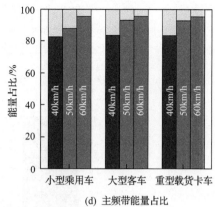

(c) 重型载货卡车轮胎　　　　　　　(d) 主频带能量占比

图 4-11　不同行驶速度下轮胎-路面声发射噪声频谱分布

峰值频率为 1.88kHz，而行驶速度为 60km/h 时的峰值频率为 2.23kHz。以图 4-11 (b) 为例，大型客车在行驶速度为 40km/h 时的主频带宽度为 5.64kHz，行驶速度为 50km/h 时的主频带宽度为 6.22kHz，行驶速度为 60km/h 时的主频带宽度为 7.39kHz，行驶速度越大，主频带宽度越大。

　　各测试工况下主频带在整体信号中的能量占比达到 80%以上，如图 4-11 (d) 所示，随着行驶速度的提高，主频带在整体信号中的能量占比稳步提升，在行驶速度为 60km/h 时，主频带能量占比约为 95%。在本研究范围内，噪声信号的频谱分布相似，随行驶速度的增加略有提高，这是由轮胎-路面间的机械噪声特点决定的。特定频率信号的存在可以作为在复杂信号源中识别出轮胎-路面声发射噪声信号的依据(Zhang et al.，2015)。

2. 轮胎类型的影响

　　为表征安装在不同车辆上的轮胎所产生的声发射信号强度，本小节对不同行驶速度下小型乘用车、大型客车、重型载货卡车三种车型所产生的声发射信号能量进行对比，如图 4-12 所示，柱状图的高度代表四次重复试验所得的声发射信号能量平均值，数据点为每次试验的能量值。以 60km/h 的行驶速度为例，重型载货卡车产生的声发射信号能量均值为 13.6mV·ms，小型乘用车产生的声发射信号能量均值为 10.2mV·ms，可以看出每种行驶速度下均是重型载货卡车通过测试区域时产生的声发射信号能量最高。

　　小型乘用车、大型客车、重型载货卡车三种车辆在测试时间段内产生的声发射信号幅值如图 4-13 所示，在行驶速度为 40km/h 时，三种车辆产生的声发射信号幅值大部分处于 20mV 以下，不同车辆类型间的差异不明显。行驶速度为 50km/h 时，三者之间的差异最为显著。

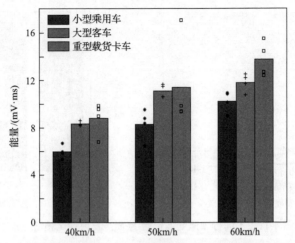

图 4-12 不同轮胎产生的声发射信号能量对比(彩图请扫封底二维码)

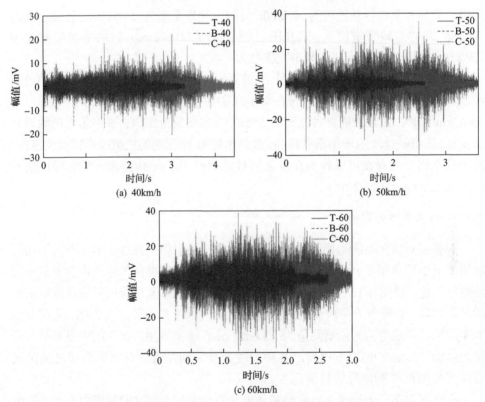

图 4-13 不同轮胎产生的声发射信号幅值对比(彩图请扫封底二维码)

　　图 4-14 展示了三种车辆在测试时间段内产生的声发射信号频域信息。可以看出，在行驶速度相同的情况下，三种测试车型的频谱特征整体相似。定义各测试

车辆行驶所产生的轮胎-路面声发射噪声信号频谱曲线两次拐点之间的区域为主频带，主频带之后信号强度较高的频率所在区域为次频带。对比不同车型产生的声发射信号频谱可以得到小型乘用车产生的信号仅集中在主频带，其余两种车型在主频带之后存在次频带。以图 4-14(c) 为例，在行驶速度为 60km/h 时，大型客车的主频带宽度为 7.39kHz，重型载货卡车的主频带宽度为 6.43kHz，小型乘用车的主频带宽度为 4.00kHz，大型客车产生的信号主频带在三种测试车型中分布最广。如图 4-14(d) 所示，三种车辆在同一行驶速度下主频带能量占比几乎一致。不同类型的车辆运营中产生的声发射信号频谱分布基本一致，可以验证在试验过程中产生的信号是同一种来源。

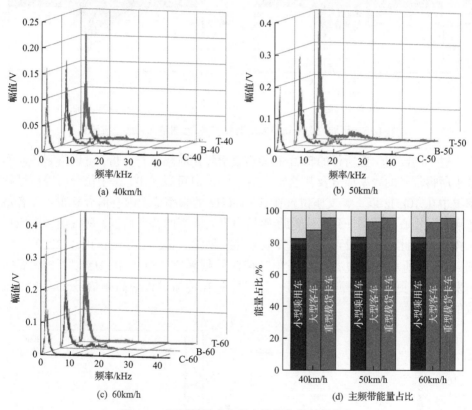

图 4-14　不同轮胎产生的声发射信号频谱分布

3. 监测位置的影响

本研究在桥梁上 7 个不同位置布置了声发射传感器，各测试工况下所得的声发射噪声在不同监测位置的规律一致。图 4-15(a) 以重型载货卡车行驶速度为 60km/h 这个具有代表性的工况为例对比了跨中和支座位置处所得的声发射信号幅值，可以看出，支座处在测试的后半部分时间内信号幅值更高，因为此时测试车辆距离支座处传感器更近，跨中位置比支座处少了部分高幅值信号，信号特征更为平稳。如图 4-15(b) 所示，处于跨中位置的两个传感器，路面与梁底所接收到的声发射信号幅值分布整体规律一致，但梁底比路面少了更多高幅值信号，这可能是传播过程中的信号衰减导致的。

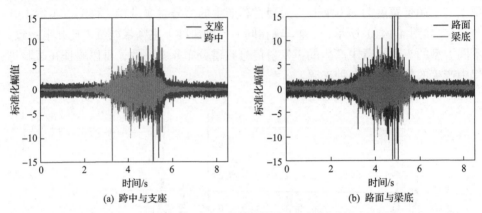

图 4-15　不同位置所得声发射时域信号(彩图请扫封底二维码)

对不同监测位置所得的轮胎-路面声发射噪声频谱进行分析，可以得到各监测位置所得信号的频率成分及其差异。从图 4-16(a) 可以看出，跨中位置所得信号频率集中在 10kHz 以下，支座位置在 5～15kHz 的频率范围内有信号分布，二者距车辆行驶中心线距离一致，从轮胎-路面声发射噪声的特征而言，两处信号应该是一样的，因此在支座处可能存在其他声发射源(Bayane and Brühwiler，2020)。如图 4-16(b) 所示，轮胎-路面声发射噪声信号频率均分布在 10kHz 以下，梁底的声发射信号更加向低频部分集中，这可能是在传播过程中高频信号衰减更快导致的。

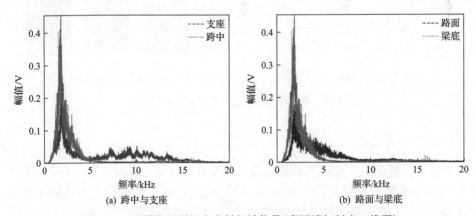

图 4-16　不同位置所得声发射频域信号(彩图请扫封底二维码)

4.3　损伤信号中轮胎-路面声发射噪声滤除方法

4.3.1　轮胎-路面声发射噪声滤除方法

由 4.2 节的分析可知，轮胎-路面声发射噪声信号幅值较高，可能会掩盖其中的损伤信号，设置简单的门槛值无法对二者进行区分。为了实现轮胎-路面声发射噪声中微小损伤信号的识别，在轮胎-路面声发射噪声采集试验的基础上，选择轮胎-路面声发射噪声中的数据段与预应力空心板梁受压破坏过程中早期损伤数据进行叠加，获得噪声与损伤的混合信号。针对混合信号的特征，选择适当的方法将信号分解为一系列平稳信号，依据各个分量的中心频率及在原始信号中的能量占比，确定滤波器的参数，由此实现预应力空心板梁损伤信号中轮胎-路面声发射噪声离线滤除。

1. 噪声和损伤信号获取试验

为实现轮胎-路面高幅值噪声干扰下的微小损伤信号识别，本节分别采集运营中的桥梁在车辆激励下产生的声发射信号和预应力空心板梁在受压破坏过程中的损伤信号。选取轮胎-路面声发射噪声中试验车辆通过传感器时的信号段与预应力空心板梁早期损伤的声发射原始波形进行叠加，得到混有轮胎-路面声发射噪声的损伤信号。

本研究进行了控制车流下轮胎-路面声发射噪声的采集试验，试验步骤及具体细节已在 4.2 节描述。依据 4.2 节所得结论，噪声信号的幅值随着车辆行驶速度的提升而增加，频谱范围也随着车辆行驶速度的提升而增加。考虑到在实际监测过程中噪声的幅值越高、分布频率范围越广，其分离难度也越大。因此，以各测试车辆在 60km/h 的行驶速度下通过监测区间的工况，在桥梁底部跨中位置监测所得的声发射信号为例进行分析，图 4-17 为重型载货卡车通过测试区域采集的轮胎-路面声发射噪声波形。

为获取预应力空心板梁的损伤信号，进行了预应力空心板梁的受压破坏试验，如图 4-18 所示。本次试验采用四点静力加载方式，梁体两端支座为铰支座，模拟运营期桥梁的受力情况。经计算，该空心板梁在计算跨径下的极限承载力约为 156kN，为了保证预应力空心板梁能够加载至破坏，本次试验以 200kN 作为空心板梁的极限承载力参考值。在梁底部布置声发射传感器以采集预应力空心板梁受压破坏过程中的声发射信号。

在桥梁的运营过程中多处于受拉阶段且健康监测的任务是识别早期损伤，因此选择受压破坏中的微裂纹阶段进行识别。从微裂纹阶段信号中截取与轮胎-路面声

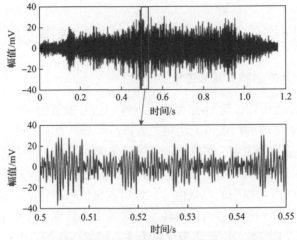

图 4-17　轮胎-路面声发射噪声波形

图 4-18　预应力空心板梁损伤信号获取试验

发射噪声长度相当的一部分信号作为研究对象，图 4-19 为所选声发射信号波形。图 4-20 为将两种信号混合之后的波形。

　　模拟信号 S 由轮胎-路面声发射噪声信号 S1 和损伤信号 S2 组成，S1 和 S2 两组信号由同一套声发射采集系统获取，采样频率均为 2500kHz。可以看出，轮胎-路面声发射噪声在测试时间段内持续有着较高的幅值，且频率较低。预应力空心板梁的损伤信号则为突发信号，有着较高的幅值，部分损伤信号湮没在轮胎-路面声发射噪声之中，通过设置幅值门槛无法精准滤除轮胎-路面声发射噪声。

　　2. 噪声信号滤除方法

　　本研究选择变分模态分解（variational mode decomposition，VMD）对轮胎-路面声发射噪声进行分析，其基本原理应用于约束变分问题的求解，如式（4-1）所示：

$$\begin{cases} \displaystyle\min_{\{u_k\},\{\omega_k\}}\left\{\sum_k\left\|\partial_t\left[\left(\delta(t)+\frac{j}{\pi t}\right)*u_k(t)\right]\mathrm{e}^{-\mathrm{j}\omega_k t}\right\|_2^2\right\} \\[4mm] \mathrm{s.t.}\ \ \displaystyle\sum_{k=1}^{K}u_k(t)=v \end{cases} \tag{4-1}$$

式中，δ 表示 Dirac 函数；u_k 表示振幅；ω_k 表示模态的脉动；$*$ 为卷积符号；v 代表原始信号；$\displaystyle\sum_k$ 代表所有模式的总和。

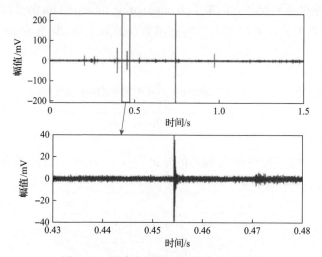

图 4-19　预应力空心板梁损伤信号波形

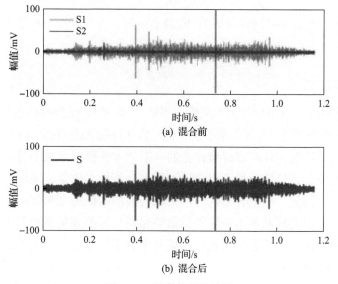

图 4-20　混合信号的波形

引入二次罚因子 α 和拉格朗日乘法算子 $\lambda(t)$，可有效地求解约束变分模型。扩展的拉格朗日表达式定义为

$$L(\{u_k\},\{\omega_k\},\lambda(t)) = \alpha \sum_k \left\| \partial_t \left[\left(\delta(t) + \frac{j}{\pi t} \right) * u_k(t) \right] e^{-j\omega_k t} \right\|_2^2 + \left\| v - \sum_k u_k \right\|_2^2 + \left\langle \lambda(t), v - \sum_k u_k \right\rangle \tag{4-2}$$

具体来说，根据原始信号 v 的频域特性对信号进行频段划分，实现信号的自适应分解，利用乘法器的交替方向乘子法(alternating direction method of multipliers，ADMM)求解式(4-2)，对应的本征模态函数(intrinsic mode function，IMF)可由式(4-3)计算：

$$\hat{u}_k^{n+1}(\omega) = \frac{\hat{x}(\omega) - \sum_{i \neq k} \hat{u}_i^n(\omega) + \hat{\lambda}(\omega)/2}{1 + 2a(\omega - \omega_k)^2} \tag{4-3}$$

式中，$\hat{u}_k^{n+1}(\omega)$、$\hat{\lambda}(\omega)$ 和 $\hat{x}(\omega)$ 分别为信号 $u_k^{n+1}(t)$、$\lambda(t)$ 和 $x(t)$ 的傅里叶变换结果。其中心频率由式(4-4)计算：

$$\omega_k^{n+1} = \frac{\int_0^\infty \omega \left| \hat{u}_k^{n+1} \right|^2 \mathrm{d}\omega}{\int_0^\infty \left| \hat{u}_k^{n+1}(\omega) \right|^2 \mathrm{d}\omega} \tag{4-4}$$

最终，当满足式(4-5)所示的迭代收敛准则时，意味着变分模态分解完成。

$$\sum_k \left\| \hat{u}_k^{n+1} - \hat{u}_k^n \right\|_2^2 \Big/ \left\| \hat{u}_k^n \right\|_2^2 < \varepsilon \tag{4-5}$$

上述步骤可以计算出所有的本征模态函数，其中增广函数的鞍点是约束变分模型的最优解，通常采用交替方向乘子法进行计算(Li and Xu, 2022; Li et al., 2019b)。

声发射信号经过变分模态分解得到的一系列本征模态函数中可能有对描述信号没有意义的分量，这些分量不仅会增加数据分析的工作量，还可能干扰到数据分析的准确度。因此，选用合适的方法选择合适的本征模态函数降低处理维数是非常必要的。本研究选取各本征模态函数与原始信号的相关系数及各分量在原始信号中的能量占比来评价各分量在原始信号中的重要程度，相关系数较低的被称为虚假分量，需将其除去。

Pearson 相关性是一种统计工具，用于估计两个时间序列的相互关联程度

(Amirat et al.，2018)，这种相关性是由一个介于–1 和 1 的系数量化的，其中 1 或 –1 分别表示完全正相关或完全负相关。当相关系数接近 0 时，说明两个时间序列之间没有相关性。各本征模态函数与原始信号 $x(t)$ 之间的相关系数由式(4-6)计算：

$$r_{x(t),\mathrm{IMF}(t)} = \frac{\sum_{i=1}^{k}(x(t)-\bar{x})(\mathrm{IMF}_i(t)-\overline{\mathrm{IMF}_i})}{\sqrt{\sum_{i=1}^{M}(x(t)-\bar{x})^2}\sqrt{\sum_{i=1}^{M}(\mathrm{IMF}_i(t)-\overline{\mathrm{IMF}_i})^2}} \qquad (4\text{-}6)$$

式中，$\bar{x}$ 和 $\overline{\mathrm{IMF}}$ 分别表示原始信号和本征模态函数的均值。

数字滤波器是对时间离散信号进行滤波的系统，根据单位冲击响应函数的时域特征可将数字滤波器分为两类，分别是无限冲击响应(infinite impulse response, IIR)滤波器和有限冲击响应(finite impulse response, FIR)滤波器。FIR 滤波器是一种实现基于离散时间信号处理的射频滤波器的方法，适用于任意分布的噪声。与 IIR 结构相比，FIR 结构具有固有的特性，如有界输入有界输出稳定性及对临时模型不确定性和舍入误差的鲁棒性。因此，选择 FIR 滤波器进行轮胎-路面声发射噪声的滤除。

带有常系数的 FIR 滤波器是一种线性时不变(LTI)数字滤波器。冲击响应是有限的意味着在滤波器中没有发生反馈。长度为 n 的 FIR 输出对应于输入时间序列 $x(n)$ 的关系由一种有限卷积和的形式给出，具体形式为

$$y(n) = \sum_{k=0}^{N-1} h(k) \times x(n-k) \qquad (4\text{-}7)$$

直接型 FIR 滤波系统示意图如图 4-21 所示，直观地表达出了输入信号 $x(n)$ 和输出信号 $y(n)$ 之间的关系。

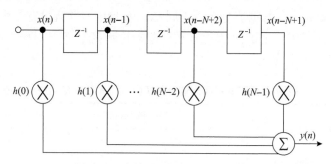

图 4-21　直接型 FIR 滤波系统示意图

3. 噪声信号滤除流程

本研究在控制车流条件下利用声发射监测仪器对轮胎-路面声发射噪声进行采集，得到轮胎-路面声发射噪声信号的分布规律。如图 4-22 所示，选择变分模态分解方法将轮胎-路面声发射噪声信号分解为一系列本征模态函数之和，分析各本征模态函数与原始信号之间的相关性与各分量占原始信号的能量比例，提取混合信号各分量的中心频率，设置 FIR 带通滤波器并实现轮胎-路面声发射噪声滤除。

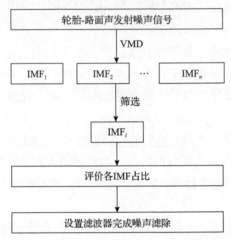

图 4-22　轮胎-路面声发射噪声信号与损伤信号分解方法

4.3.2　损伤信号中轮胎-路面声发射噪声分离结果与讨论

1. 信号分解结果分析

VMD 分解不同模态的主要不同点在于中心频率不同，为了确定最佳的分解阶数，本研究对不同分解阶数下中心频率的分布进行记录以选取合适的模态数值。轮胎-路面声发射噪声信号分解中不同 K 值对应的中心频率如表 4-2 所示，随着 K 值增大，各主要频率段数据能分布到不同 IMF 分量中，并且没有产生虚假分量，此时 K 值就是合适的。因此，针对本次试验的轮胎-路面声发射噪声信号，VMD 分解层数 K 可以确定为 5。

表 4-2　轮胎-路面声发射噪声信号分解中不同 K 值对应的中心频率

K 值	中心频率/kHz					
4	26.58	147.8	843.26	0		
5	15.68	35.53	158.93	844.459	0	
6	15.57	35.39	158.35	352.137	868.394	0

损伤信号分解中不同 K 值对应的中心频率如表 4-3 所示，由分解后的各个中心频率可以看出分解层数从 7 到 8 时，各个分量的中心频率趋于稳定。因此，针对本次试验的损伤信号，VMD 分解层数可以确定为 7。

表 4-3　损伤信号分解中不同 K 值对应的中心频率

K 值	中心频率/kHz						
4	60.36	125.10	177.10	0			
5	60.31	125.01	176.84	255.40	0		
6	60.31	125.02	176.85	255.28	960.86	0	
7	56.80	91.65	132.51	178.50	373.32	1006.62	0
8	56.68	90.90	132.42	178.48	373.01	784.25	1058.52	0

不同惩罚因子分解后的重构信号与原始信号对比如图 4-23 所示。在惩罚因子分别为 $0.1N$ 和 $1N$（N 为信号长度）时，原始信号与重构信号的最大误差分别为 38.06%、7.03%。因此，在轮胎-路面声发射噪声信号的分解过程中，惩罚因子取值接近信号长度本身时，重构信号更接近原始信号。

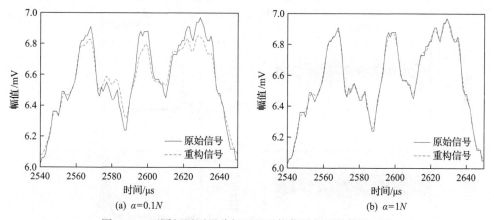

(a) $\alpha=0.1N$　　　　(b) $\alpha=1N$

图 4-23　不同惩罚因子分解后的重构信号与原始信号对比

以重型载货卡车在 60km/h 的行驶速度下通过测试区域所产生的轮胎-路面声发射噪声信号为例，分解所得的各阶分量及其频谱如图 4-24 所示。可以看出，频率较低的前两阶本征模态函数和低阶余量可以表述大部分的轮胎-路面声发射噪声信息。从第三阶 IMF 的时域图中可以看出，其最大值仅为 0.1mV，接近原始信号幅值的 1%。第四阶 IMF 的中心频率达到 900kHz，这远超过常见机械噪声的频率范围，且这个分量幅值几乎不随时间变化，持续在较低水平。图 4-25 展示了预应力空心板梁早期受压损伤的声发射信号 VMD 分解所得的结果及各阶模态对应的频谱。可以看出，损伤信号的信息主要包含在前四阶模态中，第五阶 IMF 对应的最大幅值小于 0.1mV，在最大值接近 50mV 的原始信号中可以忽略。从第六阶

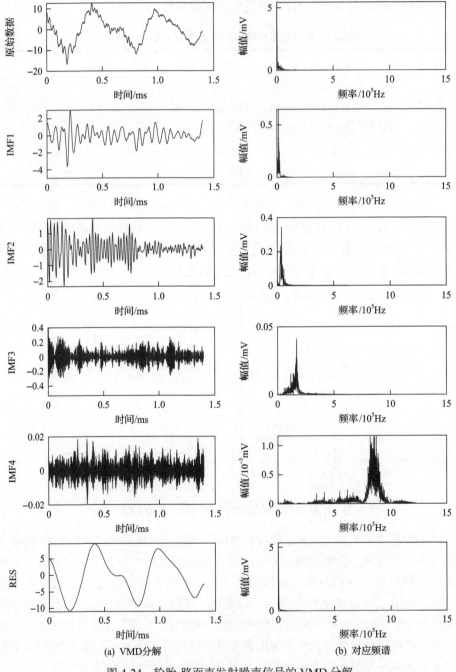

(a) VMD分解　　　　　　　　　　　　　　(b) 对应频谱

图 4-24　轮胎-路面声发射噪声信号的 VMD 分解

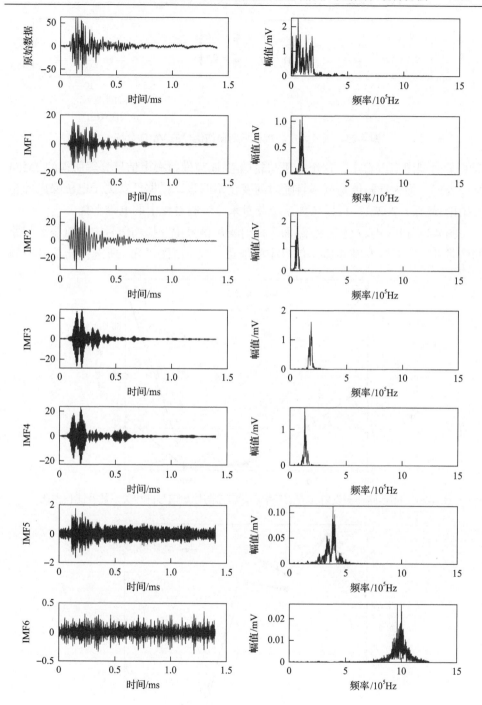

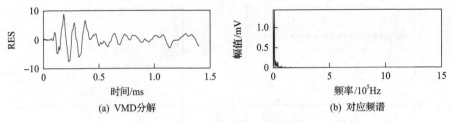

(a) VMD 分解　　　　　　　　　　　　　(b) 对应频谱

图 4-25　预应力空心板梁早期损伤信号的 VMD 分解

IMF 的时域图可以看出，这个分量与轮胎-路面声发射噪声信号分解所得的 IMF4 特征类似，均为低幅值高频率且随时间变化不明显，依据已有关于电磁噪声的相关结论（赵振，2022），可以认为这个分量来自试验过程中的电磁干扰。

图 4-26 和图 4-27 为轮胎-路面声发射噪声信号中和损伤信号中各阶模态与原始信号的相关系数及其在原始信号中的能量占比。由图可知，所选损伤信号段的

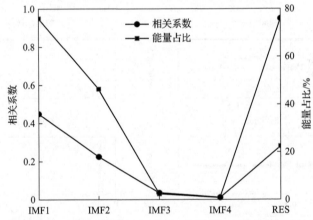

图 4-26　轮胎-路面声发射噪声信号中各阶模态与原始信号的相关系数及能量占比

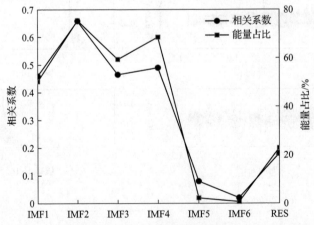

图 4-27　损伤信号中各阶模态与原始信号的相关系数及能量占比

主要能量集中在前三阶模态函数中，其主要频率为 56.8kHz、91.6kHz、132.5kHz。在分解层数达到六层之后，轮胎-路面声发射噪声信号和预应力空心板梁损伤信号的分量中均出现了中心频率在 900kHz 左右的分量。结合已有的研究并考虑两次试验均使用同一套声发射采集系统，可以推断出中心频率在 900kHz 左右的分量来自于仪器本身，在分析中应该去除。

2. 滤波结果评价

评价所用滤波方法好坏的指标之一是滤除噪声的质量，因此需要客观的性能评价指标，信噪比指的是原始信号与所滤除的噪声信号之间功率的比值，可以由式(4-8)计算。

$$SNR = 10\lg \frac{\sum_{i=1}^{n} x^2(t)}{\sum_{i=1}^{n} [x(i) - \hat{x}(i)]^2} \tag{4-8}$$

式中，$x(i)$ 为原始信号；$\hat{x}(i)$ 为通过滤波算法之后的有效信号。

表 4-4 为所选信号段在不同起始频率下的信噪比。可以看出，随着起始频率的提高，滤波后的信噪比有所降低，带通滤波的起始频率为 25kHz 时，信噪比非常接近原始值。

表 4-4　不同起始频率下的信噪比

原始值	25Hz	30Hz	35Hz	40Hz	45Hz
4.0079	4.0028	3.3560	2.8370	2.3594	1.8910
7.9729	7.7806	6.8142	6.0359	5.3184	4.5862
3.3724	3.2833	2.9733	2.6302	2.1507	1.7326

4.4　轮胎-路面声发射噪声多参数特征融合滤除方法

4.4.1　轮胎-路面声发射噪声多参数特征融合滤除方法步骤

1. 时间窗口长度确定

峰值定义时间(PDT)、撞击定义时间(HDT)、撞击锁闭时间(HLT)对于确定信号至关重要，直接影响测试记录的声发射数据集质量，并用于确定常规的声发射特征。

不同的时间参数所提取出的声发射信号特征有差异，如图 4-28 所示，时间窗口长度为 50μs 与 400μs 的信号时域特征和频域特征均有差异。为了确定有利于预应力空心板梁损伤信号与轮胎-路面声发射噪声信号分离的时间窗口长度，本研究以损伤信号的持续时间和上升时间确定时间窗口选取的基准值。选择不同的时间窗口，对信号进行特征提取，确定用于轮胎-路面声发射噪声滤除的时间窗口长度。

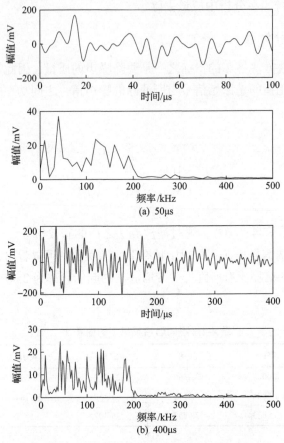

图 4-28   不同时间窗口长度的声发射信号特征

2. 轮胎-路面声发射噪声参数实时滤除方法

图 4-29 展示了轮胎-路面声发射噪声的实时滤除方法。

4.4.2 基于参数分析的噪声滤除结果分析

1. 时间窗口长度确定结果分析

本研究计算了预应力空心板梁受压破坏过程中 30 个声发射撞击的上升时间，结果如图 4-30 所示，其均值为 25.25μs，方差为 14.83μs。

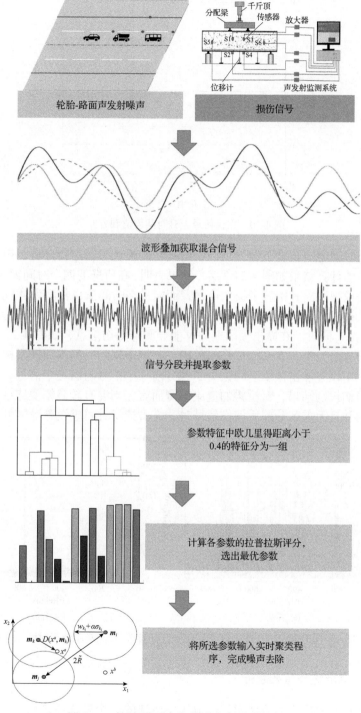

图 4-29　轮胎-路面声发射噪声实时滤除方法

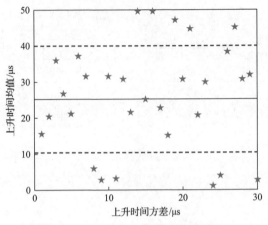

图 4-30　损伤信号上升时间均值和方差

在不同时间窗口长度下对识别声发射损伤的最优参数进行分析，声发射信号能量和幅值的计算结果如图 4-31 所示，结果表明，在所选的四个时间窗口长度中，幅值能较好地识别出其中三个损伤信号，而能量在时间窗口长度为 400μs 时，损伤信息无法被识别出，因此在应用声发射信号能量进行分析时，信号持续时间不宜大于 400μs。同时，在撞击锁闭期间可能会漏掉损伤信息，如图 4-32 以声发射信号能量均方值为例，有部分损伤信号因处于撞击锁闭时间内而被漏掉，在传统的损伤识别中设置撞击锁闭时间是为了区分前一个信号与后一个信号，以获得更加精细的损伤识别结果，对桥梁的健康监测而言，当混有较高幅值连续噪声的损伤信号识别并且无需区分前后损伤信号时，撞击锁闭时间应设置得尽可能小。

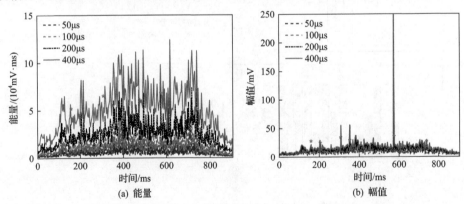

图 4-31　不同时间窗口长度下声发射信号特征参数对比(彩图请扫封底二维码)

2. 特征参数选择结果分析

本研究使用层次聚类方法对损伤分析中所选的 4 个最优参数和本章所研究的最大值、均值、均方根、方差、峰度、偏度和波形因子 7 个时域特征及中心频率、

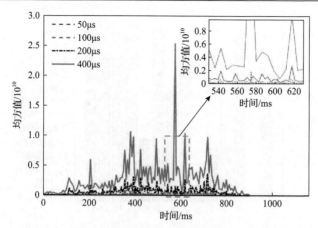

图 4-32　声发射信号能量均方值(彩图请扫封底二维码)

均方频率、频率方差 3 个频域特征依据不同参数间的相似性进行分组，如图 4-33
所示，为了便于分析，本次分类将这 14 个参数中相似度较高的参数分在同一集群，
每种颜色代表一个集群。在同一集群中，不同的参数对信息的表征能力不同，为
了选出每组中最具代表性的特征，对 14 个声发射特征进行了拉普拉斯评分。

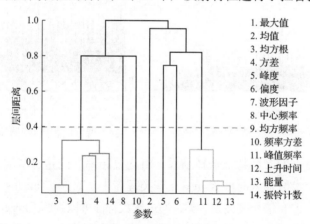

图 4-33　基于层次聚类的特征分组

　　为了在同组参数中选择用于分类的最佳特征，计算各个参数的拉普拉斯评分，
预应力空心板梁的损伤信号和轮胎-路面声发射噪声信号使用不同距离度量的拉
普拉斯评分结果如图 4-34 所示。信号均值和偏度的拉普拉斯评分明显低于其他参
数，这表明均值和偏度表达信息的能力较差，因此后续分析中不考虑这两个参数。

3. 噪声的多参数特征融合滤除结果分析

　　利用损伤信号和轮胎-路面声发射噪声信号特征参数之间的差异进行噪声信
号的滤除，均方根和峰度时程图如图 4-35 和图 4-36 所示。

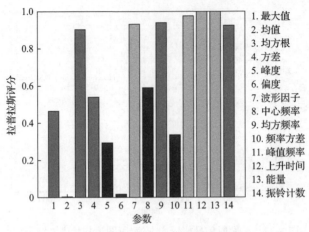

图 4-34　声发射信号特征参数拉普拉斯评分结果

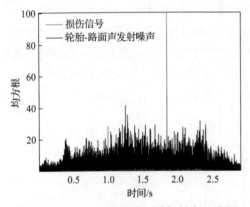 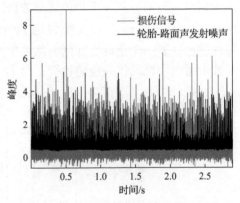

图 4-35　均方根时程图(彩图请扫封底二维码)　　图 4-36　峰度时程图(彩图请扫封底二维码)

　　基于混合信号的参数特征选择结果，将均方频率、能量、峰度、中心频率和频率方差这 5 个参数输入时序 K-means 聚类程序中。时序 K-means 聚类分析结果如图 4-37 所示，混合信号被分为 3 类，通过参数特征可以判断 Cluster 1 代表背景噪声，Cluster 2 代表轮胎-路面声发射噪声，Cluster 3 代表损伤信号。为验证时序 K-means 聚类的效果，将单独的预应力空心板梁损伤信号和轮胎-路面声发射噪声信号展示在由能量、峰值和均方频率组成的坐标系中，结果如图 4-38 所示。可以看出，单独采集的噪声和损伤信号中均有数据点被分到 Cluster 1 中，即二者中均包含背景噪声。

　　混合前单独的损伤信号中，所选信号段中共有 122 个参数包含损伤信息。从混合信号中共提取出 2320 个参数，聚类分析结果中共有 235 个参数被识别为损伤信号并保留。本节所提出的多特征融合的滤波方法所得分类结果极大地减少了需要分析的数据量，与单一参数分析相比，考虑多个参数进行综合分析有着更强的抗干扰能力，这对桥梁的现场监测有着重要意义。

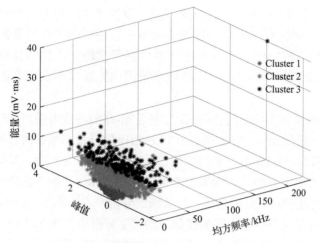

图 4-37　聚类分析结果(彩图请扫封底二维码)

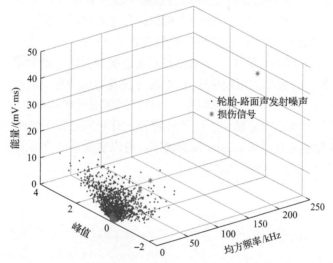

图 4-38　原始信号的参数分布(彩图请扫封底二维码)

4.5　本章小结

(1)小型乘用车、大型客车及重型载货卡车三种常见车型以不同测试速度行驶在测试路面时,产生的轮胎-路面声发射噪声信号幅值随行驶速度的增加而增大,最大幅值为 38mV;经过快速傅里叶变换得到轮胎-路面声发射噪声信号的峰值频率均在 2kHz 左右,三种测试车型行驶产生的噪声频谱存在能量占比超过 80%的主频带,主频带最宽至 7.39kHz,在主频带之后有一个最宽至 25kHz 左右的次频带,次频带包含的信号能量占比小于 20%,即在预应力空心板桥的声发射监测中滤波频率设置高于 7.39kHz 可以滤除常见交通状况下 80% 以上的轮胎-路面声发射噪声。从路面到梁底对应位置经过预应力空心板桥引起的信号衰减主要集中在 3～10kHz 的频率范围内，靠近支座处的传感器比跨中位置的传感器监测到的轮胎-路面声发射噪声在 5～15kHz 的频率范围内能够监测到更高的声发射信号强度。

(2) VMD 可以减少模态混叠的问题，将轮胎-路面声发射噪声分解为四个本征模态函数和一个低阶余项，中心频率为 15.68kHz 的分量与原始信号的相关系数为 0.75，中心频率 35.53kHz 的分量与原始信号的相关系数为 0.58，其余分量与原始信号的相关系数小于 0.01；预应力空心板梁受压破坏早期的损伤信号可以被分为 7 个本征模态函数和一个低阶余项，最低频的分量中心频率为 56.80kHz；轮胎-路面声发射噪声与预应力空心板梁损伤信号的频率界限应处于 35.53～56.80kHz，在这个范围内，带通滤波起始频率越低，所得的信噪比越接近原始值。

(3) 多参数特征融合的轮胎-路面声发射噪声滤除方法可以实现在役桥梁监测中的轮胎-路面声发射噪声滤除。为便于损伤信号中轮胎-路面声发射噪声的滤除，提取噪声和损伤混合信号的声发射参数特征时，时间窗口长度应设置在 50～200μs，撞击锁闭时间宜设置为一个数据点；用层次聚类确定最大值、均方根、方差、中心频率和均方频率的距离小于 0.4，具有较高的相关性，在声发射特征参数中可以分为一组，波形因子、峰值频率、上升时间和能量之间也有较好的相关性。利用拉普拉斯评分确定中心频率、振铃计数和上升时间是用于噪声去除的最佳参数，将所选参数输入时序 K-means 聚类程序，可以实现桥梁声发射健康监测过程中轮胎-路面声发射噪声的实时滤除。

第5章 后张法 T 梁桥预应力钢绞线握裹
材料对声发射信号衰减的影响

5.1 引 言

早期使用声发射分析的研究集中在参数方法上,即提取完整波形的几个特征。声发射分析更适合连续损伤的趋势分析,但由于损伤的意外产生,精度会降低。本章对压浆料、波纹管和混凝土保护层三种预应力钢绞线的握裹材料逐一展开研究,分析不同条件下声发射信号的衰减规律,确定特征参数的变化规律。最后在缩尺 T 梁上将单一因素集中在真实梁体中综合研究,重点验证混凝土开槽的必要性和可用性,同时将声发射信号特征参数的衰减值量化,为实桥中应用提供理论依据(张啸宇,2023)。

5.2 压浆料对预应力钢绞线声发射信号衰减的影响

5.2.1 试验方法

我国《水泥基灌浆材料应用技术规范》(GB/T 50448—2015)重点指出,2008版标准中原有的 I 类灌浆材料的技术指标已经无法满足预应力孔道的灌浆要求,需要将预应力混凝土孔道的灌浆材料单独作为一类材料进行要求。基于上述原因,同时也考虑到国内相当数量的老旧桥梁多采用类似美国标准中的 A 类灌浆材料,而在新规范施行后商业压浆料又得到广泛使用,故本章设置两类压浆料,分别是水灰比为 0.4 的纯水泥浆 Z-1 和水灰比为 0.27 的商业压浆料 Z-2。

商业压浆料的强度大小与水灰比密切相关,通过调整水灰比得到四组试件,记为 Q 组:0.25(w/c)Q-1、0.28(w/c)Q-2、0.30(w/c)Q-3、0.35(w/c)Q-4。

这些压浆缺陷呈现的孔隙类型可分为 5 类:无孔隙(NV)、平行孔隙(PV)、正交孔隙(OV)、倾斜孔隙(IV)和排水孔隙(BV)。综合考虑横截面孔隙大小,设置两组缺陷类型记为 X 组:20%缺陷 X-1 和 50%缺陷 X-2。试验分组如表 5-1 所示,试件截面如图 5-1 所示。

表 5-1　试验分组

分组	编号	试件长度/mm	截面尺寸	抗压强度/MPa	压浆缺陷
种类 (Z)	Z-1	150	R=90mm	60.6	无
	Z-2			60.5	
强度 (Q)	Q-1	150	R=90mm	70.4	无
	Q-2			60.7	
	Q-3			51.2	
	Q-4			42.6	
缺陷 (X)	X-1	150	150mm×150mm	61.1	20%缺陷
	X-2			61.1	50%缺陷

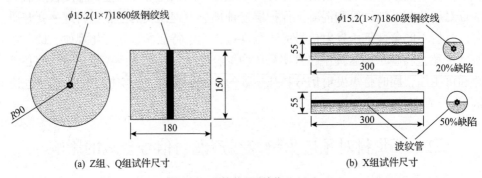

(a) Z组、Q组试件尺寸　　　　　　　　(b) X组试件尺寸

图 5-1　试件截面（单位：mm）

　　本次试验采用 RS-2A 型传感器和 DS5-16B 型全波形声发射分析仪来采集和记录声发射信号，声发射监测系统示意图如图 5-2 所示，前置放大器增益效果为 40dB。传感器布置点位用砂纸打磨以保证接触面光滑，选用高真空硅脂作为耦合剂以确保传感器与压浆料表面充分接触。

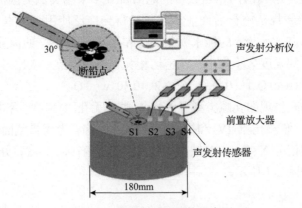

图 5-2　声发射监测系统示意图

试验使用 4 个声发射传感器来接收测试过程中的声发射信号，断铅点位于试件中心的钢绞线上，将直径 0.5mm 的 HB 铅芯与试件平面成 30°进行断铅测试，每个样品重复测试十次。压浆缺陷声发射传感器布置如图 5-3 所示。

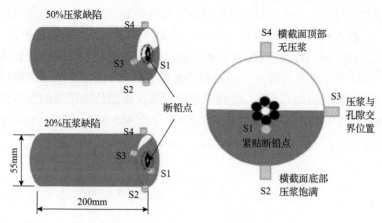

图 5-3　压浆缺陷声发射传感器布置

5.2.2　结果与讨论

1. 压浆料种类的影响

为直观体现弹性波振幅在压浆料试件传播过程中的衰减情况，以 Z-2 试件的第 5 次断铅试验为例，绘出同坐标尺度下 4 个传感器测得的时域信号，如图 5-4 所示，图中的虚线为阈值基准线。该次事件作为突发型信号，其特征清晰，弹性波沿传播距离依次抵达传感器 S1～S4，波形幅值也逐渐减小。

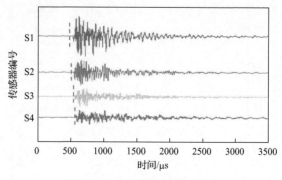

图 5-4　Z-2 试件时域信号对比

根据应力波传播衰减理论、品质因子 Q 理论，声波在传播过程中振幅的变化可表示为

$$A(x) = A_0 \exp\left(-\frac{\pi f}{VQ} x\right) = A_0 \exp(-\alpha x) \tag{5-1}$$

式中，$A(x)$ 为声发射传播距离 x 处的振幅，dB；A_0 为声发射信号初始振幅，dB；f 为声发射信号频率，Hz；x 为声发射信号传播距离，m；V 为声发射信号传播速度，m/s；Q 为砂岩体介质的品质因子；α 为声发射信号的衰减系数。

　　弹性波信号的振幅随传播距离的增长而呈现负指数函数衰减，其衰减的快慢取决于式(5-1)中的衰减系数 α。通过对传感器 S1～S4 监测到的压浆料试件断铅信号的振幅峰值进行拟合处理，得到声发射信号振幅随传播距离的衰减关系，如图 5-5 所示，Z-1 和 Z-2 试件的衰减系数分别为 0.01465 和 0.01483。从拟合结果来

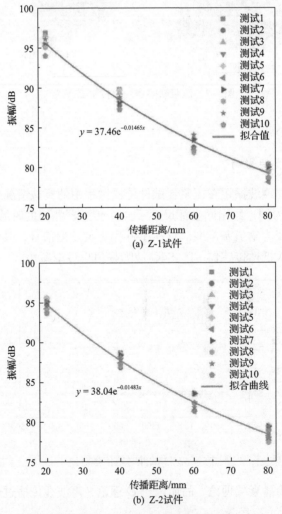

图 5-5　不同种类压浆料试件振幅衰减规律(彩图请扫封底二维码)

看，随着传播距离的增大，两类试件中的声发射信号幅值都近似符合负指数函数衰减，为判断和评价回归模型的拟合优度，对回归方程进行决定系数检验，两种试件拟合系数分别为 0.9717 和 0.9695，可以看出在 95%的置信区间内，振幅随传播距离的衰减变化呈现出良好的负指数相关关系。

两种压浆料试件中不同位置传感器接收到的声发射信号能量变化规律如图 5-6 的散点图所示，传播过程中的能量呈现指数变化规律，将试验结果按指数函数进行拟合，如图中实线所示，在距离声发射源较近处能量较大，随后迅速降低。经拟合得到，Z-1 试件和 Z-2 试件的弹性波能量衰减系数分别为 0.03462 和 0.03508，

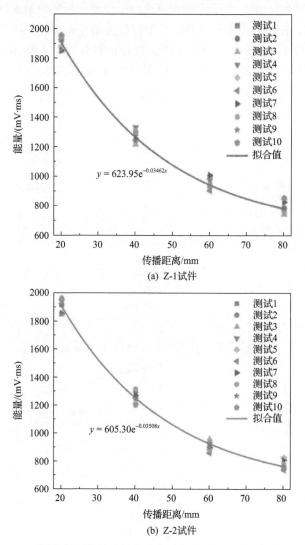

图 5-6　不同种类压浆料试件能量衰减规律(彩图请扫封底二维码)

拟合系数分别为 0.9858 和 0.9754。由此可见，在相同强度条件下，在纯水泥浆和商业压浆料中弹性波能量的衰减速度相似，即相同强度条件下，压浆料种类对弹性波能量衰减无影响。

2. 压浆料强度的影响

为分析压浆料强度变化对弹性波传播过程中振幅衰减的影响，对 Q 组 4 种不同强度的压浆料试件进行 10 次断铅试验。传感器记录弹性波沿试件表面传播过程中的声发射信号，并通过滤波和频谱转换获得振幅峰值，再对 10 次断铅试验所得的振幅峰值求平均值，最后基于振幅均值进行拟合得到振幅衰减曲线，如图 5-7(a) 所示。可以看出，在四种强度压浆料试件中弹性波信号振幅随传播距离的增大以负指数函数衰减，Q-1、Q-2、Q-3、Q-4 试件的拟合系数分别为 0.9826、0.9796、0.9985 和 0.9873，均在 95% 的置信区间内，证明不同强度压浆料试件的振幅随传播距

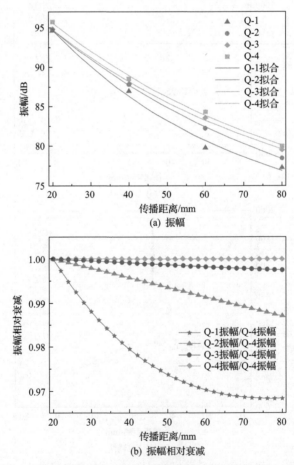

(a) 振幅

(b) 振幅相对衰减

图 5-7　不同压浆料强度试件振幅衰减规律(彩图请扫封底二维码)

离的衰减均有良好的负指数相关性。Q-1、Q-2、Q-3、Q-4 试件振幅衰减系数分别为 0.02039、0.01491、0.01467、0.01406,压浆料强度与振幅的衰减系数之间存在良好的相关性,在压浆料试件中弹性波振幅的衰减系数随着强度的变化而变化(即强度越大,弹性波振幅衰减越快)。为了进一步证明压浆料强度对振幅衰减的影响,将不同强度的拟合曲线除以 Q-4 试件的拟合曲线,再进行归一化处理,结果如图 5-7(b)所示。由图可知,压浆料强度越大,弹性波振幅衰减的相对速度就越快。

1) 弹性波频谱演化规律

频谱分析作为对时域信号的一种补充,可将时域信号中不易发现的信息在频域中得到体现(Li et al.,2020),因此需对不同强度压浆料试件弹性波频谱的演变规律进行分析,通过快速傅里叶变换(fast Fourier transform,FFT)获取信号的频域信息。不同压浆料强度试件频谱图如图 5-8 所示。结果表明:①4 种试件中传感器 S1 采集的信号振幅均最大,传感器 S2~S4 采集的信号振幅依次减小,证明随着弹性波传播距离的增加,各频率段的信号强度逐渐减小。②各试件信号的衰减率不同,在高强度试件 Q-1 中各频率段衰减速度较快,而低强度试件 Q-4 中因信号相互叠加,衰减不明显。③所有测试均通过断铅试验来模拟钢绞线损伤声发射信号源,虽然断铅受到人为误差的干扰,但 4 种试件测试获得的信号频率分布十分接近,200kHz 及以上的高频信号占比较小且衰减非常显著,信号主频多集中在 30~80kHz 和 150~180kHz 两个频段。

事实上,随着弹性波传播距离的增加,声发射信号的衰减不仅体现在振幅和能量上,其频率分布也呈现出显著变化。以 Q-2 试件(第三次断铅)为例,将传感器 S1~S4 采集的弹性波信号经快速傅里叶变换得到频谱图,如图 5-9 所示。可以发现,30~80kHz 频段信号均占有相当高的比例,150~180kHz 频段信号则随传播距离依次减小,最终衰减到一个较低的水平。

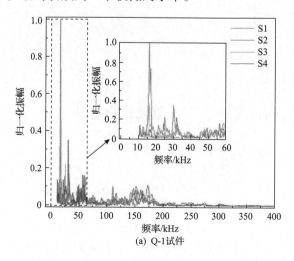

(a) Q-1试件

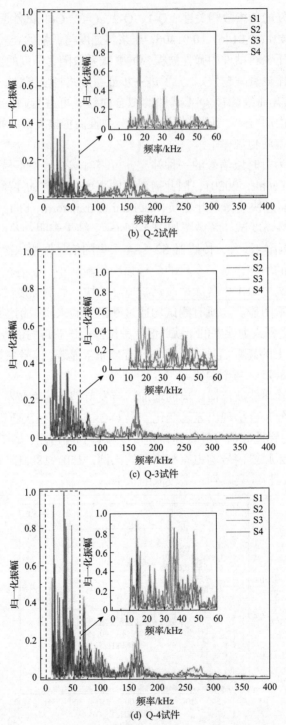

(b) Q-2试件

(c) Q-3试件

(d) Q-4试件

图 5-8　不同压浆料强度试件频谱图(彩图请扫封底二维码)

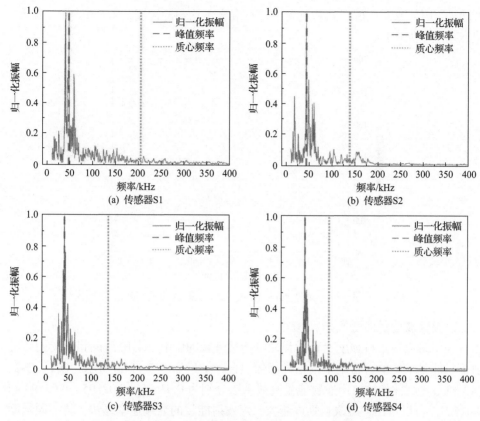

图 5-9　Q-2 试件频谱图(彩图请扫封底二维码)

由此可见，弹性波信号沿传播方向的衰减速度与频率直接相关，高频部分信号衰减速度更快。

为了量化声发射信号频率的演变趋势，选择频谱的主频率和质心频率来表示频率衰减规律。主频率即峰值频率，是与振幅峰值相对应的频率，传感器 S1~S4 的主频率分别为 47.5kHz、43.4kHz、41.6kHz、39.1kHz。

质心频率作为频谱的特征频率点，是信号频率依据幅值加权的平均值，反映的是声发射频谱能量分布的中心频率位置，其更全面、更具代表性，故选择质心频率代表整个信号用以研究其传播特性。传感器 S1~S4 的质心频率分别为 205.5kHz、138.63kHz、134.79kHz 和 94.23kHz。可以看出，不同传感器的光谱重心接近线性衰减，可以很好地解释不同强度压浆料声发射信号的衰减规律。

为了进一步探索不同强度压浆料试件中质心频率的衰减，对每个试件的四个测试数据进行拟合，结果如图 5-10 所示。通过线性拟合，Q-1、Q-2、Q-3 和 Q-4 试件的衰减系数分别为 0.2394、1.44482、0.8788 和 0.8641。可以看出，质心频率都呈现线性衰减，证明质心频率可以作为表征压浆料强度的一个特征参数(Q-1 试件除外，因低水灰比的压浆料制备时存在混合不均匀的情况，易产生气孔、蜂窝，使衰减速率加快)。

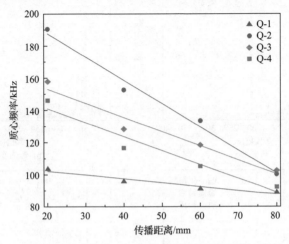

图 5-10　压浆料强度试件质心频率的衰减规律(彩图请扫封底二维码)

2) 弹性波能量演变规律

　　为了研究压浆料强度变化对弹性波能量衰减的影响，对 10 组断铅试验的声发射信号能量求均值，将结果按指数函数拟合，结果如图 5-11(a)所示，Q-1、Q-2、Q-3 和 Q-4 试件弹性波声发射能量衰减系数分别为 0.03508、0.02895、0.02794 和 0.01527。可以看出，压浆料强度越大，声发射能量的衰减速率越快。将不同强度试件声发射能量衰减的拟合曲线分别除以 Q-4 试件的拟合曲线，并进行归一化处理，结果如图 5-11(b)所示。可以看出，强度越大，弹性波声发射能量衰减的相对速度越快。

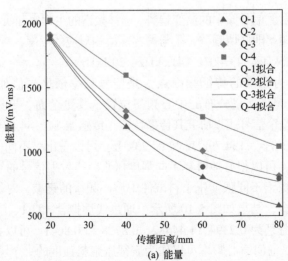

(a) 能量

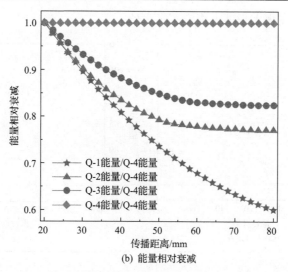

图 5-11 不同压浆料强度试件能量衰减规律(彩图请扫封底二维码)

3)振铃计数演变规律

为了探索不同强度压浆料振铃计数的衰减规律,对 10 组断铅试验的声发射振铃计数求均值并进行拟合,结果如图 5-12 所示。结果表明,低强度压浆料振铃计数的衰减率相对较大。

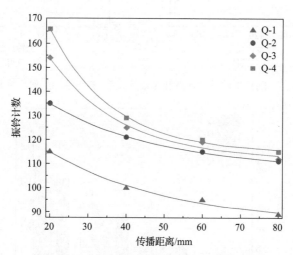

图 5-12 压浆料强度试件振铃计数衰减规律(彩图请扫封底二维码)

随着弹性波的传播,信号振幅逐渐衰减,超过阈值的振荡次数也逐渐衰减,相应的振铃计数也减少。Q1~Q4 四种试件振铃计数和振幅的关系如图 5-13 所示。

4)上升时间的演变规律

不同压浆料强度试件上升时间直方图如图 5-14 所示。从图中可以看出,纵波触发阈值，横波在很大程度上决定了最大值。

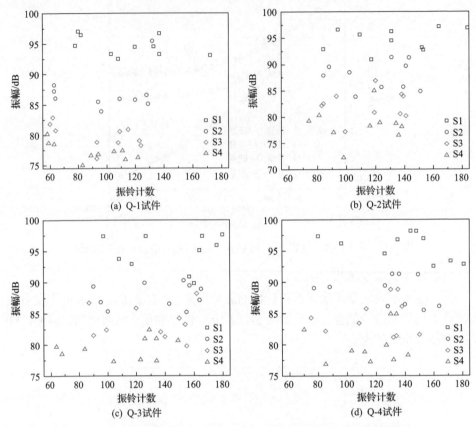

图 5-13　四种试件振铃计数和振幅的关系(彩图请扫封底二维码)

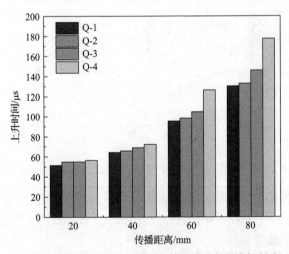

图 5-14　不同压浆料强度试件上升时间直方图(彩图请扫封底二维码)

为了探索压浆料强度对信号上升时间的影响,对四种试件的 10 组上升时间测试数据求均值,并用幂函数拟合,结果如图 5-15 所示。可以看出,压浆料强度越小,信号上升时间增加越快。

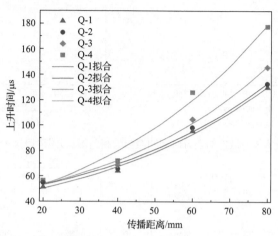

图 5-15　不同压浆料强度试件上升时间的演化规律(彩图请扫封底二维码)

将上升时间和振幅放入特征空间,并绘制四组强度试件的相关图,如图 5-16 所示。

3. 压浆料缺陷的影响

不同压浆料缺陷试件的声发射参数衰减规律如图 5-17 所示。从图中可以观察到,整体上看,振幅和持续时间衰减较少,可以作为声发射监测的特征参数。X-1 试件(20%压浆缺陷)和 X-2 试件(50%压浆缺陷)在压浆料饱满处的振幅、能量和持续时间的衰减值比交界处和完全孔隙处的衰减值要小,压浆缺陷对信号衰减有不利影响,实际监测时传感器应尽量避免布置在有压浆缺陷的位置。且相同参数下,20%缺陷试件和 50%缺陷试件在相同监测位置有着相同的衰减率,如底部饱满处

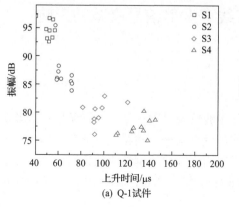

(a) Q-1试件

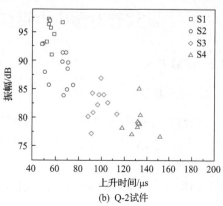

(b) Q-2试件

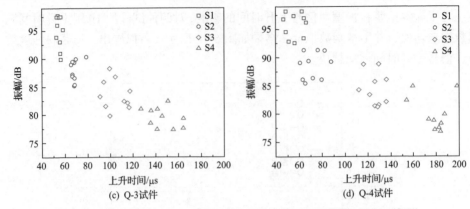

图 5-16　压浆料试件的上升时间和振幅的相关图(彩图请扫封底二维码)

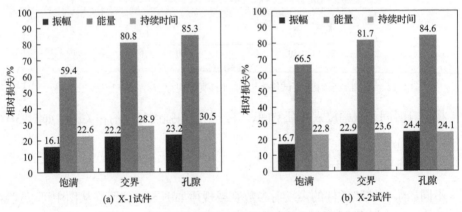

图 5-17　不同压浆料缺陷试件的声发射参数衰减规律

X-1 试件振幅衰减 16.1%,X-2 试件振幅衰减 16.7%,交界处 X-1 试件振幅衰减
22.2%,X-2 试件振幅衰减 22.9%,顶部完全孔隙处 X-1 试件振幅衰减 23.2%,X-2
试件振幅衰减 24.4%。

5.3　波纹管对预应力钢绞线声发射信号衰减的影响

5.3.1　试验方法

1. 试件制备

　　将试件按影响因素设计为三种工况:①波纹管材质;②波纹管壁厚;③监测
位置。考虑波纹管内多根钢绞线布置会使声发射信号传输路径更复杂,因此在研
究波纹管横截面最优监测位置时将试件设置为内穿单根钢绞线的构造,试件制备
如图 5-18 所示。将钢绞线与波纹管通过压浆料结合,同时为模拟单跨实桥跨中位

置钢绞线与波纹管内壁的关系，将钢绞线贴近波纹管内壁的上表面，如图 5-19 所示。试验波纹管规格参数如表 5-2 所示。

图 5-18　现场卷制金属波纹管　　　图 5-19　横截面监测试件制作

表 5-2　试验波纹管规格参数

影响因素	试件编号	材质	直径/mm	壁厚/mm	试件长度/mm	钢绞线-波纹管内壁距离
材质	C1	镀锌	55	0.35	200	无钢绞线
	C2	非镀锌				
	C3	PE		1.5		
	C4	PP				
壁厚	C5	镀锌	55	0.25	200	无钢绞线
	C6			0.30		
	C7			0.35		
	C8			0.40		
	C9	PE	55	1.5	200	无钢绞线
	C10			2.0		
	C11			2.5		
监测位置	C12	镀锌	55	0.3	2500	紧贴波纹管内壁
	C13	PE		2.0	2500	

2. 试验设置

采用常规断铅试验，试验示意图如图 5-20(a) 所示，以研究声发射信号在管道中传播时的传播特性和衰减规律。

波纹管材质和壁厚对声发射信号衰减的研究中，分别在波纹管的内外壁布置传感器 S1、S2，S1 布置在波纹管外壁，S2 布置在波纹管内壁，用胶带将声发射传感器固定在试件表面以防脱落。试验装置如图 5-20(b) 和 (c) 所示。

(a) 示意图　　　　(b) 金属波纹管　　　　(c) 塑料波纹管

图 5-20　不同材料试验图

　　波纹管监测位置的研究中，试验装置及传感器布置如图 5-21 所示，两根 2.5m 长波纹管试件（0.3mm 镀锌波纹管和 2mm 塑料波纹管，钢绞线贴近波纹管内壁）断铅点距离钢绞线 5cm（直径 0.5mm），7 个传感器沿管道长度间距为 0.2m、0.6m、1.0m、1.4m、1.8m、2.2m 和 2.5m。

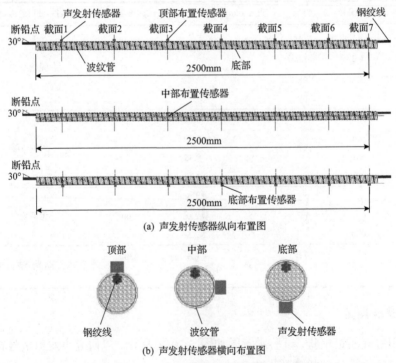

(a) 声发射传感器纵向布置图

(b) 声发射传感器横向布置图

图 5-21　2.5m 长波纹管声发射传感器布置示意图

3. 试验工况

　　本次试验采用 RS-2A 型传感器和 DS5-16B 型全波形声发射分析仪来采集和记

录声发射信号，声发射监测系统如图 5-22 所示。

图 5-22　声发射监测系统

5.3.2　结果与讨论

1. 波纹管材质的影响

为确定波纹管材质对声发射信号衰减造成的影响，金属波纹管选用壁厚 0.35mm 的镀锌管和非镀锌管进行断铅试验，塑料波纹管选用壁厚 1.5mm 的 PP 管和 PE 管做相同处理，通过对声发射信号特征参数对比分析，判定波纹管材质对声发射信号衰减的影响，结果如图 5-23 所示。经判定，在壁厚相同的条件下，镀锌管和非镀锌管的振幅、能量、持续时间衰减量相当，PP 管和 PE 管也表现出相同特性。

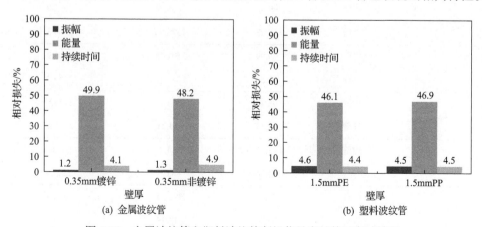

图 5-23　金属波纹管和塑料波纹管断铅信号穿越管壁衰减情况

从图 5-23(a)可以看出，试件 C1 和 C2 同为金属波纹管且具有相同几何形状，它们的振幅、能量和持续时间的相对损失非常接近，振幅相对损失分别为 1.2%和 1.3%，能量相对损失分别为 49.9%和 48.2%，持续时间相对损失分别为 4.1%和 4.9%。类似地，试件 C3 和 C4 的声发射信号特征参数相对损失也表现出相同的特点，即它们的振幅、能量和持续时间的相对损失非常接近，振幅相对损失分别为 4.6%和 4.5%，能量相对损失分别为 46.1%和 46.9%，持续时间相对损失分别为 4.4%和 4.5%。

因为波纹管由材质不同引起的声发射信号特征参数相对衰减的差异较小，所以下面分析中金属波纹管选择镀锌波纹管作为代表，塑料波纹管选择 PE 波纹管作为代表。

2. 波纹管壁厚的影响

金属波纹管选用直径 55mm 的镀锌波纹管，壁厚分别为 0.25mm、0.3mm、0.35mm、0.4mm。塑料波纹管选用 PE 波纹管，壁厚分别为 1.5mm、2mm、2.5mm。表 5-3 为不同壁厚试件的声发射信号特征参数对比。在前人的研究工作中指出，断铅信号受到断铅力度和声发射传感器与试件表面接触程度及耦合剂厚度的影响，声发射信号存在的微小变化是不可避免的。

表 5-3　不同壁厚试件的声发射信号特征参数对比

试件编号	传感器位置	振幅/dB	能量/(mV·ms)	持续时间/μs
C5	内壁	99.92	1630.66	1422.4
	外壁	99.67	2145.84	1419.2
C6	内壁	99.91	2231.73	1176.0
	外壁	99.13	1103.10	1106.8
C7	内壁	99.97	3318.94	2672.8
	外壁	98.73	1578.96	2600.8
C8	内壁	99.99	3501.16	2203.2
	外壁	97.34	1847.33	2159.2
C9	内壁	98.44	1186.6	1928.8
	外壁	94.55	776.23	1878.8
C10	内壁	98.12	864.8	3120
	外壁	92.34	433.3	2280.4
C11	内壁	96.47	682.54	1796.4
	外壁	89.66	347.98	1705.2

不同壁厚试件声发射信号特征参数相对损失如图 5-24 所示。试件 C5（壁厚

0.25mm)的振幅相对损失仅为 0.2%，其余壁厚的镀锌波纹管试件的振幅相对损失随着壁厚的增加略有提升，但整体仍保持在较低水平。试件 C9(壁厚 1.5mm)的振幅相对损失为 4.6%，试件 C10(壁厚 2mm)的振幅相对损失为 5.5%，试件 C11(壁厚 2.5mm)的振幅相对损失为 7.3%。这就引出了一个问题，即同类材质下管道壁厚的改变对声发射信号传播衰减的影响及如何量化这一影响。C5～C8 和 C9～C11试件的对比表明，壁厚确实对信号衰减有重要影响，且表现为线性相关。同时幅值在镀锌波纹管和 PE 波纹管中均表现出较小的衰减特性，可将幅值作为声发射信号衰减的特征参数。

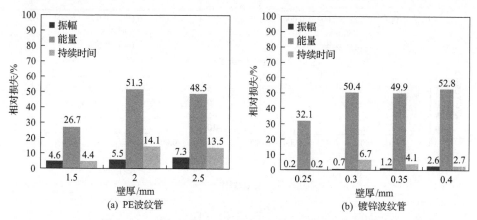

图 5-24　不同壁厚 PE 波纹管和镀锌波纹管的信号衰减

　　C5～C8 试件的能量相对损失均超过 30%，C9～C11 试件的能量相对损失均超过 25%，这可归因于波纹管特殊的波纹结构。由于试验中使用的镀锌波纹管和PE 波纹管有起伏的波纹管机构，在应力波沿着横截面方向传播时，其特殊的波峰波谷构造可能会引起能量的相对损耗。因能量损失相较于幅值过大，不宜作为监测声发射信号损失的特征参数。

　　同时观测到持续时间的相对损失随壁厚的变化并未保持一致性，因此持续时间不宜作为监测声发射信号损失的特征参数。

　　图 5-25 和图 5-26 为不同壁厚镀锌波纹管内外壁波形及其频谱对比。从图 5-25可以看出，在 C5～C8 四个试件中，经过管壁传播后由 S2 传感器接收到的声发射信号波形均有不同程度的衰减，且随壁厚增加而变大，在试件 C8(0.4mm)中尤为显著。在试件 C5、C6、C7 中波形衰减相近，而试件 C8 中幅值衰减明显。由图 5-26 可知，镀锌波纹管频谱集中在 20～50kHz 和 150～200kHz 两个频段上。根据试验结果可选择合适的信号频率用于声发射信号衰减的数据处理中，对获得波纹管材料的衰减系数、增加有效输出信号、提高信噪比具有重要意义。塑料波纹管信号主频段为 30～50kHz 和 160～180kHz。

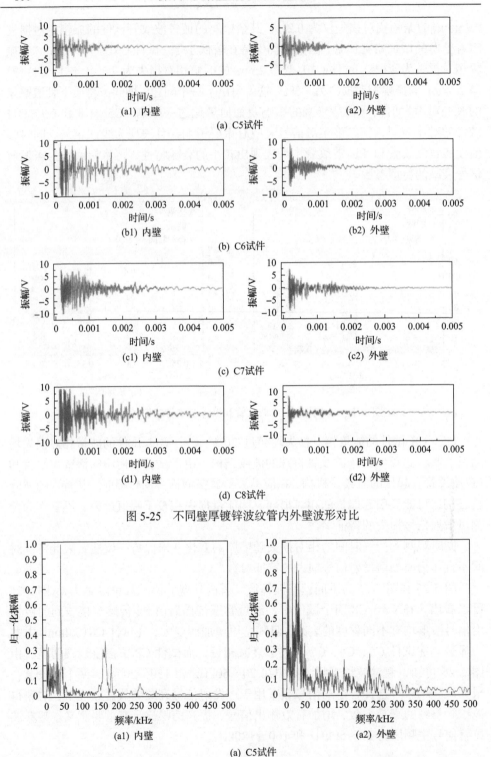

(a1) 内壁　　　　　　　　　　　　　　(a2) 外壁

(a) C5试件

(b1) 内壁　　　　　　　　　　　　　　(b2) 外壁

(b) C6试件

(c1) 内壁　　　　　　　　　　　　　　(c2) 外壁

(c) C7试件

(d1) 内壁　　　　　　　　　　　　　　(d2) 外壁

(d) C8试件

图 5-25　不同壁厚镀锌波纹管内外壁波形对比

(a1) 内壁　　　　　　　　　　　　　　(a2) 外壁

(a) C5试件

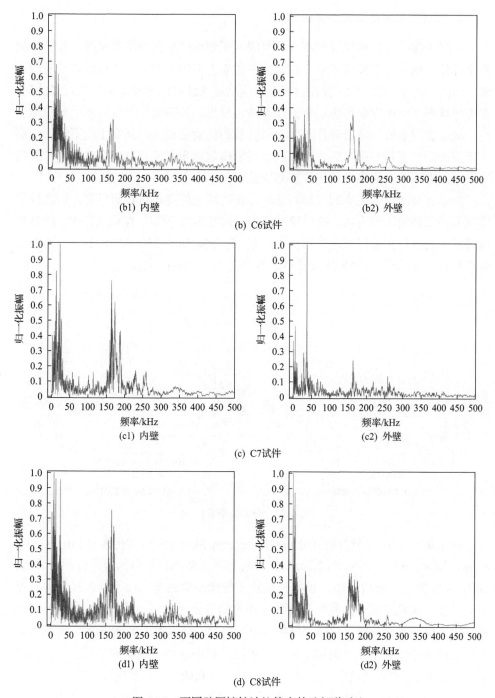

图 5-26　不同壁厚镀锌波纹管内外壁频谱对比

3. 波纹管横截面监测位置的影响

实际工程中 PT 桥梁除端部在锚具限制下钢绞线呈现分散布置外，在梁体的其余部位，钢绞线会聚集成束，在管道横截面上表现为偏离中心靠近波纹管内边缘。因此，试件 C12、C13 设计时将钢绞线贴近波纹管内壁布置来模拟真实情况。在理想状态下将声发射传感器布置在钢绞线聚集的外表面，即可实现信号沿钢绞线—波纹管内表面—波纹管外表面—传感器的传播路径。但真实工况下钢绞线束在管道内的位置是不确定的，因此有必要沿横截面布置传感器确定各监测位置信号衰减的大小，以便确定最优的监测位置。

振幅衰减随传播距离的增加而减小，在时域上的变化直观而显著。以波纹管横截面顶部断铅信号为例，进行频域分析，如图 5-27 所示，在频域范围，通过快速傅里叶变换可知镀锌波纹管频率集中在 15～50kHz 和 150～200kHz 两个频段，且高频信号衰减较快，PE 波纹管频率集中在 10～30kHz 频段。

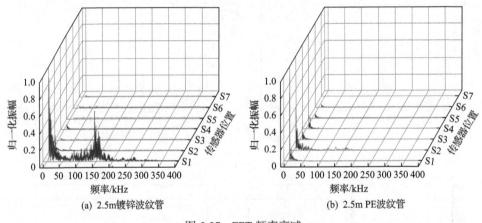

(a) 2.5m镀锌波纹管　　　　　　　　(b) 2.5m PE波纹管

图 5-27　FFT 频率衰减

再采用希尔伯特-黄变换(Hilbert-Huang transform, HHT)对传播 0.2m、0.6m、1.0m、1.4m、1.8m、2.2m 和 2.5m 后 7 个传感器采集的声发射信号进行频谱分析，如图 5-28 所示。分析表明，频率分量随着传播距离的增加而不断损耗，尤其是高频分量。也就是说，主频值随着传播距离的增加而减小。其中前半段信号衰减快，后半段信号衰减慢，对前半段信号进行拟合，结果如图 5-29 所示，发现振幅与传播距离呈指数关系，可用 $y = Ae^{\alpha x}$ 表示，其中 A 是要确定的常数，α 是衰减系数。经计算，镀锌波纹管顶部 $A = 37.68$，$\alpha = 0.00457$，PE 波纹管顶部 $A = 25.99$，$\alpha = 0.01179$。此外，测量的误差系数可用于计算波纹管材料声发射监测中振幅的权重和增益，从而提高检测信号的信噪比，增强信号的有效输出。

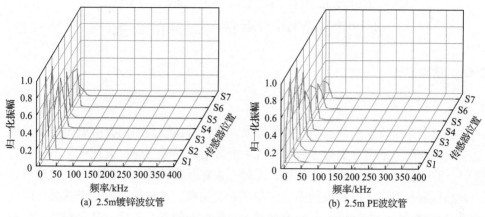

(a) 2.5m镀锌波纹管　　　　　　　　(b) 2.5m PE波纹管

图 5-28　HHT 频率衰减

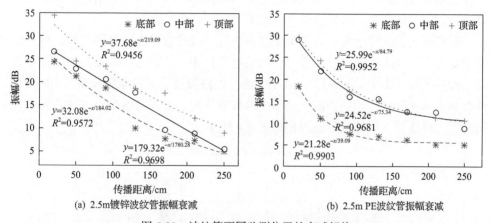

(a) 2.5m镀锌波纹管振幅衰减　　　　　(b) 2.5m PE波纹管振幅衰减

图 5-29　波纹管不同监测位置的衰减规律

在混凝土梁受拉区，预应力钢绞线在受力作用下，波纹管顶部距离钢绞线最近，断丝声波衰减最小，波纹管底部距离钢绞线最远，断丝声波衰减最大，波纹管中部介于二者之间。在镀锌波纹管中，由衰减曲线可知其符合预期，且中部衰减介于顶部和底部之间，镀锌波纹管中可选择底部或中部布置传感器。在 PE 波纹管中，顶部衰减与中部衰减近似重合，底部衰减较大且与顶部和中部布置传感器有显著区别，故在 PE 波纹管的声发射监测中对传感器位置选取就尤为重要，应选择中部布置传感器。

综合考虑现实 T 梁内波纹管工况，镀锌波纹管和 PE 波纹管的中部可作为声发射传感器的最优监测位置。

5.4 混凝土保护层对后张法预应力钢绞线损伤产生的声发射信号衰减的影响

5.4.1 试验方法

1. 试验工况

预应力钢绞线某点因损伤发出弹性波，弹性波在该截面内会沿最短路径传播至混凝土表面，最终在混凝土表面接收到衰减后的信号。这一衰减现象不仅是压浆料、波纹管对弹性波的吸收所致，混凝土也在吸收弹性波。因此，接收信号总的衰减程度与混凝土的吸收能力之间存在相关关系，这种能力取决于混凝土的弹性性能（弹性模量和密度），而影响混凝土弹性性能的有水灰比、骨料粒径、孔隙水含水率（刘祥鑫等，2017）和保护层厚度（Kong et al.，2018）等，结合工程实际重点研究混凝土强度和保护层厚度两个因素对信号衰减的影响。

所有嵌入的试件均设计为混凝土立方体柱，波纹管中心放置钢绞线，均灌注水灰比为 0.28 的压浆料，波纹管试件沿棱柱侧面中心线嵌入，如图 5-30 所示。混凝土棱柱的尺寸为 150mm×150mm×150mm，内嵌波纹管试件原始长度为 200mm，待混凝土养护完成后使用切割机将多余波纹管去掉，留下与混凝土试块表面平齐的光滑的波纹管，试件编号及规格如表 5-4 所示。

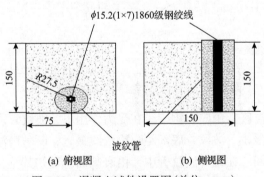

(a) 俯视图   (b) 侧视图

图 5-30 混凝土试件设置图（单位：mm）

表 5-4 试件编号及规格

试件编号	试件尺寸/(mm×mm×mm)	波纹管材质	波纹管直径与壁厚/mm	混凝土强度/MPa
D-1	150×150×150	镀锌	ϕ55, 0.3	40
D-2	150×150×150	镀锌	ϕ55, 0.3	50
D-3	150×150×150	镀锌	ϕ55, 0.3	60

续表

试件编号	试件尺寸/(mm×mm×mm)	波纹管材质	波纹管直径与壁厚/mm	混凝土强度/MPa
P-1	150×150×150	PE	$\phi 55$, 2	40
P-2	150×150×150	PE	$\phi 55$, 2	50
P-3	150×150×150	PE	$\phi 55$, 2	60

　　不同等级混凝土的配合比如下：C40、C50 和 C60 混凝土的水:灰:石:砂分别为 0.51:1:3.55:2.91、0.39:1:2.91:1.93 和 0.36:1:2.57:1.57。试验中使用 PO.42.5 级普通硅酸盐水泥，粗骨料选用 10～20mm 碎石，细骨料选用河砂，自来水用来搅拌混凝土。试验中使用了 $\phi 15.2$(1×7)1860 级预应力钢绞线，公称直径为 15.2mm。

2. 声发射监测系统

　　本次试验采用 RS-2A 型传感器和 DS5-16B 型全波形声发射分析仪来采集和记录声发射信号。传感器通过胶带固定在试件表面，凡士林作为耦合剂，传感器布置如图 5-31 所示，四个传感器间隔 20mm 等间距布置。DS5-16B 型全波形声发射分析仪采样频率为 2.5MHz，滤波门限设置为 20dB。

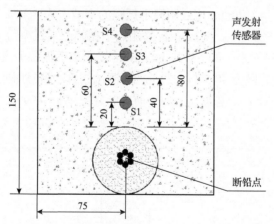

图 5-31　混凝土试件传感器布置(单位：mm)(彩图请扫封底二维码)

　　根据 ASTM 标准(ASTM, 2015)，通过断铅产生声发射信号，在钢绞线断铅时，将距离最近的传感器 S1 接收到的信号近似视为原始信号，远端传感器 S2、S3、S4 接收到的信号均为衰减信号，通过 S1-S2(20mm 厚度)、S1-S3(40mm 厚度)、S1-S4(60mm 厚度)间信号衰减的对比确定保护层厚度对信号衰减的影响。考虑人为误差带来的影响，需重复进行断铅试验，将其平均值设置为代表值，以减少测试离散性的影响。

5.4.2　结果与讨论

1. 混凝土保护层厚度的影响

1) 信号衰减率的计算

考虑到每次断铅试验的力度不能保持一致，因此每次产生的声发射信号强度也不一致；对声发射信号衰减的研究主要集中在衰减率上，而不是集中在衰减值上。声发射信号的衰减率为

$$\rho = \frac{P_0 - P_{\mathrm{d}}}{P_0} \tag{5-2}$$

式中，P_0 为初始声发射信号强度；P_{d} 为衰减声发射信号强度。

利用衰减率的平均值来判断衰减情况，通过重复试验，获取 60 次断铅试验声发射信号特征参数的衰减率，并计算其平均值、标准差和偏差率（标准差与平均值的比值）。以此为依据，可以确定声发射信号特征参数的离散性和将均值作为代表值的可靠性。

以嵌入镀锌波纹管的 C50 混凝土试块为例，从图 5-32 可以看出，整体上振幅与能量的偏差率较低，20mm 传播距离下振幅的衰减率为 4.28%～5.08%，能量的衰减率为 30.53%～37.94%；40mm 传播距离下振幅的衰减率为 6.93%～9.06%，能量的衰减率为 36.52%～44.63%；60mm 传播距离下振幅的衰减率为 8.26%～13.49%，能量的衰减率为 30.53%～37.94%。测试结果中持续时间和振铃计数的偏差率较高，仅以 60mm 传播距离为例，前者的衰减率为 0.09%～1.6%，后者的衰减率为 9.77%～22.3%。

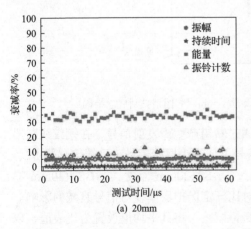

(a) 20mm

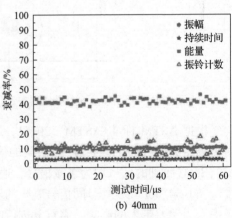

(b) 40mm

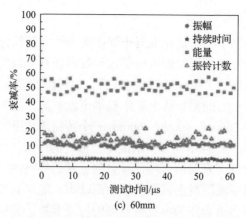

(c) 60mm

图 5-32　内嵌镀锌波纹管的 C50 混凝土试件试验结果离散性(彩图请扫封底二维码)

2)混凝土保护层厚度对声发射信号衰减的影响

　　为量化混凝土保护层厚度对声发射信号衰减造成的影响,以工程中常用的 C50 混凝土为基准,分别对内嵌镀锌波纹管和 PE 波纹管试件进行定量研究,结果如图 5-33 所示。从图 5-33(a)可以看出,振幅沿弹性波传播方向上随距离的增加衰减较慢,整体处于较低水平;能量在弹性波传播方向上随距离的增加衰减较快,在最靠近信号源的第一个监测点处信号衰减的增幅最为显著,而后衰减速度变慢,但整体保持在较高水平;持续时间随弹性波传播距离的增长几乎一直保持在很低的衰减水平上。从图 5-33(b)可以看出,内嵌 PE 波纹管试件中参数衰减率的变化趋势和镀锌波纹管试件一致。

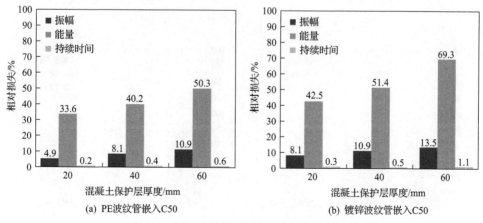

(a) PE波纹管嵌入C50　　　　　　　(b) 镀锌波纹管嵌入C50

图 5-33　混凝土保护层厚度对信号衰减的影响

2. 混凝土强度的影响

在后张法应用环境下，为量化混凝土强度对弹性波传播过程中声发射信号特征参数衰减的影响，需要分别对内嵌金属波纹管和塑料波纹管的试件进行定量研究，金属波纹管选用壁厚 0.3mm 镀锌波纹管，塑料波纹管选用壁厚 2mm PE 波纹管。通过在波纹管中心的钢绞线上断铅提供声发射源，同时基于实际工程中混凝土保护层厚度选定 20mm、40mm、60mm 三个传播距离下的衰减情况作为评判标准，结果如图 5-34～图 5-36 所示。随混凝土强度的增大，内嵌镀锌波纹管试件和内嵌 PE 波纹管试件声发射信号特征参数的衰减趋势整体上相同，即振幅、能量和持续时间的衰减率随混凝土强度的增加而减小，能量的衰减率很大且一直保持在 30% 以上，所以不适合作为声发射监测的特征参数，而振幅和持续时间可作为声发射监测的特征参数。

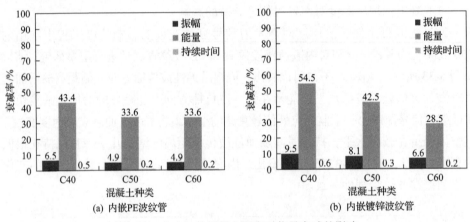

图 5-34　20mm 处混凝土强度对信号衰减的影响

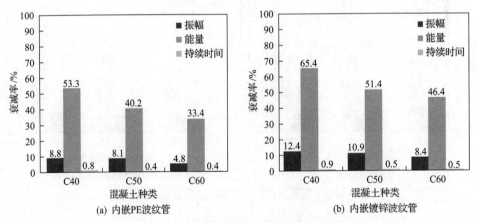

图 5-35　40mm 处混凝土强度对信号衰减的影响

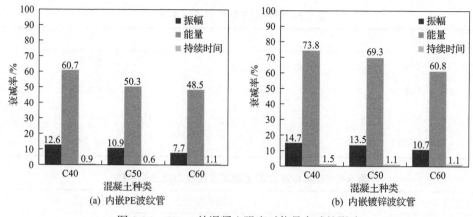

图 5-36　60mm 处混凝土强度对信号衰减的影响

从图 5-34~图 5-36 均观察到在混凝土强度相同的情况下，内嵌 PE 波纹管试件声发射信号特征参数衰减率比内嵌镀锌波纹管试件小。以图 5-34 为例，信号传播 20mm 处，内嵌 PE 波纹管的 C40 试件振幅、能量、持续时间的衰减率分别为 6.5%、43.4%和 0.5%；内嵌镀锌波纹管的 C40 试件振幅、能量、持续时间的衰减率分别为 9.5%、54.5%和 0.6%。在实桥上布置传感器时，当需要通过开槽将波纹管裸露出来以便更好监测时，若实桥使用内嵌镀锌波纹管，则应该尽可能开槽至管道表面，以期达到最优监测效果；若实桥使用内嵌 PE 波纹管，则可以在衰减较小和预留保护层以防止侵蚀之间做一个均衡。

5.5　T 梁开槽声发射信号衰减对比分析

5.5.1　试验方法

1. 缩尺梁的几何尺寸

为了探究预应力 T 梁钢绞线损伤信号传播过程中的衰减情况，本节以 50m 的预应力 T 梁桥为原型，按应力等效原则，以特定的几何缩尺比确定缩尺梁的构造尺寸(相似关系如表 5-5 所示)，缩尺 T 梁长 2500mm，高 373mm，翼缘宽 353mm，锚固端底宽 104mm，跨中腹板宽 80mm，其结构由纵筋、箍筋、预应力钢绞线及 C50 混凝土组成。T 梁 C50 混凝土的配合比及力学性能参数如表 5-6 所示。图 5-37 为缩尺 T 梁的构造及配筋图，预应力钢绞线配置为 ϕ15.2(N1)+ ϕ15.2(N2)，6 根 ϕ8HRB335 钢筋作为架立筋。翼缘边缘布置 2 根 ϕ8HRB335 钢筋用作构造配筋，箍筋选用 ϕ6HPB300 钢筋，T 梁端部箍筋间距为 50mm，中部箍筋间距为 100mm，T 梁钢筋及钢绞线力学性能参数如表 5-7 所示。

表 5-5　缩尺梁与原梁的相似关系

截面特性	相似关系	参数
应变	$\varepsilon_{\mathrm{m}} = C_{\varepsilon}\varepsilon_{\mathrm{p}}$	$C_{\varepsilon} = 1$
长度	$L_{\mathrm{m}} = C_{l}L_{\mathrm{p}}$	$C_{l} = 1/20$
面积	$A_{\mathrm{m}} = C_{A}A_{\mathrm{p}}$	$C_{A} = 1/49$
惯性矩	$I_{\mathrm{m}} = C_{I}I_{\mathrm{p}}$	$C_{I} = 1/2401$

表 5-6　T 梁 C50 混凝土的配合比及力学性能参数

水泥	水	砂	石	减水剂	28d 抗压强度/MPa
1.00	0.375	2.115	2.385	0.025	50.6

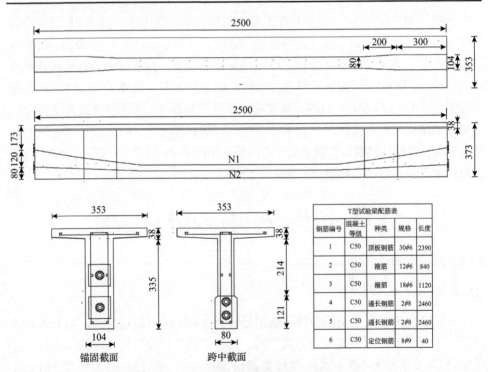

图 5-37　缩尺 T 梁构造及配筋图(单位: mm)

表 5-7　T 梁钢筋及钢绞线力学性能参数

钢筋类型	直径/mm	屈服强度/MPa	抗拉强度/MPa	弹性模量/MPa
HRB335	8	335	300	200
HPB300	6	300	270	210
钢绞线	15.2	254	1860	195

2. 缩尺梁的制作

1）支模与绑扎

按照缩尺 T 梁配筋表下料并绑扎钢筋笼，模板制作过程中，因为缩尺 T 梁跨中腹板宽度仅为 80mm，受限于振动棒直径过大不能满足混凝土充分振捣的需求，采用钢板焊接支模并用振动器振捣以保证梁体浇筑密实。钢筋笼整体用钢丝绑扎，端部锚固钢筋网采用焊接加固，力求缩尺模型的精确性。缩尺 T 梁制作过程如图 5-38 所示。

图 5-38　缩尺 T 梁制作过程

2）缩尺 T 梁浇筑与养护

使用 C50 混凝土浇筑缩尺 T 梁，在浇筑过程中使用两台振动器置于模板两侧振动，保证构件混凝土有更好的密实性、骨料分布更均匀。梁体浇筑完成后取同批次的混凝土制作 3 组 150mm×150mm×150mm 立方体试块，并与混凝土梁一起进行养护。为了模仿实际的桥梁工程环境，将缩尺 T 梁直接放置在室外养护，考虑混凝土凝固过程中会大量产热，每隔 3h 对养护构件进行洒水降温，48h 后进行脱模，并将构件继续置于室外存放，待混凝土强度达标后进行预应力筋的张拉。缩尺 T 梁浇筑与养护过程如图 5-39 所示。

3. 测点布置图

为得到钢绞线损伤信号在传播过程中的衰减情况，在缩尺 T 梁跨中腹板处开长 100mm、宽 50mm 凹槽，以便露出 100mm 长波纹管，再将左侧 50mm 长波纹管剥离露出预应力钢绞线并保留右侧 50mm 长波纹管。声发射传感器分别布置在钢绞线表面、波纹管表面、凹槽侧面腹板（30mm 厚混凝土保护层）和凹槽底部（70mm 厚混凝土保护层），如图 5-40 所示。

图 5-39　缩尺 T 梁浇筑与养护过程

图 5-40　缩尺 T 梁声发射监测位置

4. 声发射监测系统

本次试验采用 RS-2A 型传感器和 DS5-16B 型全波形声发射分析仪来采集和记录声发射信号，采样频率为 2.5MHz，将振幅阈值设置为 20dB，以消除背景噪声。传感器通过胶带（开槽处传感器用垫块固定）贴合在 T 梁表面，S1～S4 传感器对应于跨中凹槽处钢绞线表面、波纹管表面、混凝土表面 1（30mm 混凝土保护层）和混凝土表面 2(70mm 混凝土保护层)，耦合剂采用高真空硅脂。通过断铅试验模拟损伤信号，断铅点位置为凹槽中央钢绞线、凹槽右侧腹板混凝土表面、T 梁右侧锚固端钢绞线。通过对比分析 S1～S4 传感器接收到的声发射信号确定 T 梁钢绞线损伤监测是否需要开槽布置传感器及合适的开槽深度。

5.5.2　结果与讨论

1. 凹槽断铅声发射信号衰减

T 梁开槽处钢绞线断铅信号衰减如图 5-41 所示。从图中可以看出，在波纹管上监测时，信号振幅、能量和持续时间的衰减率都在较低水平，分别为 8.4%、19.3% 和 0.1%；30mm 保护层和 70mm 保护层位置处振幅和持续时间的衰减率均有小幅增长，能量衰减率增长明显。

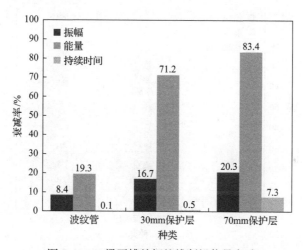

图 5-41　T 梁开槽处钢绞线断铅信号衰减

以上结果证明了开槽监测的必要性，开槽监测时传感器布置在钢绞线或波纹管表面均可接受，且能量、振幅、持续时间三个参数的衰减率都在较低水平，故三者均可以作为特征参数。同时注意到，混凝土对能量衰减有较大干扰，会使其衰减率增加数倍，因此如果在开槽后需要保留一定厚度的混凝土保护层，声发射监测用特征参数建议选用振幅和持续时间。振幅在三个监测位置的衰减率分别为 8.4%、16.7% 和 20.3%，近似线性增长且没有突变情况，而持续时间在三个位置的衰减率分别为 0.1%、0.5% 和 7.3%，整体仍处于较低水平，但注意到 30mm 保护层和 70mm 保护层之间从 0.5% 增长到 7.3%，证明持续时间作为监测的特征参数也存在一定的缺陷。

2. 锚固端钢绞线断铅声发射信号衰减

前面验证了开槽布置传感器的必要性和可行性，但真实损伤不会按我们设想的直接发生在传感器布置点处，因此有必要对远端损伤源进行模拟，来验证开槽设想的实用性。结合缩尺 T 梁尺寸，将锚固端钢绞线设定为远端信号源。

T 梁锚固端钢绞线断铅信号衰减如图 5-42 所示。从图中可以看出，在波纹管表面监测时，信号振幅和持续时间的衰减率都比较低，分别为 9.8% 和 16.1%，在锚固端断铅时，30mm 保护层和 70mm 保护层处持续时间的衰减率分别为 29.2% 和 63.4%。与在开槽处断铅(图 5-41)相比可见，持续时间的衰减率有不稳定的表现。因此，可以判定将持续时间作为特征参数用于实际工程的监测并不合适。

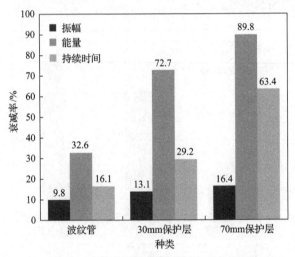

图 5-42　T 梁锚固端钢绞线断铅信号衰减

3. 腹板断铅声发射信号衰减

前两节的研究证明了在波纹管上直接监测的情况下，弹性波信号的衰减较小。通过在传感器附近进行断铅确定了振幅和持续时间可以作为特征参数用于监测，但锚固端钢绞线断铅试验证明了信号经过一定距离传输后，持续时间的衰减率表现出不稳定性，将凹槽中心线到梁体端部锚固区按 10cm 一个间隔设置 10 个断铅点。因为断铅发生在混凝土表面，所以监测到的信号大小关系应该是混凝土上的传感器 S3、S4 较大，波纹管上的传感器 S2 较小，钢绞线上的传感器 S1 最小，因为信号传输的路径是可逆的，所以从 S1-S2、S1-S3、S1-S4 和 S2-S1、S3-S1、S4-S1 得到的衰减率都是声发射信号在两个传感器之间衰减的真实反映。

以此为依据，分别绘制出不同断铅位置的参数衰减情况，如图 5-43 所示。随断铅点距离的增加，波纹管上振幅衰减率也在缓慢增长，中间略有突变点，变化范围为 8.5%～10.2%，持续时间的衰减率有较大增长，从 3.3%增加到 26.6%，更验证了持续时间的衰减率易受到声发射信号传输距离的影响，其可以作为在实验室条件下小尺寸试件损伤判定的一种参考依据，不建议在实桥监测中作为特征参数参与损伤评定。

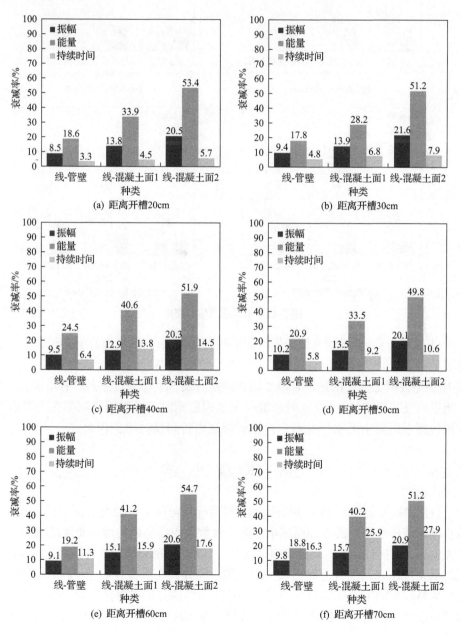

(a) 距离开槽20cm　　(b) 距离开槽30cm

(c) 距离开槽40cm　　(d) 距离开槽50cm

(e) 距离开槽60cm　　(f) 距离开槽70cm

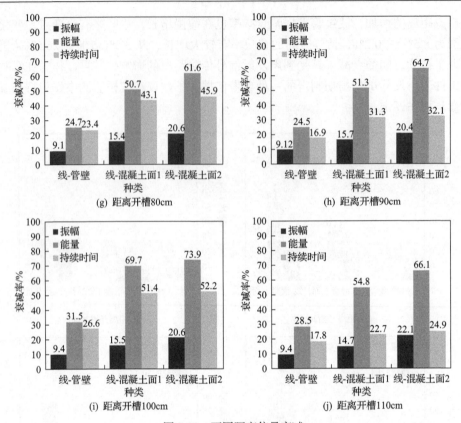

图 5-43　不同距离信号衰减

线-混凝土面 1 指的是钢绞线与薄混凝土保护层(30mm 厚)间信号衰减，线-混凝土面 2 指的是钢绞线与薄混凝土保护层(70mm 厚)间信号衰减。在线-混凝土面 1 和线-混凝土面 2 的振幅衰减率比直接在波纹管上布置传感器时有增加，但相比能量的衰减率增加较小，同时在混凝土表面监测时持续时间衰减率在声发射源靠近传感器时处于低水平，而在声发射源远离传感器时增长较大。

5.6　本章小结

(1)弹性波的振幅、能量和频率的衰减情况均与压浆料强度呈正相关，弹性波质心频率随传播距离的增加而减小。振铃计数随传播距离的增加而逐渐减少，且低强度压浆料振铃计数的衰减率相对较大。上升时间随弹性波的传播而迅速增加，同时低强度压浆料上升时间增长相对较快。此外，在振铃计数-振幅和上升时间-振幅的特征空间中，聚集的大小对这些特征向量的分布有明显影响。振幅和持续时间可以作为判定压浆饱满度的特征参数，在实际监测中声发射传感器应尽量布置在压浆饱满处以减少信号衰减。压浆缺陷大小的改变对声发射信号衰减率的变化影响不大，而有无压浆缺陷是信号衰减率增加与否的关键，有压浆缺陷时衰减率会增大。

(2)相同壁厚的镀锌和与非镀锌波纹管对声发射信号衰减的作用近似相同，PE 波纹管和 PP 波纹管也具备相同的特性，说明波纹管壁厚是决定声发射信号衰减的主要因素。振幅和持续时间衰减率较低，可以作为评估声发射信号衰减的特征参数。金属波纹管中声发射信号主频集中在 30～50kHz 和 150～200kHz 两个频段，塑料波纹管中声发射信号主频集中在 30～50kHz 和 160～180kHz 两个频段，对获得波纹管材料的衰减系数、增加有效输出信号、提高信噪比有重要意义。镀锌波纹管横截面的中部、底部均可作为声发射传感器的最优监测位置，PE 波纹管横截面中部可作为声发射传感器的最优监测位置，在实际应用中推荐将声发射传感器布置在波纹管横截面中间位置。

(3)在开槽处钢绞线上断铅，其余点位的振幅和持续时间的衰减率随混凝土保护层厚度的增大而增加，但增长幅度较小且整体维持在较低水平，因此可以将振幅和持续时间作为最优监测参数。混凝土强度越大，弹性波在传播过程中信号衰减越小，利用声发射对高强度的混凝土桥梁进行监测效果更好。镀锌波纹管+混凝土组合中，有无混凝土对其信号衰减的影响较大。因此，在实桥监测中，针对使用镀锌波纹管的桥梁，应尽可能排除混凝土的干扰。通过缩尺 T 梁的原位断铅试验，证明了混凝土开槽的必要性，同时判定了振幅作为声发射监测的特征参数。

第6章 后张法预应力梁钢绞线损伤声发射波导杆引波空间定位方法

6.1 引 言

后张法预应力混凝土桥梁因其造价及结构优势，是中小跨径桥梁中应用最广泛、数量最多的结构类型(Galvão et al.，2022)。预应力钢绞线是后张法预应力桥梁的重要组成部分，一旦发生损伤，必然会降低桥梁的安全性、适用性和耐久性(Campione and Zizzo，2022)，影响桥梁安全运营(邹国庆等，2021)。英国南威尔士的 Ynys-Y-Gwas 桥是一座单跨后张法节段拼装桥梁，于 1985 年 12 月 4 日在毫无征兆的情况下突然垮塌，主要原因是纵向预应力筋在节段拼接部位发生锈断。因此，建立一个长期、实时且经济的中小跨径桥梁预应力钢绞线损伤监测方法非常必要(毛琳等，2020；Wu et al.，2022)。目前在桥梁预应力钢绞线损伤检测方面，主要有人工定期巡检、超声导波检测、声发射监测方法(Käding et al.，2022；Qu et al.，2020)、预埋传感器法(朱万旭等，2019)、磁致伸缩导波法和漏磁检测法(Zhang et al.，2022)等，但较难实现实际桥梁内预应力钢绞线的损伤定位，同时这些检测方法也无法实现实际桥梁中预应力钢绞线损伤的长期实时健康监测，很难对桥梁的安全状况进行实时评估，并及时发出预警信号。声发射技术作为一种被动无损的监测方法，可以长期实时监测结构内部发生的损伤，如预应力钢绞线锈断时所发出的弹性波(陈徐东等，2022；Wang et al.，2023)。

本章对数量众多、分布广泛的中小跨径后张法预应力桥梁钢绞线损伤的健康监测问题展开深入研究，技术路线如图 6-1 所示。首先，以预应力钢束和后张法孔道内钢绞线的损伤定位为研究对象，提出一种基于波导杆引波技术的双声发射传感器空间定位方法；然后，对所提定位方法进行试验验证；最后，对后张法预应力空心板实梁中预应力钢束的损伤和后张法孔道内钢绞线的损伤进行横向定位试验，以证明所提定位方法在实际工程应用中的可行性(亢壮壮，2023)。

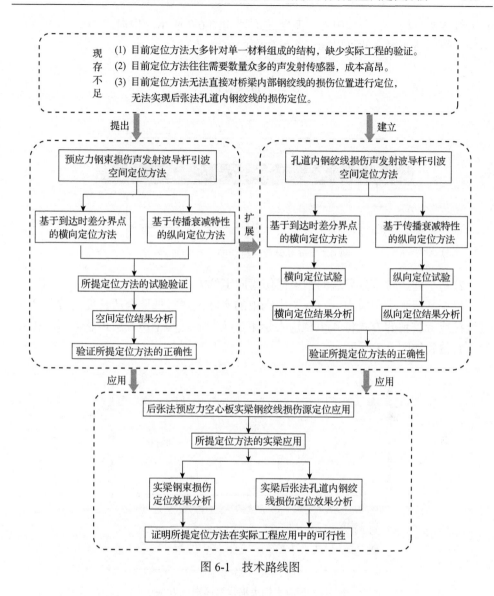

图 6-1　技术路线图

6.2　预应力钢束损伤声发射波导杆引波空间定位方法

6.2.1　预应力钢束损伤空间定位方法

1. 横向定位方法的建立

1)一维(线)定位的基本原理

传统的一维(线)定位至少需要两个声发射传感器和单时差，是最为简单的时差定位方法(付文成等,2019),其定位原理如图 6-2 所示。根据式(6-1)和声波在构件中的传播速度 v 就可以确定声发射源的位置 d。

$$d = \frac{1}{2}(D - \Delta Tv) \qquad (6\text{-}1)$$

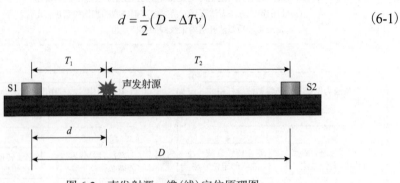

图 6-2　声发射源一维(线)定位原理图

2)基于到达时差分界点的钢束损伤横向定位方法

根据某后张法预应力空心板梁中钢束的实际位置,选取合适长度的波导杆通过焊接或者胶粘的方式将 4 束预应力钢束连接起来。两个声发射传感器 S1 和 S2 的布置位置如图 6-3 所示。

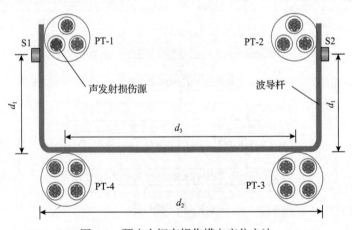

图 6-3　预应力钢束损伤横向定位方法

假设声波传至 S1 和 S2 的到达时间分别为 T_1 和 T_2,当预应力钢束 PT-1 发生损伤时,声发射信号到达时间差 ΔT_1 为

$$\Delta T_1 = T_2 - T_1 = \frac{2d_1 + d_2}{v} \qquad (6\text{-}2)$$

同理可得,当预应力钢束 PT-2、PT-3 和 PT-4 发生损伤时,声发射信号到达

时间差ΔT_2、ΔT_3和ΔT_4分别为

$$\Delta T_2 = -\Delta T_1 = -\frac{2d_1 + d_2}{v} \tag{6-3}$$

$$\Delta T_3 = T_2 - T_1 = -\frac{d_3}{v} \tag{6-4}$$

$$\Delta T_4 = -\Delta T_3 = \frac{d_3}{v} \tag{6-5}$$

式中，d_1为声发射传感器到波导杆弯折处的距离；d_2为波导杆弯折处之间的距离；d_3为预应力钢束 PT-3 和 PT-4 之间的距离；v为声波在波导杆中的传播速度。

取到达时间差ΔT_1和ΔT_4的算术平均值ΔT_{14}为判断预应力钢束 PT-1 或者 PT-4 发生损伤的分界点：

$$\Delta T_{14} = \frac{1}{2}\left(\Delta T_1 + \Delta T_4\right) = \frac{1}{2}\frac{2d_1 + d_2 + d_3}{v} \tag{6-6}$$

同理，取到达时间差ΔT_2和ΔT_3的算术平均值ΔT_{23}为判断预应力钢束 PT-2 或 PT-3 发生损伤的分界点：

$$\Delta T_{23} = -\Delta T_{14} = -\frac{1}{2}\frac{2d_1 + d_2 + d_3}{v} \tag{6-7}$$

因此，当两个传感器接收到的声发射信号到达时间差满足$\Delta T > \Delta T_{14}$时，可判定预应力钢束 PT-1 发生损伤。同理可知，当$\Delta T < -\Delta T_{14}$时，可判定预应力钢束 PT-2 发生损伤；当$-\Delta T_{14} < \Delta T < 0$时，可判定预应力钢束 PT-3 发生损伤；当 $0 < \Delta T < \Delta T_{14}$时，可判定预应力钢束 PT-4 发生损伤。

2. 纵向定位方法的建立

声波在预应力钢束和波导杆上传播时，声发射传感器采集到的信号幅值随着传播距离的增加按照指数规律衰减，所以可通过采集到的声发射信号幅值反向推算出损伤源的纵向位置(Jang and Kim，2021)。

如图 6-4 所示，预应力钢束损伤纵向定位过程主要包括两部分：①分别对两个声发射传感器采集到的信号幅值进行拟合，建立 S1 和 S2 的传播衰减模型；②将声发射传感器 S1 和 S2 采集到的损伤信号幅值代入对应钢束的传播衰减模型中，反推出损伤位置，取两者平均值作为最终声发射损伤源的纵向位置。

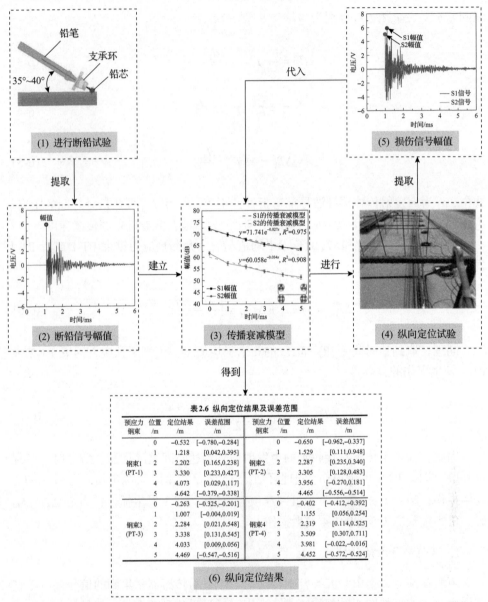

图 6-4　预应力钢束损伤纵向定位方法流程（彩图请扫封底二维码）

6.2.2　所提定位方法的试验验证

1. 试验设计及工况

　　搭建如图 6-5 所示的试验平台来验证所提定位方法的正确性。通过 4 种不同的波导杆连接方式将预应力钢束连接起来，分别为钢筋焊接、钢筋胶粘、钢板焊接和钢板胶粘。波导杆的具体参数如表 6-1 所示。表 6-2 为波导杆和所用焊条的化学成分。焊接工艺参数如表 6-3 所示。胶粘时，使用改性丙烯酸酯胶粘剂将波导杆与锚具粘合起来，黏结强度大约为 18MPa。预应力钢绞线与架立钢筋之间用橡胶垫隔开，防止声波在架立钢筋上传播造成能量耗散。

(a) 钢筋焊接

(b) 钢筋胶粘

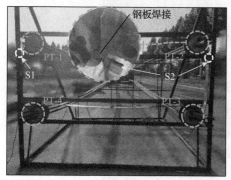

(c) 钢板焊接

(d) 钢板胶粘

图 6-5 不同连接方式的试验平台(彩图请扫封底二维码)

表 6-1 波导杆的具体参数

波导杆	型号	屈服强度/MPa	抗拉强度/MPa	伸长率/%	几何尺寸/mm
钢筋	HRB400	443	662	15	φ12×2000
钢板	Q235B	255	455	26	2000×30×1

表 6-2 波导杆和焊条的化学成分(质量分数) (单位：%)

型号	C	Si	Mn	P	S	V	Ti	Cr	Ni	Cu	Mo
HRB400	0.24	0.31	1.36	0.024	0.028	0.038	—	0.05	0.026	0.026	0.003
Q235B	0.15	0.19	0.5	0.016	0.019	0.001	0.002	0.08	0.02	0.02	0.006
E4303	0.20	1.00	1.20	0.040	0.035	0.08	—	0.20	0.30	—	0.30

表 6-3　焊接工艺参数

焊接方式	焊条直径/mm	焊条长度/mm	电流/A	电压/V	焊接速度/(cm/min)
手工电弧焊	2.5	300	50~80	16~25	15~25

2. 试验仪器

本次试验采用RS-2A型声发射传感器和DS5-16B型全波形声发射分析仪来采集和记录声发射信号。传感器通过一个增益为 40dB 的前置放大器与声发射分析仪连接，声发射数据采集系统如图 6-6 所示。声发射信号的采集时长大于断铅时长，采样频率设为 2.5MHz。峰值鉴别时间取 300μs，撞击鉴别时间取 600μs，撞击闭锁时间取 1000μs。声发射传感器安装时，将波导杆表面去污，并均匀涂抹凡士林，以提高波导杆表面与声发射传感器之间的耦合效果。为防止传感器脱落，使用胶带将其固定。

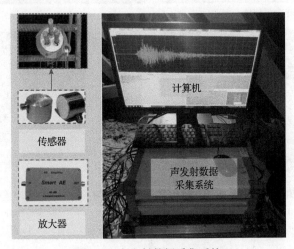

图 6-6　声发射数据采集系统

3. 试验步骤

对图 6-5 所示的 4 种连接方式进行预应力钢束损伤声发射空间定位试验。试验时在波导杆表面布置两个声发射传感器，分别位于预应力钢束 PT-1 和 PT-2 下面 2cm 处。按照 ASTM 标准推荐的产生声发射事件的方法，使用断铅信号模拟声发射损伤源信号。任选一股预应力钢绞线进行断铅，断铅点位于锚具后 0m、1m、2m、3m、4m 和 5m 处，每个位置断铅 3 次，如图 6-7 所示。

图 6-8 为采集到的 4 束预应力钢束断铅信号波形图。对采集到的断铅信号进行分析，发现每次断铅信号的幅值接近且波动较为一致，故可认为断铅模拟声发射源采集到的断铅信号具有较好的可重复性。

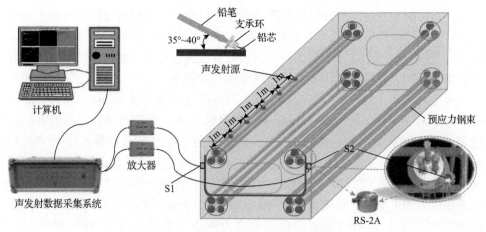

图 6-7　声发射空间定位试验示意图

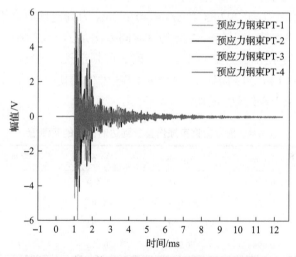

图 6-8　断铅信号波形图(彩图请扫封底二维码)

6.2.3　定位结果分析

1. 波导杆焊接方式下的横向定位结果分析

在后张法预应力桥梁钢束损伤声发射定位试验中,采用断铅信号模拟声发射损伤源,无需测量声波在波导杆中的传播速度,只需要计算两个声发射传感器接收到的声发射信号到达时间差,就可以判定发生损伤的预应力钢束。下面以钢筋焊接连接方式为例,对预应力钢束损伤横向定位结果进行分析。

1)基于首波到达时间差的定位结果分析

声发射信号到达时间的测定是进行声发射源定位的基础,并且实测信号中首波到达时间的测定较为准确,所以通过计算两个同步传感器采集到的声发射信号首波到达时间差来确定声发射损伤源的位置，以验证所提横向定位方法的正确性（靳郑伟等，2021）。T_{H1} 为声发射传感器 S1 采集到的声发射信号首波到达时间，T_{H2} 为声发射传感器 S2 采集到的声发射信号首波到达时间，$\Delta T=T_{H2}-T_{H1}$ 为声发射传感器 S1 和 S2 接收到的声发射信号首波到达时间差。

声发射信号首波波形为纵波，钢材中纵波声速一般为 5880m/s，实测波导杆 d_1=450mm，d_2=1100mm，d_3=1000mm，则根据式 (6-6) 得到判断预应力钢束 PT-1 或者 PT-4 发生损伤的到达时间差分界点理论值 ΔT_{14}=0.255ms，根据式 (6-7) 得到判断预应力钢束 PT-2 或者 PT-3 发生损伤的到达时间差分界点理论值 ΔT_{23}= $-\Delta T_{14}$= -0.255ms。如表 6-4 所示，对于预应力钢束 PT-1，首波到达时间差 ΔT_1=0.366ms；对于预应力钢束 PT-2，首波到达时间差 ΔT_2= -0.362ms；对于预应力钢束 PT-3，首波到达时间差 ΔT_3= -0.209ms；对于预应力钢束 PT-4，首波到达时间差 ΔT_4=0.218ms。图 6-9 为基于首波到达时间差的不同预应力钢束损伤的横向定位结果。取实测值的平均值 ΔT_{14}=0.292ms 和 ΔT_{23}= -0.292ms 为判定预应力钢束发生损伤的分界点，当采集到的声发射信号首波到达时间差满足 ΔT>0.292ms 时，可判定预应力钢束 PT-1 发生损伤；当 ΔT< -0.292ms 时，可判定预应力钢束 PT-2 发生损伤；当 -0.292ms< ΔT<0 时，可判定预应力钢束 PT-3 发生损伤；当 0< ΔT<0.292ms 时，可判定预应力钢束 PT-4 发生损伤。

表 6-4　预应力钢束损伤首波到达时间差的实测值

预应力钢束	T_{H1}/ms	T_{H2}/ms	ΔT/ms	分界点实测值/理论值/ms
PT-1	0.098	0.464	0.366	
PT-2	0.455	0.093	-0.362	±0.292/±0.255
PT-3	0.309	0.100	-0.209	
PT-4	0.098	0.316	0.218	

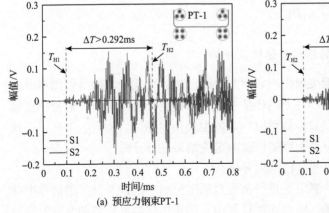

(a) 预应力钢束PT-1

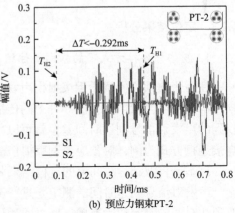

(b) 预应力钢束PT-2

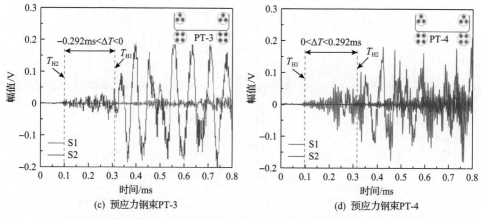

(c) 预应力钢束PT-3 (d) 预应力钢束PT-4

图 6-9　基于首波到达时间差的横向定位结果(彩图请扫封底二维码)

总之，不同预应力钢束发生损伤时的声发射信号首波到达时间差具有不同的取值范围。使用波导杆将 4 束预应力钢束连起来，然后通过同步传感器 S1 和 S2 接收到的声发射信号首波到达时间差就可以准确判别具体发生损伤的预应力钢束。

2)基于最大振幅到达时间差的定位结果分析

预应力钢束损伤产生的声发射信号最大振幅往往大于环境噪声的幅值，且最大振幅的测定不受门槛值设置的影响，故在实际工程应用中，采用声发射信号最大振幅到达时间差来判别发生损伤的预应力钢束更为便捷(Wu et al.，2021)。

声发射信号最大振幅波形为横波，且钢材中横波声速一般为 3230m/s，实测波导杆 d_1=450mm，d_2=1100mm，d_3=1000mm，则根据式(6-6)得到判断预应力钢束 PT-1 或者 PT-4 发生损伤的到达时间差分界点理论值ΔT_{14}=0.464ms，根据式(6-7)得到判断预应力钢束 PT-2 或者 PT-3 发生损伤的到达时间差分界点理论值ΔT_{23}= -0.464ms。如表 6-5 所示，对于预应力钢束 PT-1，实际测得声发射信号最大振幅到达时间差ΔT_1=0.622ms；对于预应力钢束 PT-2，ΔT_2= -0.616ms；对于预应力钢束 PT-3，ΔT_3= -0.459ms；对于预应力钢束 PT-4，ΔT_4=0.431ms。基于最大振幅到达时间差的不同预应力钢束的横向定位结果如图 6-10 所示。取实测值的平均值ΔT_{14}= 0.527ms 和ΔT_{23}= -0.527ms 为判定预应力钢束发生损伤的分界点，当采集

表 6-5　预应力钢束损伤最大振幅到达时间差的实测值

预应力钢束	T_{M1}/ms	T_{M2}/ms	ΔT/ms	分界点实测值/理论值/ms
PT-1	0.834	1.456	0.622	
PT-2	1.442	0.826	-0.616	±0.527/±0.464
PT-3	1.774	1.315	-0.459	
PT-4	0.858	1.289	0.431	

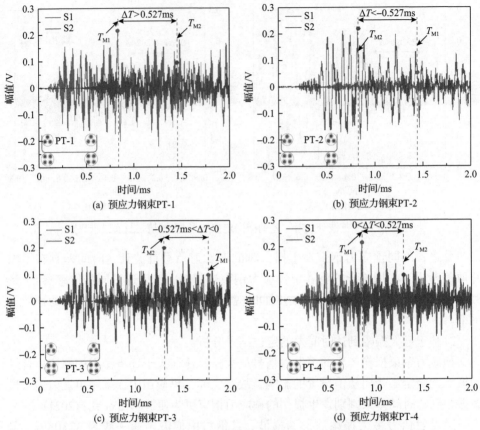

图 6-10　基于最大振幅到达时间差的横向定位结果(彩图请扫封底二维码)

到的损伤信号最大振幅到达时间差满足$\Delta T > 0.527\text{ms}$ 时，可判定预应力钢束 PT-1 发生损伤；当$\Delta T < -0.527\text{ms}$ 时，可判定预应力钢束 PT-2 发生损伤；当$-0.527\text{ms} < \Delta T < 0$ 时，可判定预应力钢束 PT-3 发生损伤；当 $0 < \Delta T < 0.527\text{ms}$ 时，可判定预应力钢束 PT-4 发生损伤。

综上所述，基于到达时间差分界点的钢束损伤横向定位方法无需实测波速，只需要计算两个传感器接收到的声发射信号到达时间差，然后根据到达时间差的正负和大小就可以准确识别发生损伤的预应力钢束。

2. 波导杆焊接方式下的纵向定位结果分析

在后张法预应力桥梁钢束损伤声发射定位试验中，采用断铅信号模拟声发射损伤源，可通过采集到的声发射信号幅值反向推算出损伤源的纵向位置。声发射信号幅值传播衰减模型为

$$y = y_0 \mathrm{e}^{-\alpha x} \tag{6-8}$$

式中，y_0 为声发射损伤源的幅值；y 为传播 x 距离后的幅值；α 为幅值衰减系数。

取钢筋焊接方式下两个声发射传感器采集到的断铅信号幅值的平均值进行拟合，进而建立 4 束预应力钢束 S1 和 S2 的纵向传播衰减模型，如图 6-11 所示。总体上看，除预应力钢束 PT-2 的 S1 纵向传播衰减模型相关系数低于 0.900 外，其余模型相关系数都大于 0.900，与传统认知下的波动方程较为一致。S1 和 S2 采集到的断铅信号幅值相差 11dB 左右，可用来验证实际工程中采集到的声发射信号的正确性。预应力钢束 PT-3 和 PT-4 的幅值衰减系数大于预应力钢束 PT-1 和 PT-2 的幅值衰减系数，如预应力钢束 PT-3 的 S1 幅值衰减系数为 0.061，约为预应力钢束 PT-1 的 2 倍，说明 4 股钢绞线钢束的幅值衰减速度要大于 3 股钢绞线钢束，原因可能是 YM15-4 锚具的面积要大于 YM15-3 锚具，且 YM15-4 锚具的结构形式要比 YM15-3 锚具复杂，更加不利于声发射信号的传播。

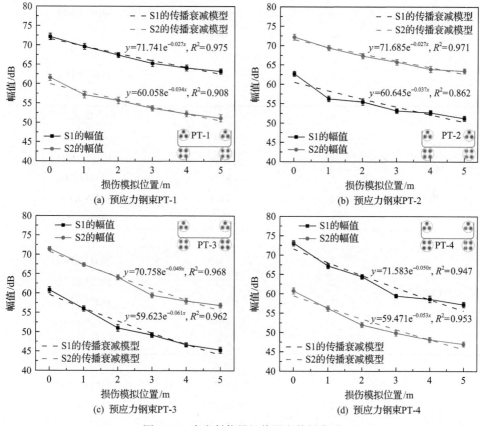

图 6-11　声发射信号幅值纵向传播衰减

表 6-6 为预应力钢束损伤纵向定位结果及误差范围。以钢筋焊接方式下预应力钢束 PT-1 的纵向定位结果为例，对预应力钢束损伤纵向定位过程进行说明。首先，

建立预应力钢束 PT-1 两个声发射传感器的传播衰减模型，分别为 $y=71.741e^{-0.027x}$ 和 $y=60.058e^{-0.034x}$。然后，任选一股钢绞线，在其上距离锚具 0m 位置处断铅，将 S1 的幅值 72.294dB 和 S2 的幅值 61.673dB 代入相应模型，反推出纵向定位结果 $x=-0.284m$（S1）和 $x=-0.780m$（S2）。最后，取平均值 $x=-0.532m$ 作为最终声发射损伤源的纵向位置。重复上述过程，得到全部 4 束预应力钢束不同纵向位置处的定位结果。总的来说，除 0m 和 5m 位置外，预应力钢束各个位置处的纵向定位误差绝对值大都小于 35cm，相对定位精度达到 93%。4m 位置处的定位结果最好，误差范围最小，几乎可以定位到断铅点。

表 6-6 预应力钢束损伤纵向定位结果及误差范围

预应力钢束	位置/m	定位结果/m	误差范围/m
PT-1	0	−0.532	[−0.780,−0.284]
	1	1.218	[0.042,0.395]
	2	2.202	[0.165,0.238]
	3	3.330	[0.233,0.427]
	4	4.073	[0.029,0.117]
	5	4.642	[−0.379,−0.338]
PT-3	0	−0.263	[−0.325,−0.201]
	1	1.007	[−0.004,0.019]
	2	2.284	[0.021,0.548]
	3	3.338	[0.131,0.545]
	4	4.033	[0.009,0.056]
	5	4.469	[−0.547,−0.516]
PT-2	0	−0.650	[−0.962,−0.337]
	1	1.529	[0.111,0.948]
	2	2.287	[0.235,0.340]
	3	3.305	[0.128,0.483]
	4	3.956	[−0.270,0.181]
	5	4.465	[−0.556,−0.514]
PT-4	0	−0.402	[−0.412,−0.392]
	1	1.155	[0.056,0.254]
	2	2.319	[0.114,0.525]
	3	3.509	[0.307,0.711]
	4	3.981	[−0.022,−0.016]
	5	4.452	[−0.572,−0.524]

3. 不同连接方式的空间定位结果对比分析

本节所提的后张法预应力桥梁钢束损伤声发射波导杆引波双传感器空间定位方法共包括 4 种连接方式，分别为钢筋焊接、钢筋胶粘、钢板焊接和钢板胶粘。前面分析了钢筋焊接方式下的空间定位结果，并验证了所提定位方法的正确性。下面就 4 种不同连接方式的空间定位结果进行对比分析，以找到适用于实际工程的连接方式。

1）横向定位结果对比分析

实际工程中，使用声发射信号最大振幅到达时间差对预应力钢束损伤进行横向定位较为便捷，下面就 4 种不同连接方式下基于最大振幅到达时间差的横向定位结果进行对比分析。与前面相同，T_{M1} 和 T_{M2} 为 S1 和 S2 最大振幅到达时间，$\Delta T = T_{M2} - T_{M1}$ 为二者的最大振幅到达时间差。

已知声发射信号最大振幅波形为横波，钢材中横波声速为 3230m/s，波导杆尺寸 $d_1 = 450$mm，$d_2 = 1100$mm，$d_3 = 1000$mm，根据式（6-6）得到判别预应力钢束 PT-1 或者 PT-4 发生损伤的到达时间差分界点理论值 $\Delta T_{14} = 0.464$ms。由表 6-7 可知，4 种不同连接方式下预应力钢束 PT-1 发生损伤时，声发射信号最大振幅到达时间差的实测值分别为 0.622ms（钢筋焊接）、0.599ms（钢筋胶粘）、0.795ms（钢板焊接）和 0.729ms（钢板胶粘）。

表 6-7　不同连接方式下预应力钢束损伤最大振幅到达时间差的实测值

连接方式	T_{M1}/ms	T_{M2}/ms	ΔT/ms	分界点/ms
钢筋焊接	0.834	1.456	0.622	0.527
钢筋胶粘	0.872	1.471	0.599	0.527
钢板焊接	0.879	1.674	0.795	0.636
钢板胶粘	0.500	1.229	0.729	0.636

图 6-12 为预应力钢束 PT-1 发生损伤时，不同连接方式下基于声发射信号最大振幅到达时间差的横向定位结果。可以看出，4 种连接方式都无需测量波速，只需要计算 ΔT 就可以识别发生损伤的预应力钢束。使用钢板波导杆测得的最大振幅到达时间差要大于钢筋波导杆，原因可能是声发射信号在钢板中的传播速度要小于其在钢筋中的传播速度。

2）纵向定位结果对比分析

由前面分析可知，钢筋焊接方式下的纵向定位精度可以满足实际后张法预应力桥梁长期实时健康监测的要求。下面就 4 种不同连接方式下的纵向定位结果进行对比分析，以找到适用于实际工程的连接方式。

表 6-8 给出了 4 种连接方式下预应力钢束 PT-1 发生损伤时不同位置处的纵向定位结果误差。可以看出，4 种连接方式下的纵向定位结果误差相差不大，绝大部分

误差绝对值小于 35cm，相对定位精度达到 93%，可以满足实际工程中的应用。

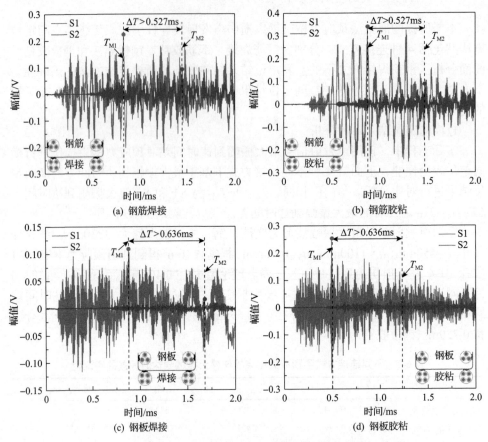

图 6-12   不同连接方式下的横向定位结果(彩图请扫封底二维码)

表 6-8   不同连接方式下的纵向定位结果误差

损伤模拟位置/m	定位误差/m			
	钢筋焊接	钢筋胶粘	钢板焊接	钢板胶粘
0	−0.532	−0.339	−0.306	−0.003
1	0.218	0.152	0.116	−0.138
2	0.202	0.255	0.417	0.011
3	0.330	0.472	0.096	0.377
4	0.073	−0.049	0.113	0.120
5	−0.358	−0.505	−0.409	−0.356

图 6-13 为 4 种连接方式下预应力钢束 PT-1 发生损伤时的声发射信号幅值传播衰减模型，4 种连接方式下衰减模型相关系数都大于 0.900。钢板焊接下声发

射传感器采集到的信号幅值普遍小于其他 3 种连接方式。钢板焊接和钢板胶粘下 S1 和 S2 采集到的断铅信号幅值分别相差大约 17dB 和 20dB，要大于钢筋焊接和钢筋胶粘下的 11dB 和 15dB，说明声波在钢板中的衰减程度要大于在钢筋中的衰减程度。钢板焊接和钢板胶粘下 S2 采集到的断铅信号幅值在 1m 和 2m 位置后小于 40dB。

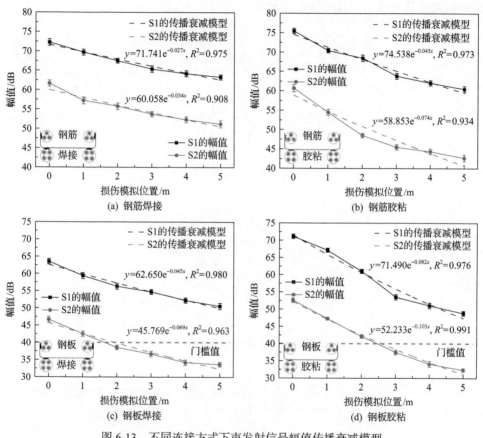

图 6-13 不同连接方式下声发射信号幅值传播衰减模型

6.3 孔道内钢绞线损伤声发射波导杆引波空间定位方法

6.3.1 孔道内钢绞线损伤空间定位方法

1. 横向定位方法的建立

1) 二维(平面)定位的基本原理

二维(平面)定位至少需要三个声发射传感器和两组时间差，但有时会得到双曲线的两个交点，即一个真实的声发射源和一个伪声发射源。为了得到单一解，一般需要四个声发射传感器和三组时间差。传感器阵列可任意选择，由四个传感器组成的菱形阵列(吕珊珊等，2017)平面定位原理如图 6-14 所示。设由 S1 和 S3 间的时间差Δt_X所得双曲线为 1，由 S2 和 S4 间的时间差Δt_Y所得双曲线为 2，声发射源为 Q，S1 和 S3 的间距为 a，S2 和 S4 的间距为 b，波速为 v，声发射源位于两条双曲线的交点 Q，其坐标可表示为

$$X = \frac{L_X}{2a}\left[L_X + 2\sqrt{\left(X - \frac{a}{2}\right)^2 + Y^2} \right] \tag{6-9}$$

$$Y = \frac{L_Y}{2b}\left[L_Y + 2\sqrt{\left(Y - \frac{b}{2}\right)^2 + X^2} \right] \tag{6-10}$$

$$L_X = v\Delta t_X, \quad L_Y = v\Delta t_Y \tag{6-11}$$

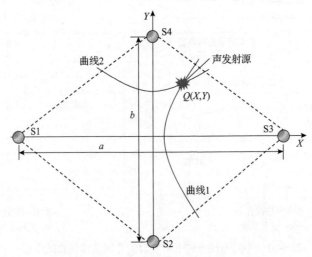

图 6-14　声发射源二维(平面)定位原理图

2)基于到达时间差分界点的钢绞线损伤横向定位方法

当前中小跨径桥梁多采用后张法施工工艺，单跨跨径小于 40m，桥梁后张法孔道内一般包含 4 股或 3 股预应力钢绞线，并使用 YM15-4 或 YM15-3 锚具将张拉后的预应力钢绞线锚固在梁体端部。YM 指的是圆形锚具，15 代表规格为直径15.2mm 的钢绞线，4 和 3 是指所要穿载的钢绞线股数。YM15-4 和 YM15-3 锚具中锚板直径分别为 97mm 和 87mm，厚度都为 43mm。

基于此，本节把锚板看成异形波导杆，将二维(平面)定位方法应用于中小跨

径桥梁后张法孔道内钢绞线损伤的识别定位，提出一种基于波导杆引波技术的双传感器横向定位方法。钢绞线损伤横向定位方法示意图如图 6-15 所示。

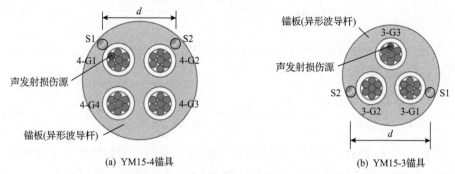

图 6-15　钢绞线损伤横向定位方法示意图

G1、G2、G3 和 G4 为钢绞线的编号，4 和 3 分别代表 YM15-4 和 YM15-3 锚具

若声波传至 S1 和 S2 的时间分别为 T_1 和 T_2，当预应力钢绞线 G1 发生损伤时，声发射信号到达时间差ΔT_1 为

$$\Delta T_1 = T_2 - T_1 \approx \frac{d}{v} \tag{6-12}$$

式中，d 为两个声发射传感器之间的距离；v 为声波在锚板平面内的传播速度，需要实测得到。

同理可得，当预应力钢绞线 G2 发生损伤时，声发射信号到达时间差ΔT_2 为

$$\Delta T_2 = -\Delta T_1 \approx -\frac{d}{v} \tag{6-13}$$

对于 YM15-4 锚具，当预应力钢绞线 4-G3 和 4-G4 发生损伤时，声发射信号到达时间差ΔT_3 和ΔT_4 分别为

$$\Delta T_3 = T_2 - T_1 \approx -\frac{\left(\sqrt{2}-1\right)d}{v} \tag{6-14}$$

$$\Delta T_4 = -\Delta T_3 \approx \frac{\left(\sqrt{2}-1\right)d}{v} \tag{6-15}$$

对于 YM15-3 锚具，当预应力钢绞线 3-G3 发生损伤时，声发射信号到达时间差ΔT_3 为

$$\Delta T_3 = T_2 - T_1 = 0 \tag{6-16}$$

对于 YM15-4 锚具，取到达时间差ΔT_1 和ΔT_4 的算术平均值ΔT_{14} 为判断预应力

钢绞线 4-G1 或者 4-G4 发生损伤的分界点：

$$\Delta T_{14} = \frac{1}{2}\left(\Delta T_1 + \Delta T_4\right) \approx \frac{1}{2}\frac{d + \left(\sqrt{2}-1\right)d}{v} = \frac{\sqrt{2}}{2}\frac{d}{v} \tag{6-17}$$

同理，取到达时间差ΔT_2和ΔT_3的算术平均值ΔT_{23}为判断预应力钢绞线 4-G2 或者 4-G3 发生损伤的分界点：

$$T_{23} = -\Delta T_{14} \approx -\frac{\sqrt{2}}{2}\frac{d}{v} \tag{6-18}$$

因此，对于 YM15-4 锚具，当两个传感器接收到的声发射信号到达时间差满足$\Delta T > \Delta T_{14}$时，可判定预应力钢绞线 4-G1 发生损伤。同理，当$\Delta T < -\Delta T_{14}$时，可判定预应力钢绞线 4-G2 发生损伤；当$-\Delta T_{14} < \Delta T < 0$时，可判定预应力钢绞线 4-G3 发生损伤；当$0 < \Delta T < \Delta T_{14}$时，可判定预应力钢绞线 4-G4 发生损伤。

对于 YM15-3 锚具，当两个传感器接收到的声发射信号到达时间差满足$0 < \Delta T_1 = \Delta T$时，可判定预应力钢绞线 3-G1 发生损伤；当$\Delta T = \Delta T_2 < 0$时，可判定预应力钢绞线 3-G2 发生损伤；当$\Delta T = 0$时，可判定预应力钢绞线 3-G3 发生损伤。

后张法孔道内不同钢绞线发生损伤时的声发射信号到达时间差具有不同的取值范围，可通过到达时间差ΔT的正负来识别锚具左侧或者右侧的预应力钢绞线发生损伤，进而比较到达时间差ΔT的大小判别锚具上面或者下面的预应力钢绞线发生损伤。

2. 纵向定位方法的建立

如前面所述，声波在预应力钢绞线上传播时，声发射传感器采集到的信号幅值随着传播距离的增加按照指数规律衰减（Jang and Kim，2021），故可通过采集到的声发射信号幅值反向推算出损伤源的纵向位置。

后张法孔道内钢绞线损伤纵向定位方法和后张法预应力桥梁钢束损伤纵向定位方法大致相同，如图 6-4 所示，主要包括两部分：①对任意传感器接收到的声发射信号幅值的平均值进行拟合，建立传播衰减模型；②代入传播衰减模型反推出损伤源的纵向位置。

6.3.2　所提定位方法的试验验证

1. 试验平台及试验仪器

本次试验为了避免压浆料和金属波纹管对后张法孔道内钢绞线损伤声发射波导杆引波双传感器空间定位方法的影响，搭建了如图 6-16 所示的试验平台来验证所提定位方法的正确性。所用预应力钢绞线是由 7 根高强度钢丝构成的绞合钢缆，直径 15.2mm，抗拉强度 1860MPa，所用锚具规格型号为 YM15-4 和 YM15-3。

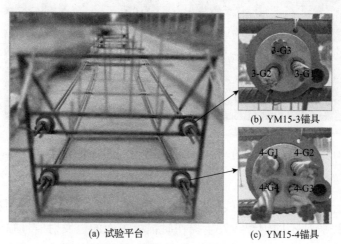

图 6-16　试验概况(彩图请扫封底二维码)

2. 试验步骤

1)横向定位试验

YM15-4 和 YM15-3 锚具需要实测声速，选取三个方向进行声速测量，取三者均值为最终锚板平面内的声速。如图 6-17 所示，YM15-4 和 YM15-3 锚具方向 1 的传播路径中无预应力钢绞线的干扰，YM15-4 锚具方向 2 的传播路径为锚板平面内最长最复杂的传播路径，YM15-3 锚具方向 2 的传播路径中有一股预应力钢绞线的干扰，YM15-4 和 YM15-3 锚具方向 3 的传播路径中有两股预应力钢绞线的干扰。图 6-18 为后张法孔道内钢绞线损伤横向定位试验图。

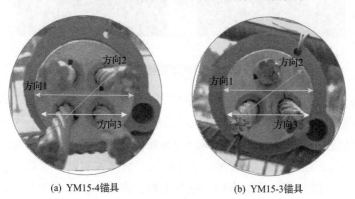

图 6-17　锚板平面内不同方向的声速测量(彩图请扫封底二维码)

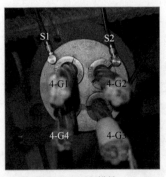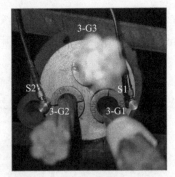

(a) YM15-4锚具   (b) YM15-3锚具

图 6-18 后张法孔道内钢绞线损伤横向定位试验图（彩图请扫封底二维码）

2）纵向定位试验

在进行后张法孔道内钢绞线损伤纵向定位试验前，在锚板表面对称布置声发射传感器，以验证不同钢绞线发生损伤时锚板表面的声发射信号幅值特征。如图 6-19 所示，分别在 YM15-4 锚具锚板表面和 YM15-3 锚具锚板表面对称布置 4个和 3 个 RS-2A 型声发射传感器，然后在每股预应力钢绞线上断铅。

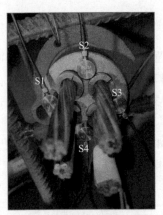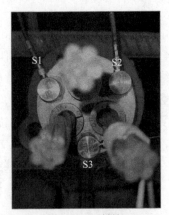

(a) YM15-4锚具   (b) YM15-3锚具

图 6-19 锚板表面声发射信号的幅值特征（彩图请扫封底二维码）

图 6-20 为预应力钢绞线损伤纵向定位试验示意图。试验时在锚板表面布置两个 RS-54A 型声发射传感器，分别紧挨着预应力钢绞线 G1 和 G2，两个声发射传感器的布置位置与横向定位试验相同。在每股预应力钢绞线上进行断铅，断铅点位于锚具后 0m、1m、2m、3m、4m 和 5m 处，每个位置断铅 3 次。在声发射传感器与锚板表面接触部位适当涂抹一层凡士林，以提高锚板表面与声发射传感器之间的耦合效果。

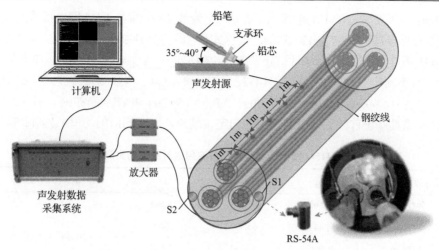

图 6-20　预应力钢绞线损伤纵向定位试验示意图

6.3.3　定位结果分析

1. 横向定位结果分析

1) 声速测量结果

后张法预应力桥梁张拉端锚具需要实测声速，如表 6-9 所示，首波声速分别为 3611m/s（YM15-4）和 3621m/s（YM15-3），最大振幅声速分别为 1177m/s（YM15-4）和 1161m/s（YM15-3）。而均质钢材中首波声速一般为 5880m/s，最大振幅声速一般为 3230m/s，声波在锚板平面内的传播速度远小于其在均质钢材中的声速。

表 6-9　锚具平面内不同方向的声速及均值　　　　　（单位：m/s）

方向	YM15-4 锚具		YM15-3 锚具	
	首波声速	最大振幅声速	首波声速	最大振幅声速
方向 1	4047	1306	3987	1273
方向 2	3475	1124	3423	1119
方向 3	3311	1103	3451	1091
均值	3611	1177	3621	1161

2) 基于首波到达时间差的定位结果分析

由 6.2 节可知，声发射信号中首波到达时间的测定最为准确，故可以通过声发射信号首波到达时间差来确定声发射损伤源的位置，以验证所提横向定位方法的正确性。T_{H1} 和 T_{H2} 为 S1 和 S2 采集到的首波到达时间，$\Delta T = T_{H2} - T_{H1}$ 为二者首波到达时间差。

YM15-4 锚具平面内首波声速实测值为 3611m/s，两个声发射传感器的间距 d

为 63mm，则根据式(6-17)得到判断预应力钢绞线 4-G1 或者 4-G4 发生损伤的到达时间差分界点理论值$\Delta T_{14} \approx 12.337\mu s$，根据式(6-18)得到判断预应力钢绞线 4-G2 或者 4-G3 发生损伤的到达时间差分界点理论值$\Delta T_{23} = -\Delta T_{14} \approx -12.337\mu s$。如表 6-10 所示，对于预应力钢绞线 4-G1、4-G2、4-G3 和 4-G4，实际测得首波到达时间差分别为$\Delta T_1 = 18.605\mu s$、$\Delta T_2 = -19.950\mu s$、$\Delta T_3 = -7.912\mu s$ 和$\Delta T_4 = 8.489\mu s$。图 6-21 为 YM15-4 锚具基于首波到达时间差的横向定位结果。取实测值的均值$\Delta T_{14} = 13.547\mu s$

表 6-10　YM15-4 锚具钢绞线损伤首波到达时间差的实测值　　　（单位：μs）

预应力钢绞线	T_{H1}	T_{H2}	ΔT	分界点实测值/理论值
4-G1	38.668	57.273	18.605	
4-G2	53.443	33.493	−19.950	±13.547/±12.337
4-G3	48.906	40.994	−7.912	
4-G4	38.114	46.603	8.489	

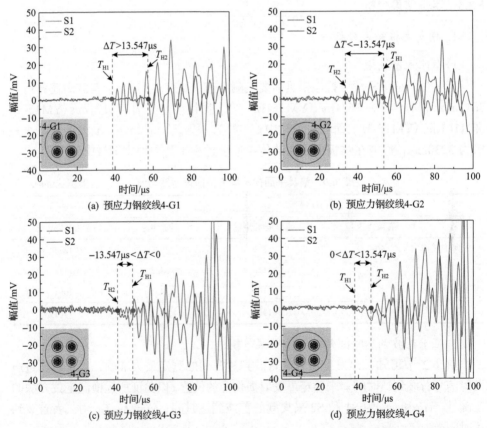

图 6-21　YM15-4 锚具基于首波到达时间差的横向定位结果(彩图请扫封底二维码)

和$\Delta T_{23} = -13.547\mu s$ 为判定预应力钢绞线发生损伤的分界点,当采集到的声发射信号首波到达时间差满足$\Delta T > 13.547\mu s$ 时,可判定预应力钢绞线 4-G1 发生损伤;当$\Delta T < -13.547\mu s$ 时,可判定预应力钢绞线 4-G2 发生损伤;当$-13.547\mu s < \Delta T < 0$ 时,可判定预应力钢绞线 4-G3 发生损伤;当 $0 < \Delta T < 13.547\mu s$ 时,可判定预应力钢绞线 4-G4 发生损伤。

YM15-3 锚具平面内首波声速实测值为 3621m/s,两个声发射传感器的间距 d 为 63mm,则根据式(6-12)得到识别预应力钢绞线 3-G1 发生损伤的首波到达时间差$\Delta T_1 \approx 17.398\mu s$,根据式(6-13)得到识别预应力钢绞线 3-G2 发生损伤的首波到达时间差$\Delta T_2 \approx -17.398\mu s$,根据式(6-16)得到识别预应力钢绞线 3-G3 发生损伤的首波到达时间差$\Delta T_3 = 0$。如表 6-11 所示,对于预应力钢绞线 3-G1、3-G2 和 3-G3,实际测得首波到达时间差分别为$\Delta T_1 = 18.651\mu s$、$\Delta T_2 = -18.925\mu s$ 和$\Delta T_3 = -0.775\mu s$。图 6-22 为 YM15-3 锚具基于首波到达时间差的横向定位结果。当采集到的声发射信号首波到达时间差满足$\Delta T > 10\mu s$ 时,可判定预应力钢绞线 3-G1 发生损伤;当$\Delta T < -10\mu s$ 时,可判定预应力钢绞线 3-G2 发生损伤;当$\Delta T \approx 0$ 时,可判定预应力钢绞线 3-G3 发生损伤。

表 6-11　YM15-3 锚具钢绞线损伤首波到达时间差的实测值　　（单位：μs）

预应力钢绞线	T_{H1}	T_{H2}	ΔT 实测值	ΔT 理论值	分界点
3-G1	23.483	42.134	18.651	17.398	
3-G2	55.404	36.479	−18.925	−17.398	±10
3-G3	37.437	36.662	−0.775	0	

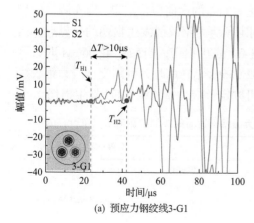

(a) 预应力钢绞线3-G1

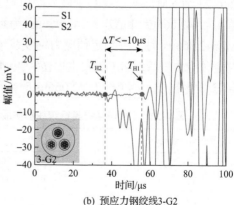

(b) 预应力钢绞线3-G2

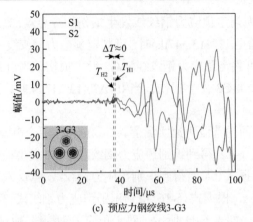

(c) 预应力钢绞线3-G3

图 6-22　YM15-3 锚具基于首波到达时间差的横向定位结果（彩图请扫封底二维码）

3）基于最大振幅到达时间差的定位结果分析

在实际工程应用中，后张法孔道内钢绞线发生损伤时的声发射信号最大振幅往往大于环境噪声的幅值，且不易受到门槛值设置的影响，所以采用声发射信号最大振幅到达时间差来识别发生损伤的预应力钢绞线更为合适（Wu et al.，2021）。

YM15-4 锚具最大振幅声速实测值为 1177m/s，两个声发射传感器的间距 d=63mm，则根据式（6-17）得到判断预应力钢绞线 4-G1 或者 4-G4 发生损伤的到达时间差分界点理论值 ΔT_{14}≈37.849μs，根据式（6-18）得到判断预应力钢绞线 4-G2 或者 4-G3 发生损伤的到达时间差分界点理论值 ΔT_{23}=$-\Delta T_{14}$≈$-$37.849μs，ΔT 的实测值受到锚具复杂组成部分的影响，如表 6-12 所示，对于 YM15-4 锚具，预应力钢绞线发生损伤时，ΔT 分别为 59.621μs（预应力钢绞线 4-G1）、$-$58.481μs（预应力钢绞线 4-G2）、$-$25.422μs（预应力钢绞线 4-G3）和 24.510μs（预应力钢绞线 4-G4）。图 6-23 为 YM15-4 锚具基于最大振幅到达时间差的横向定位结果。取实测值的均值 ΔT_{14}=42.066μs 和 ΔT_{23}=$-$42.066μs 为判定预应力钢绞线发生损伤的分界点。当 ΔT＞42.066μs 时，可判定预应力钢绞线 4-G1 发生损伤；当 ΔT＜$-$42.066μs 时，可判定预应力钢绞线 4-G2 发生损伤；当 $-$42.066μs＜ΔT＜0 时，可判定预应力钢绞线 4-G3 发生损伤；当 0＜ΔT＜42.066μs 时，可判定预应力钢绞线 4-G4 发生损伤。

表 6-12　YM15-4 锚具钢绞线损伤最大振幅到达时间差的实测值　（单位：μs）

预应力钢绞线	T_{M1}	T_{M2}	ΔT	分界点实测值/理论值
4-G1	263.680	323.301	59.621	
4-G2	418.718	360.237	$-$58.481	±42.066/±37.849
4-G3	412.790	387.368	$-$25.422	
4-G4	385.202	409.712	24.510	

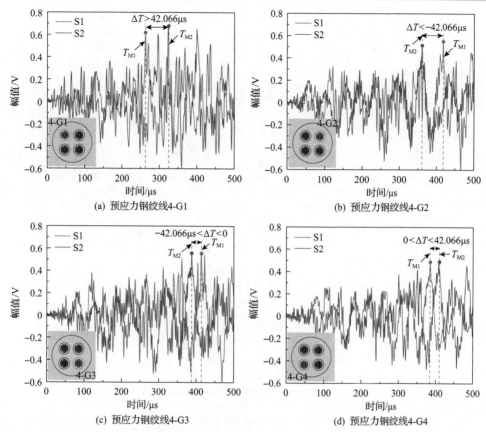

图 6-23　YM15-4 锚具基于最大振幅到达时间差的横向定位结果(彩图请扫封底二维码)

　　YM15-3 锚具最大振幅声速实测值为 1161m/s，两个声发射传感器的间距 d 为 63mm，则根据式(6-12)得到判别预应力钢绞线 3-G1 发生损伤的最大振幅到达时间差$\Delta T_1 \approx 54.264\mu s$，根据式(6-13)得到判别预应力钢绞线 3-G2 发生损伤的最大振幅到达时间差$\Delta T_2 \approx -54.264\mu s$，根据式(6-16)得到判别预应力钢绞线 3-G3 发生损伤的最大振幅到达时间差$\Delta T_3 = 0$。如表 6-13 所示，对于预应力钢绞线 3-G1，实际测得最大振幅到达时间差$\Delta T_1 = 61.559\mu s$；对于预应力钢绞线 3-G2，$\Delta T_2 = -57.342\mu s$；对于预应力钢绞线 3-G3，$\Delta T_3 = 2.850\mu s$。图 6-24 为 YM15-3 锚具基于最大振幅到达时间差的横向定位结果。当$\Delta T > 40\mu s$ 时，可判定预应力钢绞线 3-G1

表 6-13　YM15-3 锚具钢绞线损伤最大振幅到达时间差的实测值　　(单位：μs)

预应力钢绞线	T_{M1}	T_{M2}	ΔT实测值	ΔT理论值	分界点
3-G1	205.768	267.327	61.559	54.264	
3-G2	354.423	297.081	−57.342	−54.264	±40
3-G3	328.545	331.395	2.850	0	

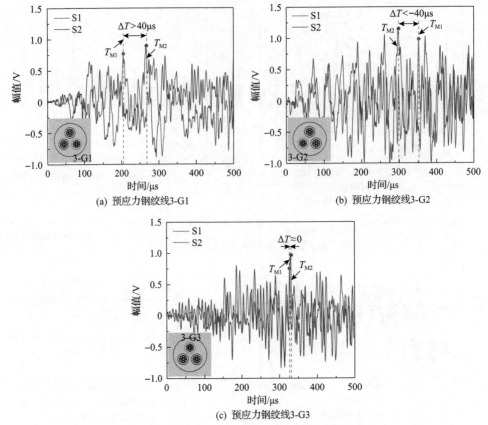

图 6-24　YM15-3 锚具基于最大振幅到达时间差的横向定位结果(彩图请扫封底二维码)

发生损伤；当 $\Delta T <$ −40μs 时，可判定预应力钢绞线 3-G2 发生损伤；当 $\Delta T \approx 0$ 时，可判定预应力钢绞线 3-G3 发生损伤。

2. 纵向定位结果分析

　　在两种型号的锚板表面对称布置声发射传感器，以研究不同钢绞线发生损伤时锚板表面不同位置的声发射信号幅值特征。

　　表 6-14 和表 6-15 分别为 YM15-4 和 YM15-3 锚具锚板表面的声发射信号幅值特征。可以得出，当在任意一股钢绞线上断铅时，锚板表面不同位置的声发射信号幅值近似相等；当在每股钢绞线上相同纵向位置处断铅时，断铅信号幅值几乎一致。

　　图 6-25 为 YM15-4 和 YM15-3 锚具的声发射信号幅值纵向传播衰减模型。表 6-16 为后张法孔道内钢绞线损伤纵向定位结果及定位误差。以 YM15-3 锚具 3m 处的纵向定位结果为例，大部分位置的定位误差绝对值小于 30cm，相对定位精度达到 94%，所提纵向定位方法的定位精度满足实际工程应用的要求。

表 6-14　YM15-4 锚具锚板表面声发射信号幅值特征　　（单位：dB）

传感器	4-G1	4-G2	4-G3	4-G4
S1	75.183	75.570	76.118	75.352
S2	76.051	75.849	75.640	75.153
S3	74.944	75.477	75.418	76.051
S4	75.464	74.943	74.568	76.184
均值	75.411	75.459	75.436	75.685
标准差	0.476	0.379	0.648	0.509

表 6-15　YM15-3 锚具锚板表面声发射信号幅值特征　　（单位：dB）

传感器	3-G1	3-G2	3-G3
S1	81.268	81.007	82.022
S2	81.377	81.045	81.008
S3	80.542	81.971	80.621
均值	81.062	81.341	81.216
标准差	0.453	0.546	0.724

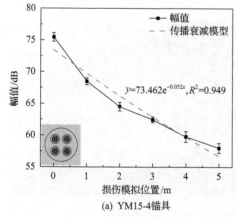
(a) YM15-4锚具

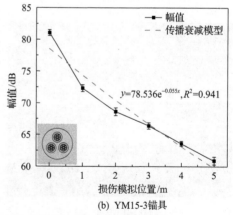
(b) YM15-3锚具

图 6-25　YM15-4 和 YM15-3 锚具的声发射信号幅值纵向传播衰减模型

表 6-16　后张法孔道内钢绞线损伤纵向定位结果及定位误差

锚具	位置/m	定位结果/m	定位误差/m	锚具	位置/m	定位结果/m	定位误差/m
YM15-4	0	−0.384	−0.384	YM15-3	0	−0.476	−0.476
	1	1.205	0.205		1	1.366	0.366
	2	2.265	0.265		2	2.274	0.274
	3	2.954	−0.046		3	3.079	0.079
	4	3.893	−0.107		4	3.964	−0.036
	5	4.711	−0.289		5	4.804	−0.196

6.4　后张法预应力空心板实梁钢绞线损伤源定位应用

6.4.1　所提定位方法的实梁应用

1. 实梁及改进的钢筋波导杆

为了证明所提声发射波导杆引波双传感器损伤定位方法在实梁中的可行性，本节选用某在建后张法预应力空心板桥中一片未封锚的新梁进行损伤定位试验。该后张法预应力空心板实梁为斜交梁，梁长 16m，宽 1240mm，高 850mm，如图 6-26 所示。实梁使用的混凝土设计标号为 C50，普通钢筋采用 HRB400 钢筋，预应力钢绞线采用抗拉强度标准值为 1860MPa、公称直径为 15.2mm 的低松弛高强度钢绞线，其各项技术性能符合《预应力混凝土用钢绞线》(GB/T 5224—2014)的规定。后张法孔道采用预埋圆形金属波纹管成孔，圆形金属波纹管符合《预应力混凝土用金属波纹管》(JG/T 225—2020)的要求。锚具采用 YM15-4、YM15-3 圆形锚具及其配套的配件，符合《公路桥梁预应力钢绞线用锚具、夹具和连接器》(JT/T 329—2010)的要求。

(a) 纵向结构　　　　　　　　　　　　　　(b) 横向结构

图 6-26　后张法预应力空心板实梁

由 6.2 节可知，在实际工程中，使用钢筋焊接和钢筋胶粘这两种连接方式对后张法预应力桥梁的钢束损伤进行定位更为合适，故对钢筋波导杆进行改进。改进的钢筋波导杆如图 6-27 所示，波导杆的具体参数如表 6-17 所示。为了便于对声发射传感器进行检修、维护和更换，改变了钢筋波导杆的连接方向并对预应力钢束重新编号，尽可能使钢筋波导杆只和锚具相连，减少梁体混凝土对钢绞线损伤信号的干扰。

| (a) 左侧局部图 | (b) 波导杆全景图 | (c) 右侧局部图 |

图 6-27　改进的钢筋波导杆

表 6-17　改进的波导杆的具体参数

波导杆	型号	屈服强度/MPa	抗拉强度/MPa	伸长率/%	几何尺寸/mm
钢筋	HRB400	443	662	15	$\phi 12 \times 3800$

2. 试验工况和试验设备

试验时因不能对实梁梁体造成破坏，无法进行纵向定位试验，所以本节只对实梁预应力钢束损伤和后张法孔道内钢绞线损伤进行横向定位试验。实梁预应力钢束损伤横向定位试验工况如图 6-28 所示，改进后的钢筋波导杆采用长 3800mm、

| (a) 未封锚钢筋焊接 | (b) 未封锚钢筋胶粘 |

(c) 封锚后钢筋焊接

图 6-28　实梁预应力钢束损伤横向定位试验工况(彩图请扫封底二维码)

直径12mm的HRB400热轧带肋钢筋,钢筋波导杆和所用焊条的化学成分见表6-2,焊接工艺参数见表6-3。胶粘时,使用改性丙烯酸酯胶粘剂将钢筋波导杆与锚具粘合。实梁后张法孔道内钢绞线损伤横向定位试验工况如图6-29所示。

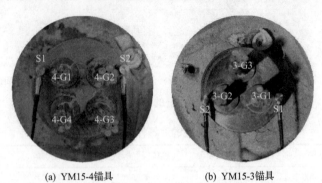

(a) YM15-4锚具　　　　　　　　(b) YM15-3锚具

图 6-29　实梁后张法孔道内钢绞线损伤横向定位试验工况(彩图请扫封底二维码)

本次试验声发射系统采用 DS5-16B 型全波形声发射分析仪、增益为 40dB 的前置放大器、RS-54A 型和 RS-2A 型声发射传感器,如图 6-30 所示。信号采集的门槛值设为 40dB,采样频率为 2.5MHz。声发射定时参数 PDT 取 300μs,HDT 取 600μs,HLT 取 1000μs。

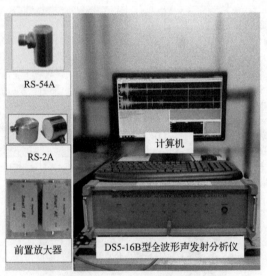

图 6-30　声发射系统

3. 试验步骤

对图 6-28 所示的 3 种试验工况进行实梁预应力钢束损伤横向定位试验,试验时在钢筋波导杆表面布置两个 RS-2A 型声发射传感器，分别位于预应力钢束 PT-1 和 PT-2 下面 2cm 处。通过锤击钢束模拟声发射损伤源，锤击点位于实梁远端(未布置钢筋波导杆)任意一股钢绞线上，按照 PT-1～PT-4 的顺序，依次对 4 束预应力钢束进行锤击，每束钢束锤击 3 次。如图 6-31 所示，锤击激发的机械振动先由预应力钢束传播至实梁近端的锚具，再传至钢筋波导杆，引起波导杆振动，波导杆表面的声发射传感器将瞬态位移转换成电信号，经过前置放大器放大后传至声发射分析仪，每一次锤击作为一个声发射事件。

(a) 锤击　　　　　　　　　　　　　　(b) 断铅

图 6-31　声发射源激励信号

在图 6-29 所示锚具锚板表面布置两个 RS-54A 型声发射传感器，分别紧挨着钢绞线 G1 和 G2。通过在每股钢绞线上锤击或者断铅来模拟声发射损伤源，锤击点位于实梁远端(锚板表面未布置声发射传感器)的钢绞线上，断铅点位于实梁近端(锚板表面安装有声发射传感器)的钢绞线上，如图 6-31 所示。断铅时采用直径 0.5mm 的 HB 铅笔，铅笔与试件表面成 30°，铅芯伸出量为 2.5mm。

6.4.2　实梁钢束损伤定位效果分析

在后张法预应力空心板实梁钢束损伤横向定位试验中，采用锤击模拟声发射损伤源，只需要计算两个传感器接收到的声发射信号到达时间差，就可以判定发生损伤的预应力钢束。下面同样以未封锚钢筋焊接连接方式为例，证明所提定位方法在实梁中的可行性。

1. 波导杆焊接方式下的定位效果分析

已知声发射信号最大振幅波形为横波，均质钢材中横波声速为 3230m/s，改进的钢筋波导杆中 d_1=920mm，d_2=d_3=1440mm，根据式(6-6)得到判断实梁中预应力钢束 PT-1 或者 PT-4 发生损伤的到达时间差分界点理论值 ΔT_{14}=0.731ms，根据式 (6-7) 得到判断实梁中预应力钢束 PT-2 或者 PT-3 发生损伤的到达时间差分界点理论值 $\Delta T_{23}= -\Delta T_{14}= -0.731$ms。实梁中不同钢束损伤的最大振幅到达时间差具有不同的分界点，分界点实测值受到钢筋波导杆型号、环境温度和传感器安装方式等因素的影响，如表 6-18 所示，实梁中预应力钢束 PT-1、PT-2、PT-3 和 PT-4 损伤的最大振幅到达时间差分别为 ΔT_1=1.004ms、$\Delta T_2= -0.996$ms、$\Delta T_3= -0.532$ms 和 ΔT_4=0.578ms。实梁基于最大振幅到达时间差的横向定位结果如图 6-32 所示，

表 6-18   实梁钢束损伤最大振幅到达时间差的实测值

预应力钢束	T_{M1}/ms	T_{M2}/ms	ΔT/ms	分界点实测值/理论值/ms
PT-1	3.415	4.419	1.004	
PT-2	6.674	5.678	−0.996	±0.791/±0.731
PT-3	4.119	3.587	−0.532	
PT-4	4.385	4.963	0.578	

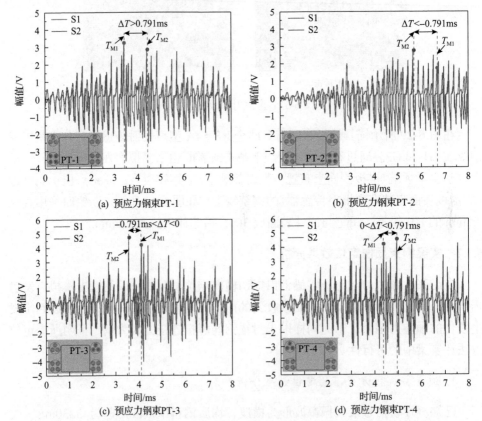

图 6-32   实梁基于最大振幅到达时间差的横向定位结果(彩图请扫封底二维码)

取平均值ΔT_{14}= 0.791ms 和ΔT_{23}= $-\Delta T_{14}$= $-$0.791ms 为判定钢束发生损伤的分界点，当ΔT >0.791ms 时，可判定预应力钢束 PT-1 发生损伤；当ΔT<$-$0.791ms 时，可判定预应力钢束 PT-2 发生损伤；当$-$0.791ms<ΔT<0 时，可判定预应力钢束 PT-3 发生损伤；当 0<ΔT<0.791ms 时，可判定预应力钢束 PT-4 发生损伤。

后张法预应力空心板实梁中不同预应力钢束损伤的ΔT 具有不同的分界点，使用钢筋波导杆将 4 束预应力钢束通过焊接的方式连接起来，然后通过ΔT 就可准确识别实梁中钢束损伤发生的横向位置。

2. 封锚前后的定位效果对比分析

实梁中预应力钢束损伤横向定位方法包括 3 种连接方式，分别为未封锚钢筋焊接、未封锚钢筋胶粘和封锚后钢筋焊接，下面就 3 种不同连接方式下实梁中预应力钢束损伤横向定位效果进行对比分析。表 6-19 为实梁不同连接方式下钢束损伤最大振幅到达时间差的实测值。当实梁中预应力钢束 PT-1 发生损伤时，对于未封锚钢筋焊接，ΔT=1.004ms；对于未封锚钢筋胶粘，ΔT=0.968ms；对于封锚后钢筋焊接，ΔT=1.037ms。图 6-33 为实梁不同连接方式下钢束 PT-1 发生损伤时的横向定位结果。焊接或者胶粘不影响判别钢束发生损伤的到达时间差分界点实测值。因为 3 种连接方式相同，所以具有相同的到达时间差分界点，只需要计算ΔT

表 6-19　实梁不同连接方式下钢束损伤最大振幅到达时间差的实测值

连接方式	T_{M1}/ms	T_{M2}/ms	ΔT/ms	分界点/ms
未封锚钢筋焊接	3.415	4.419	1.004	0.791
未封锚钢筋胶粘	4.197	5.165	0.968	0.791
封锚后钢筋焊接	3.554	4.591	1.037	0.791

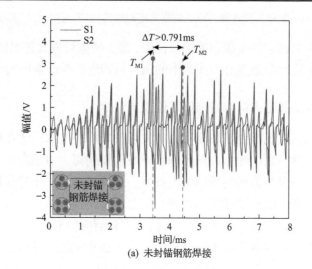

(a) 未封锚钢筋焊接

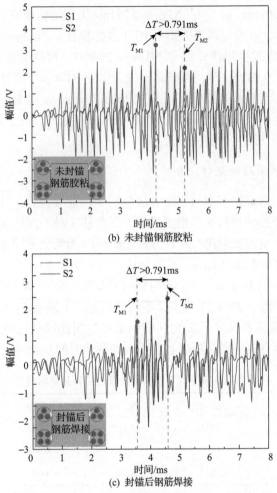

图 6-33　实梁不同连接方式下的横向定位结果(彩图请扫封底二维码)

就可以识别预应力钢束发生损伤的横向位置,即 3 种连接方式都可以通过 ΔT 的正负和大小对后张法预应力空心板实梁中的钢束损伤进行精准横向定位。

6.4.3　实梁后张法孔道内钢绞线损伤定位效果分析

　　为了证明后张法孔道内钢绞线损伤声发射波导杆引波双传感器横向定位方法在实梁中的可行性,采用锤击和断铅模拟声发射损伤源。对锤击信号进行分析,结果表明无法判别发生损伤的预应力钢绞线,原因可能是中小跨径桥梁弯曲后张法孔道内最低位置处的钢绞线排列紧密,信号传播路径容易发生改变且后张法孔道内存在的注浆不密实等缺陷都会影响锤击信号的传播路径。在实梁近端钢绞线上进行断铅模拟声发射损伤源来证明所提定位方法在实梁中的可行性。对断铅信号进行分析，T_{M1} 为传感器 S1 采集到的断铅信号最大振幅到达时间，T_{M2} 为传感器 S2 采集到的断铅信号最大振幅到达时间，$\Delta T = T_{M2} - T_{M1}$ 为声发射传感器 S1 和 S2 接收到的断铅信号最大振幅到达时间差。

由 6.3 节可知，YM15-4 锚具平面内最大振幅声速实测值为 1177m/s，两个传感器的间距 d=63mm，根据式 (6-17) 得到判断预应力钢绞线 4-G1 或者 4-G4 发生损伤的到达时间差分界点理论值 $\Delta T_{14} \approx 37.849\mu s$，根据式 (6-18) 得到判断预应力钢绞线 4-G2 或者 4-G3 发生损伤的到达时间差分界点理论值 $\Delta T_{23} = -\Delta T_{14} \approx -37.849\mu s$。断铅信号最大振幅到达时间差的实测值受到锚具复杂组成部分和孔道内压浆料的影响，如表 6-20 所示。对于 YM15-4 锚具，钢绞线发生损伤时，损伤信号 ΔT 分别为 60.533μs（预应力钢绞线 4-G1）、−63.839μs（预应力钢绞线 4-G2）、−29.070μs（预应力钢绞线 4-G3）和 29.183μs（预应力钢绞线 4-G4）。图 6-34 为实梁中 YM15-4 锚具基于最大振幅到达时间差的横向定位结果，取实测值的均值 ΔT_{14}=44.858μs 和 ΔT_{23} = −44.858μs 为判定钢绞线发生损伤时的分界点，当 ΔT > 44.858μs 时，可判定预应力钢绞线 4-G1 发生损伤；当 ΔT<−44.858μs 时，可判定预应力钢绞线 4-G2 发生损伤；当−44.858μs<ΔT<0 时，可判定预应力钢绞线 4-G3 发生损伤；当 0<ΔT<44.858μs 时，可判定预应力钢绞线 4-G4 发生损伤。

表 6-20　实梁 YM15-4 锚具钢绞线损伤最大振幅到达时间差的实测值

预应力钢绞线	$T_{M1}/\mu s$	$T_{M2}/\mu s$	$\Delta T/\mu s$	分界点实测值/理论值/μs
4-G1	92.453	152.986	60.533	
4-G2	94.961	31.122	−63.839	±44.858/±37.849
4-G3	82.421	53.351	−29.070	
4-G4	49.590	78.773	29.183	

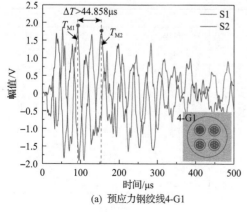

(a) 预应力钢绞线4-G1

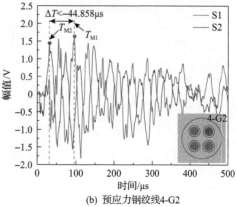

(b) 预应力钢绞线4-G2

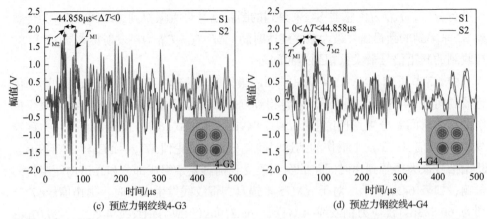

(c) 预应力钢绞线4-G3   (d) 预应力钢绞线4-G4

图 6-34   实梁 YM15-4 锚具基于最大振幅到达时间差的横向定位结果(彩图请扫封底二维码)

　　已知 YM15-3 锚具平面内最大振幅声速实测值为 1161m/s,两个声发射传感器的间距 d 为 63mm, 则根据式(6-12)得到判断预应力钢绞线 3-G1 发生损伤的最大振幅到达时间差$\Delta T_1 \approx 54.264\mu s$, 根据式(6-13)得到判断预应力钢绞线 3-G2 发生损伤的最大振幅到达时间差$\Delta T_2 \approx -54.264\mu s$, 根据式(6-16)得到判断预应力钢绞线 3-G3 发生损伤的最大振幅到达时间差$\Delta T_3 = 0$。实梁后张法孔道内不同钢绞线损伤时的最大振幅到达时间差不同, 实测值如表 6-21 所示。对于预应力钢绞线 3-G1, 实测最大振幅到达时间差$\Delta T_1 = 57.570\mu s$;对于预应力钢绞线 3-G2, $\Delta T_2 = -62.244\mu s$;对于预应力钢绞线 3-G3, $\Delta T_3 = -3.135\mu s$。图 6-35 为实梁 YM15-3 锚具

表 6-21   实梁 YM15-3 锚具钢绞线损伤最大振幅到达时间差的实测值

预应力钢绞线	$T_{M1}/\mu s$	$T_{M2}/\mu s$	实测值$\Delta T/\mu s$	理论值$\Delta T/\mu s$	分界点$/\mu s$
3-G1	43.319	100.889	57.570	54.264	
3-G2	90.173	27.929	−62.244	−54.264	±40
3-G3	260.544	257.409	−3.135	0	

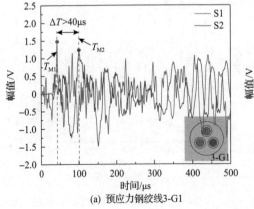

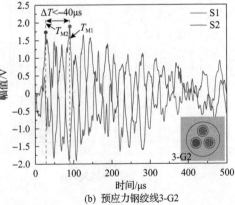

(a) 预应力钢绞线3-G1   (b) 预应力钢绞线3-G2

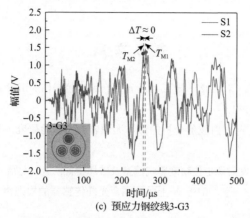

(c) 预应力钢绞线3-G3

图 6-35　实梁 YM15-3 锚具基于最大振幅到达时间差的横向定位结果(彩图请扫封底二维码)

基于最大振幅到达时间差的横向定位结果。当 $\Delta T > 40\mu s$ 时，可判定预应力钢绞线 3-G1 发生损伤；当 $\Delta T < -40\mu s$ 时，可判定预应力钢绞线 3-G2 发生损伤；当 $\Delta T \approx 0$ 时，可判定预应力钢绞线 3-G3 发生损伤。

6.5　本　章　小　结

(1)声波在锚板平面内的传播速度远小于其在均质钢材中的声速，需实测锚板平面内的声速。当在后张法孔道内任意一股钢绞线或在每股钢绞线上相同纵向位置断铅时，声发射传感器接收到的断铅信号幅值几乎一致。

(2)从横向上看，不同预应力钢束或钢绞线发生损伤时的声发射信号到达时间差 ΔT 具有不同的分界点，在实际工程中，推荐使用 ΔT 对损伤位置进行横向定位。

(3)从纵向上看，信号的幅值随着传播距离的增加呈指数衰减，通过损伤信号的幅值能够反推出损伤源的纵向位置。预应力钢束损伤的纵向定位相对精度达到93%，后张法孔道内钢绞线损伤的纵向定位相对精度达到94%。

(4)改进后的钢筋波导杆可以实现后张法预应力空心板实梁中钢束损伤的横向定位。通过最大振幅到达时间差可对实梁预应力钢束损伤和实梁近端后张法孔道内钢绞线损伤的横向位置进行准确定位，但较难实现实梁远端后张法孔道内钢绞线损伤的横向定位。

参 考 文 献

陈徐东, 郭玉柱, 胡良鹏, 等. 2022. 岩石-混凝土复合梁弯拉损伤的声发射参量聚类识别. 振动
　　与冲击, 41(19): 274-281.

杜帅, 王炀. 2020. 基于声发射波形分析的锦屏大理岩岩爆试验研究. 现代隧道技术, 57(1):
　　130-135.

樊卓乾. 2021. 黄砂岩声发射源定位精度影响因素及破坏特征研究. 太原: 太原理工大学.

付文成, 刘懿莹, 王霖洁, 等. 2019. 基于微纳耦合光纤传感器的模态声发射源线性定位研究.
　　振动与冲击, 38(1): 79-88.

耿荣生, 沈功田, 刘时风. 2002. 基于波形分析的声发射信号处理技术. 无损检测, 24(6):
　　257-261.

韩钰晓. 2015. 碳化腐蚀作用下预应力空心板疲劳特性试验研究. 郑州: 郑州大学.

黄练, 颜东煌, 袁明, 等. 2023. PC 箱梁损伤演化声发射监测及破坏试验研究. 公路交通科技,
　　40(7): 112-120.

蒋仕良. 2006. 波导杆对声发射信号的影响. 无损检测, 28(1): 51-52.

靳郑伟, 付志红, 张静, 等. 2021. 便携式岩石纵波波速自动测量仪研制. 国外电子测量技术,
　　40(10): 170-176.

亢壮壮. 2023. 后张预应力梁钢绞线损伤声发射波导杆引波空间定位方法. 郑州: 郑州大学.

孔庆凯. 2003. 大跨中承式拱桥短吊杆结构行为研究. 成都: 西南交通大学.

李爱群, 丁幼亮, 王浩, 等. 2012. 桥梁健康监测海量数据分析与评估: "结构健康监测" 研究进
　　展. 中国科学: 技术科学, 42(8): 972-984.

李冰毅, 王振强. 2020. 工艺管道腐蚀超声波在线监测技术及应用. 安全、健康和环境, 20(10):
　　26-29.

李冬生, 匡亚川, 胡倩. 2012. 自愈合混凝土损伤演化声发射监测及其评价技术. 大连理工大学
　　学报, 52(5): 701-706.

李胜利, 石鸿帅, 毋光明, 等. 2017. 声发射技术在混凝土空心板桥裂缝检测中的应用. 桥梁建
　　设, 47(5): 83-88.

李帅永, 王鹏飞, 严冬, 等. 2016. 气体管道泄漏模态声发射时频定位方法. 仪器仪表学报,
　　37(9): 2068-2075.

李文彪, 王轶, 陈新, 等. 2017. 基于声发射监测的路堤相似模拟破坏过程分形特征研究. 公路,
　　62(7): 33-38.

李晓崧, 邓婷婷, 王明华, 等. 2020. 基于小波与相关性分析的木材声发射源直线定位算法改进.
　　林业工程学报, 5(3): 138-143.

刘海燕. 2020. 缅甸渺弥亚大桥. 世界桥梁, 48(2): 96.

刘茂军, 葛若东, 王根伟. 2015. 噪音环境下桥梁损伤声发射定位技术研究. 广西大学学报(自然科学版), 40(1): 155-162.

刘明虎. 2022. 桥梁钢-混凝土结合技术工程实践与展望. 桥梁建设, 52(1): 18-25.

刘祥鑫, 张艳博, 梁正召, 等. 2017. 岩石破裂失稳声发射监测频段信息识别研究. 岩土工程学报, 39(6): 1096-1105.

刘晓江, 周智, 白石, 等. 2020. 超高灵敏度工程化光纤光栅索力传感器. 中国测试, 46(12): 60-66.

刘玥怡. 2022. 基于波导杆的管道壁厚超声检测技术研究. 哈尔滨: 哈尔滨工业大学.

刘增华, 彭秋玲, 何存富, 等. 2020. 复合材料板声发射源定位的时间差映射方法. 声学学报, 45(3): 385-393.

刘哲军, 张志超, 葛丽, 等. 2016. 定位集中度对 TC4 钛合金环形压力容器声发射严重性评价的影响. 无损检测, 38(2): 18-23.

刘桢雯. 2021. 平行钢丝拉索的声发射纵横向传播特性及损伤空间定位方法. 郑州: 郑州大学.

吕珊珊, 耿湘宜, 张法业, 等. 2017. 基于菱形光纤布拉格光栅传感阵列的声发射定位技术. 红外与激光工程, 46(12): 159-163.

毛琳, 林旭, 代力. 2020. 中小跨径桥梁结构安全状态评估研究. 公路工程, 45(5): 214-219.

明攀, 陆俊, 蔡新, 等. 2020. 堤防管涌声发射采集参数设置研究. 水利水电技术, 51(4): 139-145.

覃荷瑛, 韦健全. 2021. 基于内嵌式自感知钢绞线的预应力混凝土梁长期预应力损失监测. 铁道建筑, 61(9): 12-17.

石翠萍. 2023. 预应力空心板桥声发射健康监测轮胎-路面噪声滤除方法. 郑州: 郑州大学.

石鸿帅. 2018. 平行钢丝束损伤断丝纵横向精准定位声发射监测方法研究. 郑州: 郑州大学.

孙甜甜. 2020. 基于优化 VMD 的钢轨伤损声发射信号特征提取与识别. 哈尔滨: 哈尔滨工业大学.

孙文聪. 2022. 空心板桥预应力钢绞线的声发射监测传感器布置优化及损伤评估. 郑州: 郑州大学.

滕全全, 汪悦, 有移亮, 等. 2017. 充氢 Cr-Mo 钢变形过程的声发射特征. 材料工程, 45(10): 138-144.

王创业, 常新科, 杜晓娅. 2019. 不同尺寸砂岩破坏全过程声发射主频分析. 矿冶工程, 39(6): 10-14.

吴鑫, 王雪梅, 罗筱毓, 等. 2021. 不同加载速率下波导杆三点弯曲声发射参数分析. 中国安全科学学报, 31(10): 159-166.

谢涛. 2016. 岩质边坡滑移面识别及稳定性的波导声学监测技术研究. 赣州: 江西理工大学.

邢心魁, 刘顺, 覃荷瑛, 等. 2021. 拉索损伤下的斜拉桥状态分析和损伤识别. 科学技术与工程, 21(5): 2055-2060.

杨婧. 2014. 混凝土损伤演化的声发射区域定位. 秦皇岛: 燕山大学.

尹红宇. 2009. 在役桥梁检测中的声发射技术研究. 南宁: 广西大学.

张东波, 王波, 汪正兴, 等. 2019. 悬索桥缆索钢丝损伤超声导波检测数值模拟. 声学技术, 38(4): 395-402.

张啸宇. 2023. 后张法 T 梁桥预应力钢绞线握裹材料对声发射信号衰减的影响. 郑州: 郑州大学.

张召, 刘满意. 2020. 超千米级公铁两用斜拉桥斜拉索安装关键技术. 世界桥梁, 48(3): 43-47.

赵振. 2022. 桥梁拉索断丝的声发射信号预处理研究. 济南: 山东大学.

朱万旭, 沈全喜, 覃荷瑛. 2019. 体内预应力钢绞线光纤光栅监测技术及其应用. 光子学报, 48(2): 68-75.

邹国庆, 虢曙安, 谭鹏, 等. 2021. 改进遗传算法在预应力快速检测中的应用研究. 公路工程, 46(2): 241-245.

Abouhussien A A, Hassan A A A. 2020. Classification of damage in self-consolidating rubberized concrete using acoustic emission intensity analysis. Ultrasonics, 100: 105999.

Aldahdooh M A A, Bunnori N M, Megat Johari M A. 2013. Damage evaluation of reinforced concrete beams with varying thickness using the acoustic emission technique. Construction and Building Materials, 44: 812-821.

Amirat Y, Benbouzid M E H, Wang T, et al. 2018. EEMD-based notch filter for induction machine bearing faults detection. Applied Acoustics, 133(4): 202-209.

Anay R, Cortez T M, Jáuregui D V, et al. 2016. On-site acoustic-emission monitoring for assessment of a prestressed concrete double-tee-beam bridge without plans. Journal of Performance of Constructed Facilities, 30(4): 04015062.

Anay R, Lane A, Jáuregui D V, et al. 2020. On-site acoustic-emission monitoring for a prestressed concrete BT-54 AASHTO girder bridge. Journal of Performance of Constructed Facilities, 34(3): 04020034.

Assi L, Soltangharaei V, Anay R, et al. 2018. Unsupervised and supervised pattern recognition of acoustic emission signals during early hydration of Portland cement paste. Cement and Concrete Research, 103: 216-225.

ASTM. 2015. Standard Guide for Determining the Reproducibility of Acoustic Emission Sensor Response(ASTM E976-15).

Autuori G, Cluni F, Gusella V, et al. 2020. Longitudinal waves in a nonlocal rod by fractional Laplacian. Mechanics of Advanced Materials and Structures, 27(7): 599-604.

Baran I J, Nowak M B, Chłopek J P, et al. 2018. Acoustic emission from microcrack initiation in polymer matrix composites in short beam shear test. Journal of Nondestructive Evaluation, 37(1): 7.

Barile C, Casavola C, Pappalettera G. 2019. Acoustic emission waveform analysis in CFRP under Mode I test. Engineering Fracture Mechanics, 210: 408-413.

Bayane I, Brühwiler E. 2020. Structural condition assessment of reinforced-concrete bridges based on acoustic emission and strain measurements. Journal of Civil Structural Health Monitoring, 10(5): 1037-1055.

Behnia A, Chai H K, GhasemiGol M, et al. 2019. Advanced damage detection technique by integration of unsupervised clustering into acoustic emission. Engineering Fracture Mechanics, 210(4): 212-227.

Bo Z, Yanan Z, Changzheng C. 2017. Acoustic emission detection of fatigue cracks in wind turbine blades based on blind deconvolution separation. Fatigue & Fracture of Engineering Materials & Structures, 40(6): 959-970.

Campione G, Zizzo M. 2022. Influence of strands corrosion on the flexural behavior of prestressed concrete beams. Structures, 45: 1366-1375.

Caner A, Yanmaz A M, Yakut A, et al. 2008. Service life assessment of existing highway bridges with no planned regular inspections. Journal of Performance of Constructed Facilities, 22(2): 108-114.

Carrasco Á, Méndez F, Leaman F, et al. 2021. Short review of the use of acoustic emissions for detection and monitoring of cracks. Acoustics Australia, 49(2): 273-280.

Cheng J L, Yang S Q, Chen K, et al. 2017. Uniaxial experimental study of the acoustic emission and deformation behavior of composite rock based on 3D digital image correlation(DIC). 力学学报(英文版), 33(6): 1.

Colombo I S, Main I G, Forde M C. 2003. Assessing damage of reinforced concrete beam using "b-value" analysis of acoustic emission signals. Journal of Materials in Civil Engineering, 15(3): 280-286.

Cui H Y, Zhang B X, Ji S X. 2010. Propagation characteristics of guided waves in a rod surrounded by an infinite solid medium. Acoustical Physics, 56(4): 412-421.

Dahmene F, Laksimi A, Hariri S, et al. 2012. Acoustic wave propagation in austenitic stainless steel AISI 304L: Application examples. International Journal of Pressure Vessels and Piping, 92(4): 77-83.

Deng H L, He Z F, Chen L. 2017. Ultrasonic guided wave-based detection of composite insulator debonding. IEEE Transactions on Dielectrics and Electrical Insulation, 24(6): 3586-3593.

Dong S H, Han S, Luo Y D, et al. 2021. Evaluation of tire-pavement noise based on three-dimensional pavement texture characteristics. Construction and Building Materials, 306(13): 124935.

El-Isa Z H, Eaton D W. 2014. Spatiotemporal variations in the b-value of earthquake magnitude-frequency distributions: Classification and causes. Tectonophysics, 615-616: 1-11.

Fan X Q, Hu S W, Lu J, et al. 2016. Acoustic emission properties of concrete on dynamic tensile test. Construction and Building Materials, 114(23): 66-75.

Fan Z C, Jiang W T, Wright W M D. 2018. Non-contact ultrasonic gas flow metering using air-coupled leaky Lamb waves. Ultrasonics, 89: 74-83.

Fan Z C, Qie T H, Zhou Y. 2019. Multiple reflective signal reception in gas flow measurement using air-coupled leaky Lamb waves. Measurement, 140: 342-353.

Farhidzadeh A, Salamone S, Luna B, et al. 2013. Acoustic emission monitoring of a reinforced concrete shear wall by b-value-based outlier analysis. Structural Health Monitoring, 12(1): 3-13.

Galvão N, Matos J C, Hajdin R, et al. 2022. Impact of construction errors on the structural safety of a post-tensioned reinforced concrete bridge. Engineering Structures, 267: 114650.

Golestan S, Ramezani M, Guerrero J M, et al. 2014. Moving average filter based phase-locked loops: performance analysis and design guidelines. IEEE Transactions on Power Electronics, 29(6): 2750-2763.

Hamstad M A. 2006. Small diameter waveguide for wideband acoustic emission. Journal of Acoustic Emission, 24: 234-247.

Han Q H, Yang G, Xu J, et al. 2019. Acoustic emission data analyses based on crumb rubber concrete beam bending tests. Engineering Fracture Mechanics, 210: 189-202.

Han R Q, Li S L, Sun W C. 2022. Effect of grouting material strength on bond strength of sleeve and acoustic emission characterization of bond failure damage process. Construction and Building Materials, 324(2): 126503.

Hao Q S, Wang Y, Shen Y, et al. 2015. De-noising of rail crack AE signal based on wavelet modulus maxima//IEEE International Instrumentation and Measurement Technology Conference: 675-680.

Hao Q S, Shen Y, Wang Y, et al. 2021. An adaptive extraction method for rail crack acoustic emission signal under strong wheel-rail rolling noise of high-speed railway. Mechanical Systems and Signal Processing, 154(1): 107546.

He K F, Liu X N, Yang Q, et al. 2017. An extraction method of welding crack acoustic emission signal using harmonic analysis. Measurement, 103(2): 311-320.

Hofstetter L W, Odéen H, Bolster B D, et al. 2021. Magnetic resonance shear wave elastography using transient acoustic radiation force excitations and sinusoidal displacement encoding. Physics in Medicine and Biology, 221: 800-810.

Hou S, Kong Z H, He J M, et al. 2019. Geometry-independent attenuation and randomness of ultrasound wave propagation in concrete measured by embedded PZT transducers. Smart Materials and Structures, 28(7): 075004.

Huang H, Zou M S, Jiang L W. 2019. Study on the integrated calculation method of fluid-structure interaction vibration, acoustic radiation, and propagation from an elastic spherical shell in ocean acoustic environments. Ocean Engineering, 177: 29-39.

Invernizzi S, Montagnoli F, Carpinteri A. 2019. Fatigue assessment of the collapsed XXth century cable-stayed Polcevera Bridge in Genoa. Procedia Structural Integrity, 18: 237-244.

Jang B W, Kim C G. 2021. Acoustic emission source localization in composite stiffened plate using triangulation method with signal magnitudes and arrival times. Advanced Composite Materials, 30(2): 149-163.

Käding M, Schacht G, Marx S. 2022. Acoustic emission analysis of a comprehensive database of wire breaks in prestressed concrete girders. Engineering Structures, 270: 114846.

Karimian S, Modarres M. 2021. Acoustic emission signal clustering in CFRP laminates using a new feature set based on waveform analysis and information entropy analysis. Composite Structures, 268(4): 113987.

Kim S J, Kim K, Hwang T, et al. 2022. Motor-current-based electromagnetic interference de-noising method for rolling element bearing diagnosis using acoustic emission sensors. Measurement, 193(1): 110912.

Kong B, Li Z H, Wang E Y. 2018. Fine characterization rock thermal damage by acoustic emission technique. Journal of Geophysics and Engineering, 15(1): 1-12.

Kuznetsov A A, Berezhko P G, Kunavin S M, et al. 2017. Application of acoustic emission method to study metallic titanium hydrogenation process. International Journal of Hydrogen Energy, 42(35): 22628-22632.

Laura P A, Vanderveldt H, Gaffney P. 1970. Mechanical behaviour of stranded wire rope and feasibility of detection of cable failure. Marine Technology Society Journal, 4: 19-32.

Li Y, Xu F Y. 2022. Acoustic emission sources localization of laser cladding metallic panels using improved fruit fly optimization algorithm-based independent variational mode decomposition. Mechanical Systems and Signal Processing, 166(1): 108514.

Li D S, Yang W, Zhang W Y. 2017. Cluster analysis of stress corrosion mechanisms for steel wires used in bridge cables through acoustic emission particle swarm optimization. Ultrasonics, 77(10): 22-31.

Li D S, Tan M L, Zhang S F, et al. 2018. Stress corrosion damage evolution analysis and mechanism identification for prestressed steel strands using acoustic emission technique. Structural Control and Health Monitoring, 25(8): e2189.

Li J M, Yao X F, Wang H, et al. 2019a. Periodic impulses extraction based on improved adaptive VMD and sparse code shrinkage denoising and its application in rotating machinery fault diagnosis. Mechanical Systems and Signal Processing, 126: 568-589.

Li S L, Wu G M, Shi H S. 2019b. Acoustic emission characteristics of semi-rigid bases with three moisture conditions during bending tests. Road Materials and Pavement Design, 20(1): 187-198.

Li F, Yu Z H, Yang Z S, et al. 2020. Real-time distortion monitoring during fused deposition modeling via acoustic emission. Structural Health Monitoring, 19(2): 412-423.

Li X L, Chen S J, Liu S M, et al. 2021a. AE waveform characteristics of rock mass under uniaxial loading based on Hilbert-Huang transform. Journal of Central South University, 28(6): 1843-1856.

Li S T, Chen X D, Zhang J H. 2021b. Acoustic emission characteristics in deterioration behavior of dam concrete under post-peak cyclic test. Construction and Building Materials, 292: 123324.

Li S L, Kang Z Z, Wu G M, et al. 2022a. Acoustic emission-based transition monitoring of mechanical mechanism for bolted shear connection in GFRP-UHPC hybrid beams. Measurement, 198: 111358.

Li G M, Zhao Z, Li Y H, et al. 2022b. Preprocessing acoustic emission signal of broken wires in bridge cables. Applied Sciences, 12(13): 6727.

Ling S L, Yu F, Sun D Q, et al. 2021. A comprehensive review of tire-pavement noise: Generation mechanism, measurement methods, and quiet asphalt pavement. Journal of Cleaner Production, 287(6): 125056.

Liu S M, Pearson M R, Eaton M, et al. 2017. Correlation between acoustic emission distribution and stress variation through the depth of RC beam cross sections. Construction and Building Materials, 150: 634-645.

Liu Z W, Li S L, Liu L L. 2022. Investigation of wave propagation path and damage source 3D localization in parallel steel wire bundle. Structural Control and Health Monitoring, 29(10): e3051.

Livitsanos G, Shetty N, Verstrynge E, et al. 2020. Numerical simulation of elastic wave propagation in masonry compared with acoustic emission experimental results. Archives of Civil and Mechanical Engineering, 20(1): 1-17.

Lu Z B, Yu X, Lau S K, et al. 2020. Membrane-type acoustic metamaterial with eccentric masses for broadband sound isolation. Applied Acoustics, 157: 100-105.

Ma M L, Li H, Chen W L, et al. 2012. Acoustic emission characters of glass fibre reinforced polymer stay cable. Journal of Computational and Theoretical Nanoscience, 9(9): 1357-1363.

Men J J, Guo C L, Wang Y S, et al. 2019. Tests for AE wave propagation characteristics in RC slabs. Journal of Vibration and Shock, 38(1): 243-250.

Miao S I, Gao L, Tong F Z, et al. 2022. Research on high precision optical fiber acoustic emission system for weak damage location on concrete. Construction and Building Materials, 347: 128331.

Murav'eva O V, Strizhak V A, Pryakhin A V. 2014. The effect of regular differences in a cross section on the testability of a rod tested by the acoustic waveguide method. Russian Journal of Nondestructive Testing, 50(4): 219-226.

Nair A, Cai C S, Kong X. 2019. Acoustic emission pattern recognition in CFRP retrofitted RC beams for failure mode identification. Composites Part B: Engineering, 161: 691-701.

Nedelchev K, Kralov I. 2019. Acoustic Method for Identification of railway wheel disc structural vibrations using COMSOL . Journal of the Balkan Tribological Association, 25(3): 546-557.

Nguyen-Tat T, Ranaivomanana N, Balayssac J P. 2018. Characterization of damage in concrete beams under bending with Acoustic Emission Technique(AET). Construction and Building Materials, 187: 487-500.

Patil S, Karkare B, Goyal S. 2017. Corrosion induced damage detection of in-service RC slabs using acoustic emission technique. Construction and Building Materials, 156: 123-130.

Pomponi E, Vinogradov A. 2013. A real-time approach to acoustic emission clustering. Mechanical Systems and Signal Processing, 40(2): 791-804.

Prabakar K, Rao S P M. 2007. Pattern recognition analysis of acoustic emission signals propagated through a waveguide—A simulation study. Indian Journal of Pure & Applied Physics, 45(11): 900-905.

Qiu X, Wang Y J, Xu J X, et al. 2020. Acoustic emission propagation characteristics and damage source localization of asphalt mixtures. Construction and Building Materials, 252(11): 119086.

Qu H Y, Li T T, Cain J A, et al. 2020. Early detection of wire fracture in 7-wire strands through multiband wavelet analysis of acoustic emission signals. Engineering Structures, 207: 110227.

Raisutis, R, Kazys R, Mazeika L, et al. 2016. Propagation of ultrasonic guided waves in composite multi-wire ropes. Materials, 9(6): 451.

Sagasta F, Zitto M E, Piotrkowski R, et al. 2018. Acoustic emission energy b-value for local damage evaluation in reinforced concrete structures subjected to seismic loadings. Mechanical Systems and Signal Processing, 102: 262-277.

Schaal C, Bischoff S, Gaul L. 2015. Energy-based models for guided ultrasonic wave propagation in multi-wire cables. International Journal of Solids and Structures, 64-65: 22-29.

Schnabel S, Marklund P, Larsson R, et al. 2017. The detection of plastic deformation in rolling element bearings by acoustic emission. Tribology International, 110: 209-215.

Sikorska J, Pan J. 2004. The effect of waveguide material and shape on AE transmission characteristics part 2: Frequency and joint-time-frequency characteristics. Journal of Acoustic Emission, 22: 274-287.

Smith A, Dixon N. 2014. Quantification of landslide velocity from active waveguide-generated acoustic emission. Canadian Geotechnical Journal, 52(4): 413-425.

Staiano M. 2018. Tire-Pavement noise and pavement texture. Journal of Transportation Engineering, Part B: Pavements, 144(3): 04018034.

Thirumalaiselvi A, Sasmal S. 2021. Pattern recognition enabled acoustic emission signatures for crack characterization during damage progression in large concrete structures. Applied Acoustics, 175(7): 107797.

Tsangouri E, Karaiskos G, Deraemaeker A, et al. 2016. Assessment of acoustic emission localization accuracy on damaged and healed concrete. Construction and Building Materials, 129: 163-171.

Tsangouri E, Remy O, Boulpaep F, et al. 2019. Structural health assessment of prefabricated concrete elements using Acoustic Emission: Towards an optimized damage sensing tool. Construction and Building Materials, 206: 261-269.

Vidya Sagar R, Raghu Prasad B K. 2012. Damage limit states of reinforced concrete beams subjected to incremental cyclic loading using relaxation ratio analysis of AE parameters. Construction and Building Materials, 35: 139-148.

Vilhelm J, Rudajev V, Ponomarev A V, et al. 2017. Statistical study of acoustic emissions generated during the controlled deformation of migmatite specimens. International Journal of Rock Mechanics and Mining Sciences, 100: 83-89.

Wang K W, Hao Q S, Zhang X, et al. 2020. Blind source extraction of acoustic emission signals for rail cracks based on ensemble empirical mode decomposition and constrained independent component analysis. Measurement, 157(1): 107653.

Wang J J, Wang Y F, Zhang Y R, et al. 2022. Life cycle dynamic sustainability maintenance strategy optimization of fly ash RC beam based on Monte Carlo simulation. Journal of Cleaner Production, 351: 131337.

Wang X H, Xie H, Tong Y G, et al. 2023. Three-point bending properties of 3D_C/C_TiC_Cu composites based on acoustic emission technology. Mechanical Systems and Signal Processing, 184: 109693.

Wu Q, Lee C M. 2019. A modified leakage localization method using multilayer perceptron neural networks in a pressurized gas pipe. Applied Sciences, 9(9): 1954.

Wu Y, Perrin M, Pastor M L, et al. 2021. On the determination of acoustic emission wave propagation velocity in composite sandwich structures. Composite Structures, 259: 113231.

Wu T T, Chen W Z, Li H, et al. 2022. Experiment and probabilistic prediction on mechanical properties of corroded prestressed strands under different strain levels. Journal of Materials in Civil Engineering, 34(8): 04022164.

Wu T T, Chen W Z, Xu J. 2023. Analysis of symmetrical wires breaking in unbonded prestressed steel strand considering bending deformation. Journal of Bridge Engineering, 28(1): 04022124.

Xargay H, Ripani M, Folino P, et al. 2021. Acoustic emission and damage evolution in steel fiber-reinforced concrete beams under cyclic loading. Construction and Building Materials, 274: 121831.

Xu Y Q, Guan Z C, Xu C B, et al. 2019. Numerical simulation method of ultrasonic wave propagation in gas-liquid two-phase flow of deepwater riser. Mechanical Systems and Signal Processing, 118: 78-92.

Xu C H, Du S S, Gong P, et al. 2020. An improved method for pipeline leakage localization with a single sensor based on modal acoustic emission and empirical mode decomposition with Hilbert transform. IEEE Sensors Journal, 20(10): 5480-5491.

Xu J, Niu X L, Ma Q, et al. 2021. Mechanical properties and damage analysis of rubber cement mortar mixed with ceramic waste aggregate based on acoustic emission monitoring technology. Construction and Building Materials, 309: 125084.

Yang L, Xu F Y. 2020. A novel acoustic emission sources localization and identification method in metallic plates based on stacked denoising autoencoders. IEEE Access, 8: 141123-141142.

Yang W X, Peng Z K, Wei K X, et al. 2017. Superiorities of variational mode decomposition over empirical mode decomposition particularly in time-frequency feature extraction and wind turbine condition monitoring. IET Renewable Power Generation, 11(4): 443-452.

Yu A P, Liu X T, Fu F, et al. 2023. Acoustic emission signal denoising of bridge structures using SOM neural network machine learning. Journal of Performance of Constructed Facilities, 37(1): 04022066.

Zeng H, Hartell J A, Soliman M. 2020. Damage evaluation of prestressed beams under cyclic loading based on acoustic emission monitoring. Construction and Building Materials, 255: 119235.

Zhang X, Feng N Z, Wang Y, et al. 2015. Acoustic emission detection of rail defect based on wavelet transform and Shannon entropy. Journal of Sound and Vibration, 339(2): 419-432.

Zhang X, Li X Z, Hao H, et al. 2016. A case study of interior low-frequency noise from box-shaped bridge girders induced by running trains: Its mechanism, prediction and countermeasures. Journal of Sound and Vibration, 367: 129-144.

Zhang X, Zou Z X, Wang K W, et al. 2018a. A new rail crack detection method using LSTM network for actual application based on AE technology. Applied Acoustics, 142: 78-86.

Zhang P F, Tang Z F, Duan Y Y, et al. 2018b. Ultrasonic guided wave approach incorporating SAFE for detecting wire breakage in bridge cable. Smart Structures and Systems, 22(4): 481-493.

Zhang H, Qiu J, Xia R C, et al. 2022. Corrosion damage evaluation of loaded steel strand based on self-magnetic flux leakage. Journal of Magnetism and Magnetic Materials, 549: 168998.

Zheng Y L, Zhou Y J, Zhou Y B, et al. 2020. Localized corrosion induced damage monitoring of large-scale RC piles using acoustic emission technique in the marine environment. Construction and Building Materials, 243: 118270.

Zhou Z L, Rui Y C, Cai X. 2021. A novel linear-correction localization method of acoustic emission source for velocity-free system. Ultrasonics, 115: 106458.